新國中國文動動腦 5

莊美英
李炳傑
劉崇義
林嫻雅
韓姝如
許碧華
關秀瓊
江艾倫
游雅婷
合著

U0152015

目錄

序

時代在不斷地進步中，而學校的課本，為了適應這種進步的步伐，也一次又一次地作了不同幅度的調整。這回依據民國八十三年新訂課程標準所編纂的國民中學國文課本，到現在已推出了四册。就在新譯本逐册推出的同時，國文天地雜誌社和它的關係企業萬卷樓圖書有限公司也在衆多國中國文教師的一再催促下，仿照舊有《國中國文動動腦》，並接納各方的意見，在兩年多前就計畫重新加以編纂，以迎合時代的需求。

舊版《國中國文動動腦》，共含「文字百科」、「成語典故」、「課文賞析」、「作者資料」、「課文資料」、「類文選讀」和「創造性」、「思考性」等欄頁，從各個角度提供教學的參考資料，很幸運地，受到廣大讀者的肯定。有了這種肯定作為推動，於是經過了幾次的籌備會議後，決定《新國中國文動動腦》分「作者參考資料」、「課文參考資料」、「語文天地」、「課文補充資料」、「成語世界」、「思考與練習」等欄，在原有的基礎上加以調整、强化。其中「作者參考資料」、「課文參考資料」、「課文補充資料」和「成語世界」，相當於舊有的「作者資料」、「課文賞析」、「課文資料」、「類文選讀」和「成語典故」，卻要求更為扼要而實用，而「語文天地」，則將舊有的「文學百科」予以擴大，不但詳加注釋，並辨析形、音、義，更針對課文來說明有關文法，修辭的技巧與應用，至於「思考與練習」，乃合舊有的「創造性」、「思考性」為一，而要求更多樣、更活潑，兼顧了內容與形式，儘量取材自日常生活，作精密的設計，俾供教師隨意擇用，以使學生能深入思考，多方練習，增進教與學的雙重效果。

由於提供多樣、活潑而又有實用性的教學參考資料，是極其困難的，所以，爲了集思廣益，克服這種困難，便先後廣邀了多位國、高中的資深國文教授來共襄盛舉。這些教師，不僅富於教學經驗，且極有具研究熱忱，既能配合現實，也能兼顧理想。這樣在他（她）們的努力下，逐册地編纂下去，相信對目前國中國文教學而言，當會有相當的效益。

在第四册出版前夕，一則向所有參與編纂的教師致上敬意，因爲兩年多一路走過來實在太辛苦了，一則爲國文天地與萬卷樓賀喜，因爲終於有了豐碩的成果。於是略述編纂的經過與內容，聊表敬佩與慶賀之意。

陳滿銘　民國八十七年九月十五日
於國立臺灣師大國文學系

一、山中避雨

／豐子愷

壹、作者參考資料

一、全方位的藝術大師——豐子愷

豐子愷是我國漫畫藝術的先驅，同時也是近代有名的隨筆散文家、西洋美術音樂家兼教育家，更是多國語文的翻譯家，一生著作多達一百五十多種，堪稱著作等身。其以寥寥數筆，刻畫出的漫畫，韻味無窮，號稱「中國漫畫之父」。

豐子愷，浙江省崇德縣石門灣（今江蘇省桐鄉縣石門鎮）人，生於清德宗光緒二十四年（西元一八九八年）十一月九日，在家排行第七，上有六個姊姊，下有一妹二弟，二弟後皆早夭。先祖在故鄉開了一家染坊，父親豐鐄，長於詩文，是中國史上最後一年及第的舉人（光緒八年，西元一九〇二年）。科舉廢除後，仕途隨之斷絕，只得在家設立私塾，教幾個小小蒙童，豐子愷也是其中之一，但在他八歲的時候，豐鐄因肺疾病故，那年他只有四十多歲。

豐子愷九歲時進私塾讀書，十二歲時進石門灣溪西小學（縣立第三高等小學），畢業時成績爲全校第一。母親爲減輕家中生計，便鼓勵豐子愷投考公費的浙江第一師範。當年報考人多，豐子愷怕考不上，多報了省立一中和甲種商業兩所學校。結果，連中三元。但這其中有個小插曲，以往公布榜單是依成績分數次序而排列，未料，從那一年起，一反常例，成績由低而高順序排起。豐子愷不知道這個轉變，原本信心滿滿地在名單前頭找自己的名字，竟遍尋不著，只好硬著頭皮繼續往下找去，最後在倒數前三個名字，終於看見了「豐子愷」，此時心中彷彿一塊石頭落了地，取而代之是喜悅的心情。

人生有時因緣際會巧遇良機，有時得遇貴人相助，豐子愷就是在讀師範時期，因爲兩位恩師的帶領，培育了豐子愷的藝術心靈和認眞苦學的精神，也啓發他的文學才華和悲天憫人的胸襟。這兩位恩師，一位是赫赫有名的藝術家李叔同，一位是教育家夏丏尊。

李叔同是位博學多聞的人，他不但精於圖畫、音樂，也擅長文學、書法與金石，其他諸如國文、英文、歷史、博物等。所以是學生崇拜的對象，豐子愷也不例外。在預科班二年級時，上李叔同教授畫石膏像課，豐子愷沈迷其中，畫藝進步很快。豐子愷成名後曾說：「我入師範學校是偶然的，我的學畫也是偶然的……我倘不入師範，不致遇李叔同先生，不致學畫……」在李叔同的指點與鼓勵下，豐子愷一方面努力寫生，一方面觀摩西洋名畫，並學習繪畫理論。同時也向李叔同學習音樂，苦練鋼琴。而受一代宗師的薰陶，豐子愷不但奠定深厚的繪畫基礎和音樂素養、人格修養等，李叔同日後的出家，對豐子愷的思想也發生很大的影響。

夏丏尊當時在第一師範本任舍監一職，後改任爲國文老師。那時正是「五四運動」風起雲湧之際，夏丏尊以教授新文藝寫作聞名，對學生教導甚嚴，寫作文時要求「不准講空話，要老實寫」。在嚴師出高徒的情況下，不僅沒有將豐子愷嚇退，反而加深了他對寫作興趣，故日後無論寫作或翻譯都能得心應手。畢業後，師生二人的關係也發展到亦師亦友的程度。

民國八年，豐子愷自第一師範畢業，也結了婚。出國深造學習美術是他的理想，但家境清寒使他無法如願。這時正好有幾位志同道合的好友，便一起到上海創辦藝術專科學校，同時擔任西洋美術教師。此時豐子愷是初生之犢不畏虎，憑著當年由李叔同處學來的寫生知識，和一本從圖書館借來的日本明治年間出版的《正則洋畫講義》，就上臺授課了。而後他從許多國外留學生口中得到不少新知，也從一些刊物上看到新的西洋畫法，豐子愷心裡日漸忐忑不安。有一天，他放了一粒青皮桔子讓學生寫生時，不知爲何，一股莫名的感覺襲上心頭：自己就像這粒青色的桔子，半生不熟卻赤裸裸地在人前獻醜。痛定思痛之後，他決定不管如何，要出國留學，方不愧對自己和學生。於是他毅然決然地賣祖產，並向姊夫借了四百元錢，飄洋到東京，展開他的留學生涯。

豐子愷的日語是向兩位曾留日的老師——李叔同、夏丏尊學習的，因對這二位恩師的仰慕，所以他選擇東京爲他築夢之地。但他帶去的盤纏和後來岳父匯款接濟的總金額僅兩千餘元，只夠在東京作短期進修。爲了讓有限的資金發揮最大的效果，前五個月每天早上到洋畫研究會習畫，下午上日文課，加强日語。後五個月的下午則改學小提琴，晚上則請日文老師用日語教英文，這樣便能一方面加强日語，又可學好英語。爲了學琴，他節省開銷，花了四五十元買了一把提琴，和一張音樂研究會的入學證。那時正值盛夏酷暑，但他得對著鏡子拉上五十分鐘才得以休息，練到汗流浹背必須花錢喝上冰品，才能解熱；指尖也起了水泡、破了皮、長了繭。經過一番的苦練，在短短的四個月，就拉完三冊提琴練習本和幾個輕歌劇曲子，而一般學生卻只能學完一冊教本。

美術方面，豐子愷專攻炭筆畫，但某日，他在舊書攤上看到《夢二畫集．春之卷》，書內是一幅幅的毛筆速描，其中的一幅〈同學〉，勾勒出人生境遇懸殊的兩位婦人，使他深受感動。自此便四處收集竹久夢二的各種畫冊，進而模仿竹久夢二的畫法。竹久夢二是日本一位自學成功的畫家，專攻簡筆漫畫，在當時可謂自成一家。竹久夢二的畫構圖技巧來自西方，但畫趣卻是十足的東洋味；形體採西洋寫實筆法，意境卻又具東洋的詩趣，尤其令人激賞的是：每一幅作品都別具一格，頗有創意的題目，和俊秀典雅的筆觸。豐子愷認爲，這些畫作簡直就是「無聲的詩」，教人看了「胸襟爲之一暢，彷彿苦熱中的一杯冷咖啡」。所以從竹久夢二的作品中，豐子愷找到了日後美術的途徑，算是此行最大的收穫了。

豐子愷在日本遊學十個月，盤纏用盡後不得已返國，但他刻苦用功所學得的成績，遠遠比一般人來得更充實。回國後迫於家計，他再執起教鞭，授課講學。平日在教學之餘，開始從事英、日文的翻譯工作。他翻譯的第一本書是從英文本翻譯俄國大文豪屠格涅夫的小說《初戀》，第二本是翻譯日本名作家廚川白村的文藝理論書《苦悶的象徵》。後應夏丏尊之邀，到浙江上虞白馬湖畔的春暉中學，教授音樂和美術。這時期他與愛好新文藝的同事朱自清、朱光潛等，閒暇之餘，一起飲酒、暢談文藝、相約泛舟湖上，成了無話不談的好友。

另外豐子愷除繼續翻譯工作，也常到白馬湖寫生，同時開始創作漫畫。

豐子愷創作漫畫的動機先是因校務會議過於無趣之餘，他便觀察同事不同的姿態，回宿舍後畫成圖稿，頗覺有趣，便開始嘗試其他內容，有的來自平日的觀察，有的來是對詩詞新解，畫完之後便興味十足地貼了起來欣賞。但數量一多，竟將家中的牆面、門板都貼滿了。一日，夏丏尊酒後信步來看他，見到整屋子的畫，直誇說：「好畫！好畫！再畫！再畫！」。當時，朱自清與俞平伯合辦一份刊物《我們的七月》，他便向豐子愷要了張畫，刊登在民國十三年的期刊上。那一幅圖畫題目爲〈人散後，一鈎新月天如水〉（附圖），引起在上海辦《文學周報》的鄭振鐸的注意，他說：「這一幅畫雖是疏朗幾筆墨痕，一道捲上的蘆簾，一個放在廊邊的小桌，桌上是一把壺，幾個杯，天上是一鈎新月，我的情思卻被他帶到一個詩的仙境，我的心上感到一種說不出的美感。」隔年，《文學周報》開始連續刊載豐子愷的畫作，鄭振鐸給這些畫題上了「子愷漫畫」的標題，同年底為他輯結出版《子愷漫畫》。所以說「漫畫」這個字眼還是由鄭振鐸因豐子愷的作品，所得到的靈感，而發明出來的新詞呢！當時豐子愷不過二十八歲而已。

民國十三年冬，豐子愷辭去春暉中學的教職，與夏丏尊、朱自清、朱光潛、葉聖陶、鄭振鐸、劉大白等一時俊彥，在上海創辦「立達學園」。他們實施愛的教育，不設校長、主任等職，不論工作時數多少及職責大小，一律支薪二十元。創辦刊物，豐子愷擔任美術設計，他也常為該刊物作畫撰文。民國十七年因經費拮据，洋畫科停辦，於是他無課可授，只任校務委員，並曾有一段時期在開明書店擔任編輯工作，但不久即辭去。此後豐子愷一生大都過著無拘無束的自由生活，不任職務，只在家專心著述、翻譯、作畫；直到民國二十六年對日抗戰止，短短的十二年間共出版了畫集、文集、音樂專書、藝術理論書、外文翻譯書等共約六十多種，數量驚人。

民國二十二年春天，故鄉的新居落成，這就是頗具知名度的「緣緣堂」。豐子愷在這精心營造的桃花源裡，度過既悠閒又繁忙的五個年頭，享受難得的親子之樂、盡心讀書、全力創作。然好景不常，抗戰爆發，他不得不帶著家小遠離家園，輾轉遷徙至江西萍鄉、湖南長沙、漢口，直到廣西桂林任教師範學校；民國二十八年又至廣西宜山浙大任職，民國二十九年到貴州遵義。民國三十一年秋，在重慶國立藝術專科學校任教，一年後辭去，住在重慶沙坪壩，重新過著無職一身輕的日子，以著述賣畫維生。

民國三十四年抗戰勝利以後，豐子愷回到杭州定居。民國三十八年至香港舉行畫展，此後豐子愷便一直住在上海。他曾任上海市人民代表與政協委員、全國政協委員、上海市美術家協會主席與上海市作家協會主席等重大職務。民國三十九年，豐子愷以五十二歲的高齡，開始學習俄文，同時翻譯俄國文學，他「活到老學到老」的精神，令人敬佩。民國四十九年，上海市中國畫院成立，他擔任首任院長。自民國五十年起至民國五十四年冬他翻譯日本古典名著長篇小說，也是世界上最早的一部小說《源氏物語》，全書翻譯爲中文將近一百萬字。然因民國五十五年的「文化大革命」，未能將此巨著付梓。豐子愷最爲扼腕的不只是晚年的作品未能問世，而是十年浩劫使他臨老還蒙受屈辱：他被冠以莫須有的罪名，遭到無情的批鬥、殘酷的迫害，致使身心受折磨。但爲了一生執著的藝術，他不顧「四人幫」的逼迫，仍堅持作畫，從事翻譯。在這樣惡劣的環境下他完成了《護生畫集》第六集，也翻譯了日本的《竹取物語》、《落窪物語》和《伊勢物語》，但這些著作在豐子愷死後才得以出版。備受折磨的豐子愷，民國六十四年九月十五日，在陰霾蔽日的情況下因肺癌含恨長逝，享年七十八歲。他的冤屈直至民國六十五年由長子豐華瞻徹底平反。

豐子愷畢生竭盡心力於創作、翻譯，除了藝術上的作品，如：《西洋美術史》、《西洋畫派十二講》、《音樂入門》、《音樂的常識》、《近世十大音樂家》、《近代藝術綱要》、《藝術的修養基礎》、《繪畫與文學》等，都是當時頗負盛名的學術作品，和頗受學子歡迎的教材。而豐子愷最爲世人所稱道的成就，在於他的隨筆散文，和獨樹一格的漫畫。他的漫畫出版的有《子愷漫畫全集》、《豐子愷繪畫魯迅小說》、《豐子愷漫畫》、《豐子愷兒童漫畫集》、《護生畫集》等。而膾炙人口的隨筆散文則有《緣緣堂隨筆》、《緣緣堂集外遺文》、《豐子愷文集》等傳世。目前在台灣可找得到有關豐子愷著作及傳記的版本有：楊牧編的《豐子愷散文集》（洪範版）、《豐子愷傳》（世界版）、《回憶父親豐子愷》（大雁版）等。

二、豐子愷的名子

豐子愷的母親一連生了六位千金之後，才生下豐子愷這個兒子，那時他的父親豐鐄正值中年，故取乳名爲「慈玉」，本名則是豐潤，因此同鄉的好友常稱他為「慈哥」或「慈弟」。可是他的小學老師卻認為「潤」的筆畫太多，不易書寫，便建議改為「仁」，筆畫少，又與「慈玉」的「慈」意義相近，於是他就改名為「豐仁」。

豐子愷就讀浙江第一師範學校時，國文老師單不厂（音ㄢ）頗為欣賞他的作文造詣，覺得豐仁之外應有雙名為「字」，便幫他取了「子愷」。「愷」是和樂的意思，與「仁」的意義也有相關。從此他便以字行，無論寫作、作畫都用這個新名字，人們反而忘了他的本名了。而他早期作畫時曾用「ＴＫ」署名，那也是從「子愷」的英文拼音的縮寫字母而來。

三、豐子愷的漫畫

漫畫，這種以簡筆畫法，又趣味橫生的繪畫，自古有之，只是名稱不一，有的叫「諷畫」、「諷刺畫」、「諧畫」，或叫「畫諷」、「諷字」等。而真正最早使用「漫畫」一詞的人，是日本的畫家葛飾北齋，他出版一本畫集《北齋漫畫》，「漫畫」之名由此誕生，而以後漫畫也在日本盛行。民國七年九月，沈伯塵在上海創辦了一本漫畫雜誌，名叫《上海潑客》，又名《伯仁滑稽畫報》。「潑客」是英文PUCK的音譯，意即詼諧戲謔。這是中國第一本的漫畫雜誌。民國十四年《文學周報》的鄭振鐸為豐子愷刊登漫畫，題上「子愷漫畫」，才算是中國第一個使用「漫畫」的人。一般而言，漫畫是含有諷刺、幽默、教育的遊戲畫，但豐子愷對漫畫則另有一番解釋，他說：「漫畫二字，望文生義：漫，隨意也。凡隨意寫出的話，都不妨稱為漫畫，因此我做漫畫感覺同寫隨筆一樣。不過或用線條，或用文字，表現工具不同而已。」

豐子愷第一次接觸到繪畫，是幼年時期讀《千家詩》的時候，書頁上的「大舜耕田圖」，他覺得比書本上的詩文有趣，便找染坊裡的師傅討些顏料來著色，結果五顏六色的顏料將書濕透到七八頁之多，隔天自然少不了挨父親一頓責打。但已愛上畫畫的他想了一個辦法，那就是趁爸爸曬書不注意時，偷來人物畫譜，然後將雪白的連史紙放在上面描摹，再加以著色。由於畫出的圖畫十分出色，同學們爭相要畫，有一次還因搶畫引起糾紛，而驚動私塾中的先生，未料老師不但不處罰他，還請他將畫譜中的孔子像放大。原本只會「印畫」的他，依大姊的建議，用九宮格畫出足足有他身體一般大的孔子像，先生把它掛在牆上；

從此學生們上學、放學都要向「孔子」行禮。而後豐子愷又受命畫遊行列隊用的大清國旗，也開始有人找他畫肖像，自此豐子愷的名氣逐漸大了起來，這是他少年時代的一件得意的事。

豐子愷初次學寫生畫時，簡直到了癡迷的地步。他總是去買一些「人棄我取」的東西做爲靜物標本，例如又老又硬的白菜、好看不好吃的帶葉橘子、漏水的瓦瓶和造型質樸、花紋典雅、已褪流行直口的酒碗等，常令商家誤以爲他精神有問題呢！這些在他人眼中是不值錢的東西，豐子愷看來卻個個有靈魂似的，常取來把玩，愛不釋手，無論遠觀近看，自覺其樂無窮。有時他感到這世間只有他自己是一個人，其他都是寫生的模本。例如有一次他在火車站候車，迎面走來一個賣花生米的江北人，這個人的臉形特殊，馬上吸引了豐子愷：在這張狹長而布滿縐紋的臉，竟然看不到他細小的眼睛，豐子愷不自覺地湊上前去看，怎料那臉上的無數縐紋全動了起來，原來這江北人笑了，並且問道：「先生要買花生米嗎？很香的！」這一問，豐子愷才回過神來，尷尬地買了一包花生米，並當下吟出：「時人不識余心樂，將謂要吃花生米」。

豐子愷在浙江第一師範與李叔同習油畫、書法，奠定中西藝術的基礎；日後到日本遊學時受到竹久夢二的啓發，摒棄早期以諷刺、滑稽、遊戲爲題材，趨向深沈而嚴肅的人生描繪。豐子愷取法西洋繪畫的遠近與構圖，而用毛筆畫在宣紙上，表現出中國的畫趣與意境，創造一種獨特的畫風，人們稱他是「中國的漫畫之父」。朱光潛說：「要瞭解他的畫品，必先瞭解他的人品。一個人需先是藝術家，才能創造眞正的藝術。」他的作品有一項時下一般畫家所缺乏的特點，就是「至性深情的流露」。綜觀豐子愷作漫畫約略可分四個時期：第一是描寫古詩句時代，第二是描寫兒童相的時代，第三是描寫社會相的時代，第四是描寫自然相的時代。但其中又交互錯雜，不能截然劃分界線，因此歸納豐子愷的漫畫大致有以下幾個特色：

1、獨樹一幟

豐子愷的畫形象生動，筆簡意深，雖寓教化於生活細節之中，卻又顯得眞實親切，發人深省。他往往以寥寥數筆勾勒出人生百態，如描寫人物時，並不注重五官的描繪，不採「形似」，而採「神似」的畫法，他常不畫眼睛與鼻子，只畫一張嘴，有時連嘴也省略不畫，甚之連臉的輪廓也不畫全。所以曾有人在報上評論他：「豐子愷畫畫不要臉」。可是在他的生花妙筆之下，個個人物皆栩栩如生，如（附圖二）《阿寶赤膊》，雖未將小女兒羞答的容顏描繪出來，但讀者仍可從她雙手緊抱在胸前，和低頭的模樣，體會出她的含羞帶怯的表情。

2、弦外之音

豐子愷的畫作往往題上令人遐想的題目，例如：《二重饑荒》（附圖三）。圖中是一位衣衫襤褸，有著飢瘦臉龐的小乞丐，而他不在市井行乞，卻在課堂之外聆聽教師的授課。由此看來：人不得衣食的溫飽，已是夠可憐了，若又不得享受基本教育的培養，則又是可悲，故謂「二重飢荒」。又如《曉風殘月》（附圖四），這原本是北宋詞人柳永的名句。原詞是：「多情自古傷離別，更那看冷落清秋節？今宵酒醒何處，楊柳岸曉風殘月。」豐子愷將古代文人飲酒賞月的風雅之事，化身作農夫在黎明破曉時分，即下田工作的辛苦情狀，可說是「古詞新解」。

3、今之畫史

一代詩聖杜甫因其作品常反映社會，表現人生，故又被稱作「詩史」，而豐子愷的漫畫也具有相同的特點，例如《高櫃臺》（附圖五），圖中兒童手持一件可能是家中僅有的值錢東西去典當，但見當鋪的掌櫃姿勢卻擺得高高的，一副勢利的樣子，而個兒小小的窮孩子還得踮起腳尖，要求掌櫃高抬貴手收買，讀來不禁令人鼻酸。可見當時貧富懸殊的社會裡，人們的同情心似乎淡薄了些。除此之外，其他如《出獄無食宿，刑滿戀監獄》也是說明當時謀生不易，以致犯人服刑後仍想蹲牢房、吃牢飯，而戀戀不肯離去，卻又被獄卒強推出去。諸如此類的畫面，都是以辛辣、尖銳的筆調，揭露當時的苦難年代。

4、充滿童趣

兒童是豐子愷創作中最自然、親切、豐富的題材。因爲豐子愷不但自己擁有一顆赤子之心，更能在兒童純眞無邪的世界裡，尋找人生哲學和美感。二十七歲兒女就成羣的豐子愷，最喜歡在孩子們身上獲得靈感，長子豐華瞻是他筆下出現最多的男主角，例如《瞻瞻的腳踏車》（附圖六），天真的孩子運用兩把芭蕉扇，就可一前一後，煞有其事地的揮動腳踏車前進，這便是以兒童無比的想像力、創造力，悟出孩子是藝術國度裡的國王，他們除去既定的俗念、眞理，完全馳騁在自己的想像和樂趣之中，感受眞實的人生趣味。

總而言之，讀者欣賞他的作品，切不可看成是一般市井遊戲之作，而應以文學與藝術的角度來看待，正如他在民國五十二年出版《豐子愷畫集》的自序：「泥龍竹馬眼前

圖二

圖三

圖四

圖五

圖六

景，瑣碎平凡總不論。最喜小中能見大，還求弦外有餘音。」

四、豐子愷的散文特色

對豐子愷而言，隨筆和漫畫是兩位一體的：「在得到一個主題以後，宜用文字表達的就寫隨筆，宜用形象表達的就作漫畫」。郁達夫曾評論豐子愷的散文說：「他的散文清幽玄妙，靈達處反遠出在他的畫筆之上。」（《中國新文學大系》散文二集導言）這是說豐子愷的散文寓深邃道理於眼前事物，細膩貼切，有時意在言外，靈巧高妙，有時連他最擅長的繪畫也有不及之處。豐子愷的散文往往偏重描寫生活平凡中的點點滴滴，讀者可在字裡行間察覺出生活的情趣，與生命的源頭，體會到生活的美與哲學。其實古今中外凡是膾炙人口的佳作莫不擁有這樣的特色，那就是藉著敏銳的觀察，加以豐富的情感表達，自然能創作出「凡景語皆情語」的作品。而這種寓情於景的手法，正是豐子愷將俯拾即得的生活常景，賦予一種新奇的美感經驗，喚起世人對於平日視而不見的事物，給予無窮的關注。

例如：「炒爆米花」可能是許多人的童年回憶，豐子愷卻能從孩童歡天喜地捧著爆米花，那樣天眞的情趣中，悟出寫作文章就像爆米花一樣：先有一個中心思想，再加上具體例證，描述一番，擴充起來，就成爲一篇隨筆或短篇小說。

因此，豐子愷的散文在當時動亂的年代曾帶給人們無限的啓迪和感觸，即使時至今日，他的隨筆散文仍具有現實意義，足供現代人正確的人生態度。趙景深說：「他只是平易的寫去，自然就有一種美，文字的乾淨和流利和漂亮，怕只有朱自清可以和他媲美。」（〈文人印象〉）這樣平易近人，又能傳達人生百態，社會現象，可謂「現代白居易」。

五、緣緣堂

豐子愷的母親早年在老家的後面買了一塊地，本無建屋的打算，一日心血來潮，向木匠借來尺與豐子愷丈量、計畫，但見豐子愷婚後兒女衆多，經濟尚無餘裕，而只能自己蓋個「空中樓閣」。兩年後他的母親帶著造屋的夢想與世長辭，又經過三年，豐子愷才決心完成先母的心願，開始建屋。那一年豐子愷三十六歲，正值人生和創作的黃金時期。他建造這間房子，如同他創作重要作品一般，精心設計，反覆構思，傾注了全部的心力和財力，一有不滿意之處，一直要求完美方肯罷休。終於在民國二十二年春天落成，命名爲「緣緣堂」。

其實緣緣堂的名字早在民國十五年，豐子愷住在上海江灣的租屋處時就命好的。緣由是有一天弘一法師李叔同雲遊經過上海，下榻於豐子愷的住處，交談時，一向喜歡爲住所命名的豐子愷，恭請法師爲寓所命名，法師讓他在小方紙上寫許多喜愛且可以互相搭配的文字，揉成小紙球，撒在釋迦牟尼畫像前的供桌上，抓了兩次鬮，結果拿起來的都是「緣」字，於是命名爲「緣緣堂」。由弘一法師寫成橫額裝裱，隨著豐子愷輾轉遷徙各地達八年之久，終於在他回到故鄉石門灣，懸掛在他新居的門上。

緣緣堂是一棟三層樓，中國傳統式的建築。形式則爲近世風尚，乃取其簡潔明快的風格。整體正直、高大、寬敞、明淨，具有深沈樸素之美。這是豐子愷的建屋標準，至於他的居家哲學則是：「確信環境支配文化……這樣光明正大的環境，適合我的胸懷，可以涵養孩子們的好眞、樂善、愛美的天性。」因此在他的心目中，緣緣堂是靈與肉完全調和的藝術品。這裡有他親自繪製，讓木匠製造的中國式家具；屋內甚至不用電燈，而用油燈，以懷思古之幽情。其實緣緣堂也是一座藝術館、圖書館，因爲內有馬一浮、弘一法師、吳昌碩等大師的眞迹作品，以及豐子愷自己的創作和弘一法師出家時贈與的紀念品。西屋及樓上藏有各類圖書一兩萬卷，從西洋畫冊、中國畫譜到音樂美術論著，從古典詩詞小說到現代文學作品，從歷史文獻、宗教讀本到兒童讀物，不勝枚舉。

在緣緣堂安詳寧靜的鄉居歲月中，豐子愷最大的癖好是燒香。他的書桌上常供著各地收集而來的香爐，也常變換各種不同香味的香末，有檀香、降香、麝香、福建香等。對於一向生活儉樸的他而言，這是一種高級消費，但他卻捨得花比每月飯錢還多的香錢，而且成了生活上的必需品。究其因有二：一是他認爲聞香是一種感覺，僅次於看畫、讀書、聽音樂和看戲，屬於高雅的興趣。其次，燒香所造成煙縷之美，讓靜態的書房，有了動態的美感。所以說靜坐看煙，帶給他一種賞心悅目的感覺，甚至到了不燒香，便無靈感可以提筆創作的地步了。

緣緣堂四時皆美，豐子愷不但過著仙境般的生涯，也在五年之間完成了二十部作品，其中隨筆就有八十八篇，大多數是他一生的代表作。從此他的文學隨筆結集成冊後，都冠以「緣緣堂」之名以資紀念，如《緣緣堂隨筆》、《緣緣堂再筆》等；他的畫紙則註有「緣緣堂畫箋」字樣。「緣緣堂」從誕生日起，便與後來名字「豐子愷」一樣，和他的生命融爲一體而密不可分了。

然而民國二十六年七七事變起，隔年一月緣緣堂不幸爲日軍轟炸得只剩斷垣殘瓦，而豐子愷一家也流離失所，到處逃難，原本看淡世俗的豐子愷，在黃昏酒醒之時，燈孤人靜躺在牀上，不免懷念起緣緣堂的種種。爲此他相繼寫出《還我緣緣堂》、《告緣緣堂的在天之靈》、《辭緣緣堂》等三篇致哀文章，原以爲終有一天，當勝利還鄉時，可與緣緣堂再相見，怎知世事難料，終其一生，心願難了。緣緣堂曾是他的最愛，不過到頭來卻也成了他心頭上永遠的創痛，所以除了民國三十五年秋天，他從逃難的途中返鄉後，當夜飲了數盅酒，倒頭就睡，醒來便離開傷心地，三十年間未曾踏上故鄉路。

緣緣堂焚燬後將近半個世紀，中共政府於民國七十三年，由桐鄉縣政府出資重建緣緣堂，又得到豐子愷生前摯友廣洽法師的捐款相助，民國七十四年在豐子愷逝世十週年紀念日上，緣緣堂終於又重現在世人的面前，相信這樣的結局，可堪告慰一代藝術家在天之靈了。

六、豐子愷二三事

㈠人生四位良友

豐子愷稱他一生中有四位「良友」相陪，即：煙、酒、茶、唱機。這四位忠實的友人，不論環境是好是壞，總會在他身邊伴隨。

「老煙槍」這個稱號對豐子愷而言是不爲過的。因爲他常是煙不離手，一天一包半的煙癮，使他在早年得到肺結核，醫生囑咐需戒煙，不得已只好努力減到一天六、七根。但異想天開的他，想了一個理由，認爲吸煙有害，乃在於將煙吸入肺部，而造成病痛。爲避免傷害，只要抽煙的時候，不把煙吞入肚裡，而將煙霧吐出，既可解決煙癮，又不傷身，眞是兩全其美呀！他生平最愛抽「三五牌」香菸，在文革期間，甚至珍藏一罐，等待「解放」出來時好好抽上一抽。民國四十九年廣洽法師得知他的嗜好，特寄來打火機用的電石和香菸，被豐子愷戲稱爲「香火緣」也。

酒，對豐子愷而言，份量似乎比煙來得更重要些。他認爲喝酒是爲了興味，是一種「酒逢知己千杯少」的眞情流露，所以說「醉翁之意不在酒」，而在感覺之間。而這種感覺，是話舊、是知心，有時也是澆塊壘之愁。當年在白馬湖時，豐子愷與劉叔琴比鄰而居，夏丏尊也與劉薰宇相鄰，所以彼此戲稱「豐劉」、「夏劉」。而這四位好同事、好鄰居，家中常置紹興美酒，邀集單身酒客「二朱」——朱光潛、朱自清來舍共飲。朱光潛回憶說：「酒後見眞情，諸人各有勝慨，我最喜歡子愷那一副面紅耳熱，雍容恬靜，一團和氣的風度。」可見豐子愷的酒品不錯呢！

喜歡唱機（當時稱留聲機），乃是喜歡聆賞音樂。他認爲：「精神勞動的人要休息，除了酣睡以外，只有聽音樂。音樂能使人心完全停止思維籌算，而入陶醉狀態。」他的唱機原只是播放喜愛的西洋唱片的，後來無意中迷上梅蘭芳的京劇，竟不再買西洋音樂唱片了，他自稱愛聽戲的習慣，猶如抽鴉片煙成了癖，上了癮了。爲恐唱機損壞，他總備上兩三部候用，即使在逃難的當兒，也成了「隨身聽」。

酒可醉人，茶可醒人。茶，是豐子愷書房中不可或缺的良朋益友。

㈡天下何人不識君

抗戰中，豐子愷隨著戰火蔓延而流徙各地，出了家門才發現，他的名聲早已遠播。在逃難中屢獲協助，甚至在銀行中，僅憑「豐子愷」三個字，便可取款。而各處報紙盛傳一向蓄留長鬚的豐子愷，在亂山叢林之中步行萬里，抵達長沙，一把美髯，剃個精光。豐子愷對此小道消息甚感意外，曾對友人說：「當此國家危急存亡之秋，我之鬍鬚承負國人如此關念，實出意料之外。」於是當下決定原本讓懷抱中的小兒玩弄的鬍鬚，今後不得再任意拔去，因爲這已是國人關心的話題，以非單純的個人問題。他也打算好好照張相，提供「眞相」給報社，並答謝國人關念之誠。

民國五十年某日，豐子愷出門拜訪朋友，雇了一輛三輪車代步。車伕與他閒聊：「先生今年高壽？貴姓？」他告訴車伕姓豐，車伕又說：「這個姓很少，我只知道一個老畫家豐子愷，是不是您的本家？」他反問：「你怎麼知道他的？」車伕說常在報上看到豐子愷的畫後，他才承認自己就是豐子愷。一路上車伕對豐子愷的漫畫提出看法，也請教他幾個問題，最後央請豐子愷爲他提筆作畫寫字，豐子愷也爽快答應。於是車伕花一筆錢，買了一本精美的手冊，很愼重地請豐子愷隨興作畫。豐子愷在手冊上畫了個兒童，手裡停著一隻和平鴿，並題上「自由幸福」四個字。結果到了目的地之後，二人爲了車錢相互推讓，還得請警察幫忙，豐子愷趁車伕與警察對話時，偷偷的把錢放在車子裡，快步離開了。後來他也與這位車伕成了好友，因爲他覺得，他們是君子國度裡善良人們。

㈢《護生畫集》

《護生畫集》是豐子愷一生著作中最爲特殊的作品，共六冊。此書始創於民國十八年，前後共經歷四十六年，出版時間因政局動盪不安，六冊相距半個世紀之久，而且一冊比一冊厚。

民國十六年秋天，弘一法師雲遊至上海，在豐子愷的住處掛單。師生交談中，突然心生靈感：爲弘揚善行，商議由豐子愷繪圖，法師配詩寫字，開始創作「護生畫」。畫的內容，均爲勸誡世人珍愛生命，戒除殺機。不久適逢弘一法師五十歲生日，豐子愷就出版五十幅護生畫爲壽禮。民國二十八年，豐子愷避日寇逃難，在不安定的日子，仍不忘恩師的叮囑，在弘一法師六十歲生日時，又繪六十幅護生畫以資紀念。當法師接到初稿，依先前商訂配上文字後，回信給豐子愷說：「朽人七十歲時，請仁者作護生畫集第三集，共七十幅；八十歲時，作第四集，共八十幅；九十歲時作第五集，共九十幅；百歲時，作第六集，共百幅。護生畫功德於此圓滿。」

《護生畫集》一、二集出版後，在佛教界廣泛流傳，並產生了廣大的影響力。第一集的英譯本也於民國二十七年問世，初版就印行一千五百冊，可見此書無論中外，深受世人喜愛。然而，當時也有另一種反對聲浪，說人不吃動植物，豈不都餓死了？爲此，豐子愷在民國三十八年弘一法師七十歲冥誕時，出版七十幅的《護生畫集》第三冊，在〈自序〉中作了詳細的說明：「護生者，護心也。初集馬一浮先生序文中語，去除殘忍心，常養慈悲心，然後拿此心來待人處事——這是護生的主要目的。……詳言之，護生是護自己的心，不是護動植物。」

不過，當年提出「護生」構想的弘一法師，於民國三十一年圓寂了。民國五十年，經新加坡廣洽法師的贊助，第四集《護生畫集》八十幅，得以在海外順利發行。在一個校閱樣稿的夜晚裡，豐子愷夢見羣獸拜舞於前，一覺醒來，甚感神奇！民國五十四年緊接著在衆人殷殷企盼之下，第五集也於新加坡出版了。

民國五十五年，史無前例的「十年浩劫」開始。豐子愷的《護生畫集》，成了被批鬥的主要罪狀之一，這一年他已是六十八歲的高齡老人，每天除了到「牛棚」作交代、洗腦之外，仍不忘對恩師的允諾。民國六十二年，他在極祕密的環境下，不顧政治的迫害和身體的孱弱，冒險創作《護生畫集》第六集，當一百幅完成後交與友人題詞、保管。民國六十四年豐子愷與世長辭，雖未見到第六集出版，但他終於完成恩師的交代。

民國六十七年，廣洽法師來到上海，取得了豐子愷第六集的遺作，並得知當時豐子愷創作之艱辛，甚爲感動。民國七十四年豐子愷八十八歲冥誕，重建緣緣堂之日，法師攜帶《護生畫集》第一至六冊全部原稿四百五十幅，及所有的題字原稿捐給了浙江博物館收藏，使豐子愷畢生辛勤耕耘的一片藝術與宗教的成果，得以安身立命。

貳、課文參考資料

一、《山中避雨》賞析

豐子愷的散文，一向取材於現實生活，以質樸的文字，抒發眞實的情意，常給讀者一種趣味盎然又頗富哲思的感受。本文也具有如此的特色，作者藉著在山中避雨的一段經驗，體悟到音樂的無形凝聚力，和强大的感染力。

本文選自洪範書店出版的《豐子愷文選》。記敍作者在西湖山中因遇一場陣雨，而倉皇避雨在山村茶店中，爲了替同行女子解悶，向茶博士借來胡琴，即興地演奏小曲，未料卻引來衆人的唱和，使得荒山苦雨的景象，一下子變得活躍起來，氣氛自然和諧而倍覺溫馨。最後引發作者內心的體悟和感動，原來音樂的藝術教育這般神奇，可使素昧平生的人，拉近彼此的距離，增進情感的瞭解，關係更爲融洽和諧。作者以一種輕描淡寫的方式，描繪山中避雨的一段小插曲，讀來令人深切感受到作者用心經營的人生態度，和對音樂具有陶冶人心的體悟，雖是隨筆之作，但因物起興，散發他散文的無限魅力。

首段寫山中出遊遇雨的倉皇，只好在三家村的小茶店躲雨。本段交代了不佳的天候、年輕女子的相伴、小茶店的地點和特色。

次段以「層遞法」傳達作者遊山避雨的心境轉變，起初覺得掃興，但他隨即體會到山中因雨受阻的一種寂寥而深沈的趣味，而以蘇軾的千古名句「山色空濛雨亦奇」，作爲印證。然而同行的兩位小女子，卻未能瞭解這種「大人」的情境，反倒覺得苦悶難耐而怨天尤人，與作者苦中作樂的感興，形成強烈的對比。

第三段以茶博士的胡琴引起下文，是貫串全文的一個重要道具。因爲山中避雨的寂寥，所以胡琴的樂音，倒能吸引遊客的注意，可惜演奏時間太短，未能完全排遣等待雨停的煩悶。爲了安慰那兩個女孩子，作者臨時起意向茶博士商借了胡琴，是下文的一個橋段。人類的情感本來就會因環境、成長背景、教育程度、年歲大小、瞭解與觀察等不同因素影響，所以作者也不想以「大人化」的看法，來勉强小女孩接受相同的觀點，但他萬萬沒想到，以下的胡琴表演，卻可以達成同樣的意境。

第四段可以說是全文的高潮之處。由於作者精湛的琴聲，帶動整個三家村裡的溫暖、熱鬧氣氛，使得原先悶得令人受不了的雨天，在此時忽然顯得活潑，且令人留戀起來，而散文的意境也從寧靜的古畫山水，跳躍成生動活躍的歡樂景象。本段作者先以插敍法，追憶當年學拉胡琴的往事，其次才是本文的重心——描繪當自己的琴聲，伴隨女孩的歌聲，彷彿把剛剛的困悶心情，拋諸九霄雲外了。至此文章的色彩基調在氣氛的烘托之下，逐漸地溫暖起來，不再是灰濛濛的一片雨景了。接著寫到其中一位女孩，唱著當時最流行的《漁光曲》，引得三家村的青年齊聲唱和；這時，一座平凡無奇的小茶店，竟然有比音樂廳的演奏還要完美的演出，因爲這其間融合了現實民間的世俗人情。無怪乎作者感嘆道：「有生以來，沒有嘗過今日般的音樂的趣味。」而原本寂寥深沈的避雨情況，一轉眼卻成了「天時、地利、人和」的景象。

末段書寫三家村青年的惜別，以及自己的依依不捨之情，同時回味前所未有的音樂藝術與人生的一番感受。在此提出他對音樂教育的看法：只要有心多創作幾個「曲易和衆」（「曲高和寡」的相對詞）的胡琴曲子，深入民間，相信這樣的藝術陶冶的功效，自然比學校刻板的音樂課來得廣大。最後以古人說的：「樂以教和」作結，說明在此次山中避雨時，終於印證此說。

《禮記．經解篇》上說：「廣博易良，樂教也」，正是本課的一個證驗，因爲作者藉由一把胡琴，將音樂的藝術生活化，不但讓人將煩惱拋諸腦後，也拉攏了不相識的人們。其實藝術最高的境界就在於此，《陽春白雪》縱然美妙，但終歸曲高和寡，無法深入大衆的心靈，反倒有時《下里巴人》的曲調能擄獲大部分人的心。作者雖然曾經吃過七、八年音樂教師飯，出版或翻譯過音樂教本，也曾用Piano伴奏過混聲四部合唱、彈過Beethoven的Sonata的正統音樂，但以一次的即席演奏牽動了所有人的情感，才是作者認爲最成功的音樂教育，因爲它可以隨時隨地與人同樂，這便是「廣博」，而將歡樂的氣氛，成了一段意外的因緣，讓彼此顯得更融洽和諧，這是「易良」。作者將平凡的生活素材，寫出此番活潑溫暖的情味，使得文中的人物、雨景、茶店……，在胡琴的拉奏聲陪襯之下，靈動起來，其中溫暖熱鬧的情境眞教人悠然神往！

叁、課文補充資料

一、關於「阿慶」

阿慶，是豐子愷家鄉的一位「柴主人」。所謂「柴主人」，其實就是賣柴人的仲介。他替每一個賣柴的人找買主，同時也爲他們秤重分量，分配硬柴、軟柴，然收取百分之五的佣金。阿慶早上在市井忙完了事，因爲是單身漢的關係，一人飽全家飽，他又既不喝酒，也不抽煙，唯一的嗜好就是拉胡琴。所以，到了下午便閒來沒事地，以拉胡琴消遣。

當時留聲機並不普及，所以就有人揹著一部留聲機來賣唱。只要出幾個錢，就可以聽一齣戲，商家們沒什麼娛樂，故也不吝惜出錢，聽上一聽。但是這是一種「獨樂樂不如衆樂樂」的消費型態，所以阿慶就同許多出不起錢的人一起「旁聽」。不過阿慶不但聆聽免費的音樂，還暗中學習，聽了幾回之後，天賦獨厚的他，就會用他心愛的胡琴拉出熟悉的曲調來。

豐子愷認爲，每至清涼沁人心脾的夏夜裡，在江岸上聆賞阿慶婉轉悠揚的琴聲，最爲引人入勝，這恐怕連潯陽江頭的琵琶聲都遜色不少，也勝於西洋的小提琴。所以曾自告奮勇向他求教，阿慶只能把內外兩絃上的字眼——上尺工凡六五乙仩——教他，但總不及阿慶的心靈手巧，故也學不好，僅得皮毛而已。

二、關於「胡琴」

中國樂器，是中華優良的傳統文化之一，它歷史悠久，源遠流長，造型精美，散發出一種古色古香的氣息。我國古代樂器依製造的材質不同，分爲金、石、絲、竹、匏、土、木、革八種，也就是所謂的「八音」。大致說來，「金」是指金屬做成的樂器，例如：鑼、鈸、編鐘等；「石」指用石材製作而成的樂器，例如：編磬、磬等；「絲」乃指以絲絃爲主要材質的絃樂器，例如：胡琴、琵琶等；「竹」是指以竹管製作而成的管樂器，例如：洞簫、笛等；「匏」則指瓜類經過乾燥處理後製成的樂器，例如：笙、芋等；「土」類樂器則是以土坯燒製而成的樂器，例如：缶、塤等；「木」指以木爲材製作的樂器，例如：木魚、拍板等；「革」是指以皮革爲主要材質做成的樂器，例如：鼓、堂鼓等。

若依演奏的方式，則分爲管樂、絃樂、打擊樂三類；

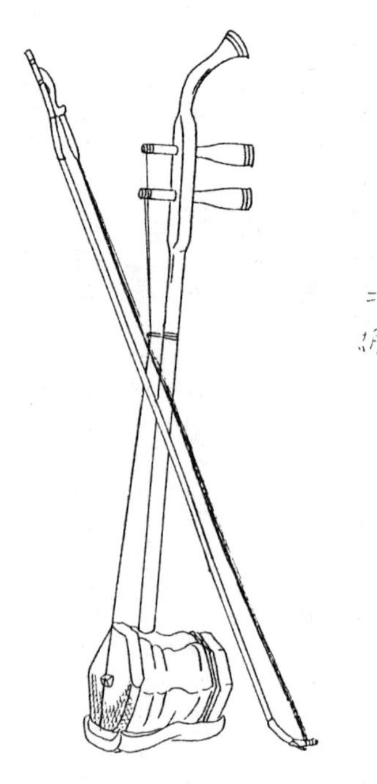

胡琴家族

其中絃樂又可細分爲：擦絃、彈絃、撥絃三種。擦絃樂器，又稱弓絃樂器或拉絃樂器，是指將馬尾裝置在細竹做成的弓桿，以摩擦琴絃，使之震動而發出共鳴的一種樂器。我們常見的擦絃樂器，主要是「胡琴類」。

「胡琴」這個名稱，在我國使用甚早，但在唐宋時期，均指的是由西域、蒙古、外國傳入中國的樂器而言，例如：琵琶、忽雷、箜篌等彈撥樂器統稱「胡琴」。最早使用「胡琴」名稱見於宋代作家沈括所作的七絕《凱歌》其三：「馬尾胡琴隨漢車，曲聲猶自怨單于，彎弓莫射雲中雁，歸雁如今不寄書。」（《夢溪筆談》卷五）。直至元朝，胡琴這個名稱才正式代表現代所謂的擦絃樂器，例如：南胡、京胡、高胡……等。其形製如《元史．禮樂志》上說的：「如火不思，卷頸龍首，二絃用弓捩之，弓之弦以馬尾。」而後世的作法，則是以竹爲筒，蒙以蛇皮，上設琴桿，桿末穿橫孔，貫以二軸，自軸至筒，張二絃，再以竹弓張馬尾納二絃間，使之摩擦發聲。明朝末年廣泛應用於當時盛行的戲曲伴奏，和與其他樂器合奏演出。

三、關於「工尺譜」

工尺譜

（錄自王正來、蔡孟珍、趙堅主唱《詞曲選唱》）

唐．張志和

南越調（漁歌子）**西塞山前白鷺飛桃花流水鱖魚肥青箬笠綠簑衣斜風細雨不須歸**

要談「工尺譜」之前，得先瞭解中國傳統樂理中的「五音」、「七聲」。所謂「五音」，就是大家非常熟悉的「宮、商、角、徵、羽」，中國古代五聲音階中的五個音級。「七聲」則是「一宮、二商、三角、四變徵、五徵、六羽、七變宮」的七個音階。「工尺譜」，就是古代的樂工用來表示音階的簡號。《遼史．樂志》：「大樂聲各調之中，度曲協音，其聲凡十曰五、凡、工、尺、上、一、四、六、勾、合。」（其中「一」通「乙」，「合」通「和」）

「工尺譜」約產於隋唐時代，傳說爲當時音樂家曹柔，通過對管色譜的研究、改製而成。由於流傳的年代、地區各不相同，表現的形式也互有差異，可謂莫衷一是。現存最早的唐代古工尺體系的《燕樂半字譜》，如原藏敦煌莫高窟藏經洞，現存巴黎國立圖書館的後唐明宗長興四年的《唐人樂譜》抄本。明清以來，通行至今的工尺譜，以上、尺、工、凡、六、五、乙等譜字記寫七聲，高八度音則以譜字末筆上挑或加「人」字偏旁來表示。

肆、思考與練習

一、作文教室——隨筆散文的指導

所謂「隨筆」，乃是指因物起興，抒發一己的感受，而不是漫無主題，天馬行空般的胡言亂語，而應當意有所指。以本課「山中避雨」爲例，指導學生能以藝術的眼光，取材自平凡的事物，探求人生的眞諦，寫作生活隨筆。

在寫作時，宜從生活中隨機可遇的人、事、物下手，材料切勿貪多，只要是一件值得深思的話題，便可從中發揮。注意！生活事件只是寫作的一個引子，不是作文的主旨，內容應偏重在情意的表達，因此在記敘的時候應以簡潔、感性的文字傳遞心得。

㈠日記、週記的習作

其實若果能培養成寫日記的好習慣，便可長期訓練生活隨筆的寫作。因爲「生活即文章」，日記或週記所記錄的，無非是每日生活的點點滴滴，只要有心，便能在平淡的日子裡尋求新奇的事物。

㈡材料的選擇

只要不是離羣而索居，生活便是在萬事萬物之中，因此如何留心周遭的一草一木，賦予他們關懷的愛心，自然所有不言不語的事物，都成了有生命的個體。

㈢命題

練習以具創意而又能提綱挈領的文字，自訂題目。因爲題目有畫龍點睛之用，不可輕忽。例如：「生活啓示錄」、「下雨天，眞好」、「永恆的大愛」等。

㈣範文：《歲月》／劉傑夫

歲月是黃金葛。黃金葛的嫩芽每日前進一步，這一步約莫只有一吋；一吋吋地蔓延，一吋吋地爬滿鐵窗。冷硬褪色的鐵窗，有了盎然的綠意，充滿了無限生機，這就是它的「黃金歲月」吧！

歲月是小螞蟻。小螞蟻爬上客廳的牆壁，愈爬愈多，結果整個牆面一片泛黃。「老公，牆壁該粉刷了吧！都變黃了。我們搬到這裡來已經住了好幾年了。」於是塗去了牆上的歲月痕迹。

歲月是白雪。不知何時白雪已飄落我的髮梢，常對著鏡子，拔去一根根如白雪般閃閃發亮的白髮，除掉歲月的痕迹。

歲月是關節炎。不時來訪的關節疼痛讓我舉步維艱，步履不再輕盈。「上了年紀，骨頭要多保養。」醫生打量著我說道。

歲月是機車上的擋風玻璃。擋風玻璃可推走冬日冷颼颼的寒風，和劈開夏日暴起的西北雨，也使愛車顯得穩重。一向對時尚頗爲敏感的老婆說：「你不知道摩托車上的擋風板是LKK的象徵嗎？」於是拆掉這個落伍的東西。果然，迎風前進時，可以聽到風在耳際呼嘯的聲音；如果再旋緊油門，以極速八十，飆了一下，哈！馬上就有年輕的感覺。

歲月是中秋明月。賞月時若只顧吃柚子、嚐月餅，月亮會偷偷移步。猛然擡頭，常驚覺月已西沈，一年中秋忽焉已過，眞是歲月不待人啊！

今年中秋無月可賞，全家在客廳席地而坐，啃別人送來的月餅。四歲的兒子坐不住了，跑到我背後，在我的髮際探索。「爸爸，我找到月亮了。」兒子驚叫，原來他發現平常被掩飾的歲月痕迹，那是我頭頂上的一片地中海，燈光一照，閃閃發亮，有如一輪明月……。

◆二、發表教室——我的音樂生活

在現今大衆傳播工具發達的時代裡，幾乎處處、隨時都可以聽得到音樂。不管是通俗音樂、古典音樂，都提供了人們心靈的慰藉與抒發。所以，藉由這樣的發表教室，請同學提出在成長的經驗裡，如何受到音樂的影響，以及對音樂的看法。

㈠節目預告

先告知同學們，此一發表教室乃要同學談談自己最喜歡的音樂旋律，以及平日以何種音樂作爲欣賞或消遣。

㈡現場發表

同學們可以自備錄音帶、CD，以及視聽媒體，說明音樂生活的箇中樂趣及心得感想。（如果時間所限，可以分組方式進行發表）

㈢卡拉OK大賽

卡拉OK是時下年輕人最喜愛的休閒活動之一，所以可以由學生自己籌備一場盛況空前的卡拉OK大賽，相信藉此可增進師生的情誼。

（林嫺雅）

三、活動教室——美的旋律

㈠樂器表演

先調查班上參加樂團，擅長或曾學習過樂器的同學名單。可以室內樂或戶外音樂會方式舉行。

㈡班級合唱

以往或許全校舉辦過班級合唱比賽，爲了拔得頭籌，全班卯足了勁苦練，如今將屆畢業，讓大夥把以前的指定曲、自選曲再一次重溫舊夢吧！或者班上是否有一首公認的班歌，也可以藉此表演。假如最近有一首紅遍大街小巷的流行歌曲，不妨唱給LKK又SPP的國文老師聽。

二、王叔遠核舟記

／魏學洢

壹、作者參考資料

一、一門忠烈的魏學洢

雖說時代創造人才，但時代往往也是殘害人才的。魏氏一門忠烈、明朝一代豪傑，多少忠臣孝子在明朝宦官主政下，斷送了生命，埋葬了他們的理想？魏學洢父子就是典型的例子。

魏學洢，字子敬，明朝嘉善縣（今浙江省嘉善縣）人。是當地有名的秀才，也是一代名臣魏大中的長子。魏學洢在七歲時就能作詩，生性孝順，曾經有一次不小心摔下橋，斷了腳，也不敢大聲喊痛，唯恐父母擔心受怕。年少時，曾和父親魏大中一起到帷蕭寺苦讀，生活清苦，效法范仲淹畫粥斷齏，日夜吟誦。成年之後，以擅長寫文章聞名於鄉里之間，而他所作的賦更是精妙，頗受大家的欣賞。甚至雲間有一個叫陳繼儒的人，非常欣賞他的才華，和他訂下了忘年之交。（參見《嘉善縣志》卷二十一）

然而在他卅歲那年的一場政治風暴，使這個和樂的家庭，蒙上了陰影。魏大中，是萬曆四十四年的進士，官行人。數奉使，素以清廉自守。魏大中在朝中與楊漣、趙南星、左光斗等人，對日漸掌握宮中權力的魏忠賢，屢次上諫書諷議，因此魏忠賢及其黨羽，對他們是恨之入骨。天啓四年，吏科都給事中出缺，給事中阮大鋮亟想營求。此人雖機敏也很有才華，但個性貪鄙而且輕躁，因此吏部尚書趙南星及左都御史高攀龍都反對此一任命，而想改用魏大中。阮大鋮因此懷恨在心，而依附在魏忠賢門下。魏忠賢又造《百官圖》汚蔑清廉的官員，甚至再唆使同黨刑科給事中傅櫆誣劾汪文言、左光斗及魏大中，給這三人冠上莫須有的罪名，說他們「招權納賄」，更說左、魏二人「貌醜心險，色取行違，自命爲血性男子，實爲匪類」。這時魏大中正遷陞吏科都給事中，到鴻臚寺報到謝恩時，魏忠賢更矯旨責怪：「魏大中互訐未悛，不得赴新任」，玩弄言官於股掌之中，舉朝對魏忠賢此一僭越反常的行爲，大爲錯愕，羣情激憤，就連同黨的傅櫆也說：「中旨不宜旁出」，魏大中才得上任視事。

然而天啓四年六月，楊漣挺身上書：《劾魏忠賢二十四大罪疏》，一時羣臣相繼抗疏，魏大中也提出了「擊逆璫疏」，痛陳「忠賢擅威福、制生殺，殺王安以立威於內，逐劉一憬、周嘉謨、王紀等諸臣，以立威於外；一日而逮三皇親之家人，立枷而斃，以立威於三宮……。出入禁地，交通外官，因以餌其所善，翦其所惡；人怨於下，天怒於上，……，懷沖太子何以不育？裕妃何以革封？皇上南郊之日，胡貴人何以無疾而暴卒？……皇上身為天子，而三宮列嬪盡寄性命於忠賢與客氏之喜怒，危如朝露，能不寒心？」

楊漣等人彈劾魏忠賢，不僅使其原形畢露，也使依附其下的乾兒義孫們大為恐慌，為了希恩邀寵，於是天啓五年三、四月間，眾人籌謀獻策，倡興大獄。誣陷楊漣等六君子，接受熊廷弼的賄賂，判定楊漣、左光斗各坐贓二萬，魏大中三千，袁化中六千，周朝瑞一萬，顧大章四萬。魏大中被捕之時，鄉人號送者近萬人。

魏大中被捕之時，魏學洢泣血號呼，想隨牢車北上，魏大中厲聲叱責：「覆巢之下，寧有完卵？父子俱斃，於事無補。」但魏學洢不肯聽從父親的勸阻，改換姓名、容貌，祕密地在後跟隨緹騎，沿途打聽父親的起居。抵達北京後，白天藏匿在客店之中，晝伏夜出，四出求救，但父執輩之人有的拒不相見，有的則對他仰天長嘆，相對而泣，無可奈何而已。魏學洢雖然也想上書以己代父，但未能如願。

魏大中等六君子先後下鎮撫司獄。鎮撫司等於閻羅殿一般，魏忠賢又矯旨下令，對六人「嚴刑追贓比較，五日一回奏」，於是獄卒鞭笞拷掠，棍棒交加，臀血流離，股肉俱腐。魏大中被誣接受熊廷弼等人賄賂，亦為欲加之罪。對熊廷弼一案，他曾力主宜置重辟，且有諫章傳布，最後竟被誣陷坐贓而死，其冤可知。死之時溽暑殷雷，相驗領埋之旨，遲遲不下，過了六、七天才差官發屍，和楊漣、左光斗等三人屍體由牢穴中拖出，骸脹而黑，肌生蛆蚋，潰爛零落，幾難以辨認，那年魏大中五十一歲。

魏學洢領了父親屍體，匍匐扶櫬歸鄉，日夜伏草啼號。魏大中雖死，但追贓的行動並未停止，因此魏學洢被下浙江監獄。入獄前有致友人書，備道人情冷暖，求告無門的慘狀：

「權閹之殺忠良也，以什佰計：有死貶所者，有死獄中者，有死杖下者，有死東西市者，然皆隨刑隨斃隨殮；雖或身首異處，猶能補綴成屍，使妻拏相抱一哭，而後蓋棺，亦不幸之幸也！未有若先子之備嘗慘酷，未死而蛆蚋生肌；既死六七日，猶故緩其旨，俾屍腐牢穴中，不使一寸肌膚獲黏殘骨入木者。足下讀書萬卷，見古忠臣之死，有慘毒如先子者哉？」

文中更慨嘆「廉吏可爲而不可爲」，枉刑坐賄，罪及全家，所謂「福善禍淫」之說，人間的公平正義，那裡可相信呢？「昔人謂『廉吏可爲而不可爲』猶謂妻子貧困已耳！今則枉刑坐賄，罪延其孥，淸白吏子孫，其受禍有什佰於墨吏者。福善禍淫之說，豈特不驗，且復倒行逆施。茫茫天道，尚可問耶？」

魏學洢在家庭遭此大變，對當時政治的黑暗痛心疾首，因此也視死如歸。他說「先子罹禍，人不手援，豈先子既歿，猶有出而援洢者哉？即或有之，顧不能活父，而今以自活，洢實痛之，不如速死之爲愈也。」果眞在這同一年，魏學洢也因病而死，死時才卅歲。

崇禎初，魏忠賢失勢。魏學洢之弟魏學濂瀝血上書，陳述父受冤獄，兄死孝之慘狀。又上書彈劾阮大鋮等人交通逆閹，罪大惡極。不久，魏大中被追謚爲忠節，魏學洢也被下詔旌表爲孝子。魏學洢的著作有《茅簷集》八卷，收錄他的詩歌和散文作品，由其弟魏學濂刊編。平心而論，魏學洢在文章上並沒有很大的成就，但因忠孝萃於一門，人格偉大，書因人而傳。同時他的學生錢棻也輯錄其著作，編成《魏子敬遺集》，收錄在《四庫全書》之中。

二、一門三孝子

魏大中共有三子，長子學洢，次子學濂，三子學洙。據《嘉善縣志．孝友卷》載：魏學濂在父兄先後辭世，家庭迭遭巨大變故之際，毅然挑起重擔。不但要面對外來責難，對內要綜理家中大小事務，還得挑起事奉寡母、照撫幼弟及魏學洢孤子的責任。而其生性節儉，「終身布衣，無重味」，對母親至孝，母親生病了，還曾割臂肉和在菜中，希望能治癒母親。對父兄至誠，當魏忠賢失勢之際，泣血上書使父冤得以平雪、使兄孝得以彰顯。崇禎十六年中進士，拔擢爲庶吉士。第二年李自成進逼京師，魏學濂雖提出建言，但未及用之，京師旋即淪陷。受賊戶部司職務，自覺有愧家聲，於是寫下《絕命詞》二首，自縊而死。

三子魏學洙，勤敏博學，當長兄魏學洢病死，魏學濂奔走京師，求平反父親罪名之時，事母至孝，患難中得母歡心，試輒冠軍，邑令重之。二十七歲那年，母親生病，魏學洙親侍湯藥、心力交瘁，母病癒，他自己卻因病去世。著有《素水居遺稿》一卷。

三、陰狠殘暴的魏忠賢

在中國歷史上，太監弄權、干預朝政、爲非作歹，層出不窮，尤以東漢、唐及明三代最盛。而其中明朝可說是「中國歷史上最大的太監帝國」，在明代太監中，魏忠賢可稱得上奸惡之最。

魏忠賢，原名李進忠，河間府肅寧人。從小閒遊放蕩，目不識丁，但十分伶俐，尤善於逢迎奉承。喜愛喝酒騎射，年輕時終日賭博狂飲，不但四處惹是生非，還欠下一堆賭債，氣苦不過，便自己割去生殖器，尋找門路，至宮中服役，此時他不過二十二歲。

他進宮之後，利用機會接近皇長孫朱由校，又刻意討好從小撫養照料朱由校的乳母客氏，並且打擊阻礙他的人，不久朱由校即位，魏忠賢也成爲熹宗皇帝的親信太監。

明熹宗朱由校十六歲繼位，在位七年，從不認眞處理政務，只沈迷在自己的木工活中，羣臣相繼干阻，希望明熹宗專心朝政，只有魏忠賢投其所好，故意迎合他，因此明熹宗充分信任他，甚至由他代批奏摺、處理國政。不久他被升爲「司禮監秉筆太監」，又賜印稱他是「顧命元臣」，後又兼掌東廠。魏忠賢受到明熹宗如此寵信，權威日重，其他太監爲討好他，竟尊稱他爲「九千歲」。和東林黨對立的官員，也紛紛投其門下，結成閹黨，藉他的勢力打擊東林黨人。他的黨羽並陸續在各地立生祠祭拜他，佞媚的大臣還五拜三稽首迎拜他的圖像，氣焰之盛，無人可及。

天啓四年間，左副都御史楊漣及一班忠臣上書參劾魏忠賢諸多罪狀，使魏忠賢大怒。於是藉機假傳聖旨，傾陷廷臣，興起大獄，將衆正人君子一併逐去，不僅左光斗、魏大中等人受牽連，魏忠賢還以朝廷名義，榜示東林黨三百零九人，榜上有名的，生者削職還民，死者追奪官爵，其中許多是同情東林黨、或反對魏忠賢的正直官吏。難怪楊漣在上疏中痛陳：「天子之怒易解，忠賢之怒難調。」天啓六年以後，內外大權已全歸於魏忠賢一人，自內閣大部以至四方總督、巡撫，幾乎全由「閹黨」所占據。魏忠賢全家族都受到封蔭，侄子還代皇帝主持最隆重的祭天地、太廟儀式。

天啓七年，明熹宗病逝，因爲沒有子嗣，故由信王朱由檢即位，是爲明思宗。明思宗即位，首先命客氏出宮，再下令魏忠賢外放鳳陽。魏忠賢至得知明思宗派錦衣衛來抓他，當夜便上吊自殺。明思宗便下令將魏忠賢頭砍下，掛在城牆示衆，屍首碎割萬段，一干黨羽全處以極刑，終於結束了魏忠賢爲亂的七年歲月。

貳、課文參考資料

一、《王叔遠核舟記》賞析

核舟，是用核桃雕成的一條船。王叔遠在這不到一寸的小船上，表現了蘇東坡泛赤壁的情景，透過作者細膩的描寫，使我們領略到雕刻藝人王叔遠高超的技藝和卓越的藝術才能。

作者首先對整個核舟做了簡要概括的介紹，再很有層次地，猶如剝筍一般，將核舟分解成各個細部，一一作更具體的描述。這種寫法我們可稱之爲「分解法」，也就是將描寫對象分解成若干部分，再一一對物體的各個局部作細緻入微、生動具體的描摹，使讀者得到深刻而完整的印象，也就是「先總再分」，「化整爲零」的寫作手法。

■《核舟記》結構簡表

(一)核舟由來

(二)船的內外（分解法）
- (一)核舟外觀
- (二)船頭三人：蘇東坡、佛印、黃庭堅
- (三)船尾二名舟子
- (四)船底署名

(三)總結——統計舟中人、物，寄予無限贊歎

首段：先介紹當代一位技藝奇巧的匠人王叔遠，能以直徑一寸的木頭，刻出宮室、器皿、人物以至於鳥獸、木石等，沒有一樣不是就物體原有的形象，雕出相同的樣態來；如此超凡的技藝，耳聞不如目見，因此作者運用手邊的核舟，來呈現藝師技冠羣倫的事實，再由下面四段的具體描述，更使核舟如在眼前。

次段進入本文主題，先寫外形的長短大小，船的長度是八分多，高度是兩分；中間高而寬的地方是船艙；前文說「不滿徑寸」，但形容船艙卻是「高而寬」，作者在這前後一小一大之中，突顯了核雕藝術的特色：小中見大。接著敘述船艙上覆蓋著草篷，船身二側有八扇可以活動的窗戶，打開窗戶，還可看到欄杆呢。關上窗子，又可以欣

賞到上面刻的「山高月小，水落石出」、「清風徐來，水波不興」的對聯。作者在一開一合都有不同的景致可賞，讓讀者再次印證藝師卓越的技術，小小一艘船，不但可雕出八扇窗子，窗子上又可寫上這麼多字，想想看：這字會有多大呢？

第三段到第五段開始分述船上的人物。

先寫坐在船頭的主角：戴著高帽子、蓄著長長的鬍子是蘇東坡，左旁是佛印，右旁是黃庭堅。說完相關位置，再深入描述人物的動作姿態：蘇黃二人拿著手卷，正在欣賞字畫，二人各手執卷的一方，黃庭堅右手對著卷子，彷佛正在品評論斷，蘇東坡則把另一手搭在黃庭堅背上，正仔細聆聽他的意見一般。藝師不僅用心雕刻上半身，我們再往下看，會發現：「東坡現右足，魯直見左足，身各微側；其兩膝相比者，各隱卷底衣褶中。」連膝、腳藝師都清楚地刻畫出來了。至於另一個人物——佛印，作者則用譬喻法，生動傳達他袒胸露乳、笑口常開的神情，而且還把頭抬得高高地，橫擺右膝蓋，撐著右手胳臂，立起左膝蓋，多麼悠閒地坐在船上，這般神態不正是傳聞中的佛印嗎？更令人驚異的是，他左臂上的念珠，竟然可以一粒粒清楚地數出來吔！

然後，配角人物登場，在船尾的槳，左右各有一個船夫；右邊的綰著椎髻，仰著臉，左手靠在橫木上，右手抓著右腳趾，好像在高聲喊叫的樣子。右邊的那個又不同了，左手拿著芭蕉扇，右手按著爐子，爐子上有個茶壺，他正在照看爐火，所以表情沈靜，眼神非常專注，大概水快要開了吧？我們看魏學洢寫這二人，一左一右、一動一靜、一仰一俯，可說是各有其態，各盡其妙。

最後，作者連核舟的底部也不放過，既然是藝術作品，必定有落款，因此翻到背後來看，藝師刻上了創作的年月及自己的署名，更神奇的是還刻上一方印章，寫上「初平山人」。這一行落款的字體「細若紋足」，但是卻一筆一畫清楚明白，而且黑紅相映成趣，和窗戶上青綠色的字又是不相同，更見藝師匠心獨具。

運用分解手法，作者筆下的核舟每一部分都是如此的精細又富藝術美感，布局靈活、人物栩栩如生，字跡一目瞭然，使讀者充分了解了核舟的特色。

末段，作者回顧核舟，統計數量後做了一個總結，並抒發贊歎之情。他先統計小小一艘船上，共有五個人、八扇窗戶，其次草篷、船槳、火爐、水壺、手卷、念珠各有一件，而題的字、對聯、印章共有三十四個字。這麼多而複雜的物件，竟然能刻在不到一寸的小船上，縱使是挑選了狹長形狀的核桃來雕刻，他的技藝也是超乎平常、神巧靈怪至極呀！

原文共有六段，第五段原文只到「蓋簡桃核修長者爲之」即結束。第六段原文是：

「魏子詳矚既畢，詫曰：「嘻，技亦靈怪哉！莊列所載，稱驚猶鬼神者良多，然誰有游削於不寸之質，而須麋（同鬚眉）瞭然者？假有人焉，舉我言以復於我，亦必疑其誑，乃今親睹之。繇（由）斯以觀，棘刺之端，未必不可爲母猴也。嘻，技亦靈怪哉！」

這段是說：我仔細地看完了，驚訝地說：「啊！技術眞是靈巧奇特呀！《莊子》和《列子》書上記載著許多使人驚奇，以爲是鬼斧神工的故事；但是誰能在不到一寸的物體上面任意雕刻，而且鬚眉一清二楚呢？假如現在有人拿我寫的這篇文章給我看，我一定也懷疑他是騙人的，現在自己親自看見這種稀奇的技術了。由此看來，古人所說在棘樹刺的尖刺末端刻上母猴，也不一定不可能呢。啊！技術眞是靈巧奇特呀！」

此課將末段刪去，只餘下「嘻！技亦靈怪矣哉！」一句，又將「嘻」改爲「噫」。這應是爲使國中生易於閱讀之故，然而原文末段重覆的感嘆句，卻更能表達出作者對藝師出神入化之技的推崇呀！

我國文人向來講求正德、利用、厚生之學，因此對於奇技淫巧，一向認爲不值得表彰，因此，諸葛亮的木牛流馬、祖沖之的千里船這類的工藝發明器物，均未見錄於史冊、文章之中。魏學洢肯替一個核桃刻的小船，寫下如此生動細膩的文章，與其說是他慧眼獨具，還不如說是王叔遠能將文學與藝術融合爲一，選擇了「東坡泛赤壁」這個主題來表現，打動了文學家，也使他的藝術成就得以不朽。

而王叔遠的藝術風格影響了清代的核雕家陳祖章，無獨有偶他的核雕作品，也深深震撼了當代詩人余光中。

余光中在民國七十一年七日遊故宮見「橄欖核舟」作品，驚詫其鬼斧神工，於是也寫下詩作一首，就名之爲《橄欖核舟》（收錄於余光中詩集中）。我們不妨透過詩人之筆，再次品味魏學洢的描述。

詩人說：

「不相信一半寸長的橄欖細核，……

……………

剔成如此精緻的小船

輕脆，易碎，像半透明的蟬蛻
北宋的江山魔指只一點
怎麼就縮小了，縮小了，縮成
水晶櫃裡，不可思議的比例」

今天，科技如此昌明，我們在故宮還必須透過放大鏡，才能仔細品賞舟中人物、文字，而藝師竟能在百年前，刻出蘇東坡的神韻風流：

「艙裡的主客或坐，或臥
恍惚的側影誰是東坡
一捋長髯在千古的崩濤聲裡
飄然迎風？　就算我敢
在世間的岸上隔水呼喊
（驚動廳上所有的觀眾）
舷邊那鬚翁真的會回頭？」

蘇東坡藉古人古事，由昔日英雄氣概感悟到人生的渺小，而寫下的名作：《赤壁賦》，不知喚起了多少人的共鳴。「清風徐來，水波不興」描繪出月夜江面，秋江浩淼，使詩人豪情萬丈，「山高月小，水落石出」又以清妙高遠的場面，點出孤寂壯闊之情，於是面對此秋山秋水秋月秋夜，酣觴賦詩，怡然之樂，溢於言外。難怪九世紀前（蘇東坡遊赤壁在西元一〇八二年）的月色「是永遠不褪色了」。那晚的月色，爲中國的文學藝術注入了多少的養分？又滋補了多少孤寂的靈魂？

在歷史的長河中，有多少的王侯將相能名留青史？他們不正如司馬遷所說：「當時則榮，沒則已焉」嗎？只有文學、只有藝術的生命是不朽的。這小小的核舟彷彿告訴我們：蘇東坡一生坎坷，然而赤壁的簫聲卻悠揚繚繞千年，魏學洢雖英年早逝，但《核舟記》的文學成就也使他的名字寫在歷史之中。由此可見，文學作品的思想內容永遠是感動讀者的第一要素。

二、微雕、核雕

明清二朝在器物藝術的成就可說是集大成，尤其是文玩器物的製作，可說是極盡精巧之能事。如竹、木、牙、角的雕刻，文房器物的製作，又如鼻煙壺、多寶格……，件件精巧絕倫、美不勝收。

明代以微雕爲特色的是核雕。這是以橄欖、桃子、胡桃，甚至櫻桃的果核爲材料雕刻而成的。雕成之後，或是浮雕、圓雕、通雕，外形上都能保持果核的原形。核雕通常是單獨一件，繫之以細繩或配上座，懸掛或放在案頭賞玩。明代核雕名家有夏白眼、邱山、王叔遠、刑獻之等。夏白眼是宣德年間馳名的核雕藝人。相傳他在一顆橄欖核上，雕刻了十六個嬰兒，每個只有半粒米大小，但是眉目之間，喜怒神情生動逼眞，又刻有荷花九禽，飛走的姿態，各個不同，被認爲是「一代奇絕」。而王叔遠所雕的核舟聲名也很高，此一作品，久已不知去向，吾人只能從現存後人的作品中想像。如現存台北故宮博物院的「雕橄欖核舟」，這是清乾隆年間陳祖章的作品，高一・六公分，長三・四公分，可看出他完全以王叔遠所刻核舟爲藍本，小舟上桌椅設備周全，而桌上杯盤菜餚，歷歷在目。小窗鏤空可開闔，舟上人物共八人，同爲蘇東坡遊赤壁故事。舟底則刻有細字《後赤壁賦》全文。

現今中國大陸的山東濰坊及江蘇舟山，也仍以核雕技藝聞名。濰坊核雕始於清末，主要以核桃爲素材，著名藝人考功卿及徒弟王德緒，巧妙利用核桃上的自然脈紋，刻出各種生動景物，如「夜遊赤壁」、「西廂記」、「泰山風景」等。其中「夜遊赤壁」是繼承了王叔遠的藝術成就，船舷左右有窗八扇，開合靈巧，船上刻有六十多字，筆畫剛勁，字跡清晰。更令人贊嘆的是，由船首垂下一條錨鏈，是由四十五個小如米粒、細如髮絲的橢圓形環聯結而成，環環相扣，轉動自如，製作精巧，令人嘆爲觀止。

至於舟山的核雕則以橄欖爲材料，果核圓潤飽滿、肉厚，質地比核桃細密，表面沒有蜂窩狀褶襞，宜作深雕細刻，雕成之後，以豆油或核仁擦拭，光澤瑩潤如琥珀。名家則有殷派的殷根福、殷小男、殷小妹，及鍾派的鍾年福。

明、清雕塑如許多小型玩賞性雕塑，往往太過細碎繁瑣、裝飾風格太濃。但是，核雕因其形體微小，人物刻畫都必須以最洗鍊沈穩的刀法，抓住對象的神態表情，所以我們若以放大鏡仔細觀看，核雕中的人物形象都是以寥寥數刀，簡鍊的線條就神態畢現的，可見這些工藝家技法之神妙啊！

叁、課文補充資料

一、大蘇泛赤壁

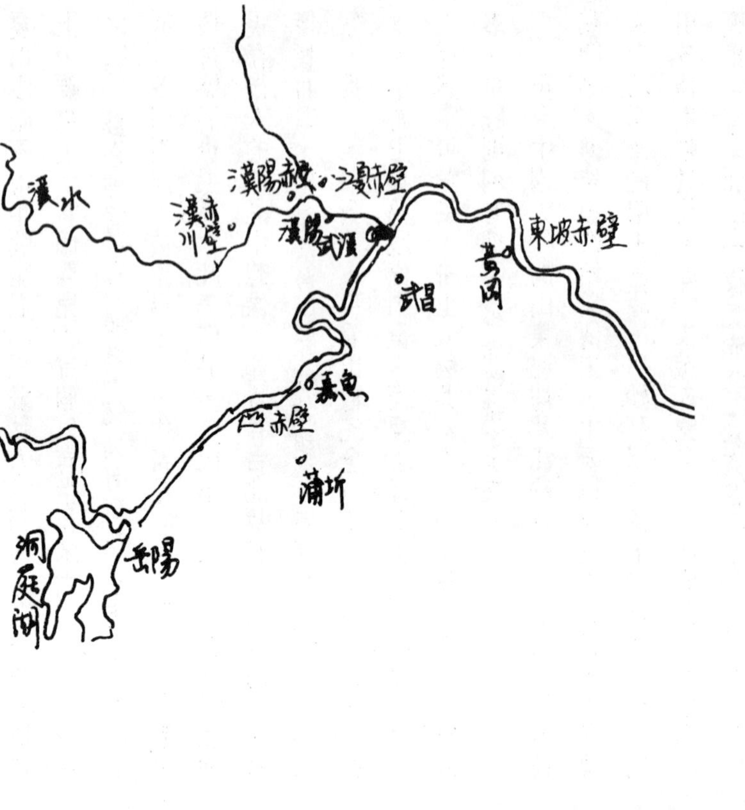

大蘇指蘇軾，字子瞻，號東坡居士，是蘇洵的長子，弟弟蘇轍，字子由，人稱「小蘇」，父親蘇洵則是「老蘇」了。四川眉山因出了這三位傑出的文學家，鄉人們以「眉山生三蘇，草木俱皆枯」來頌揚他們，彷彿是吸取天地靈氣，因而能才氣縱橫，文采風流，詞章華美。

赤壁，是三國中周瑜大敗曹操，火燒戰船之處。湖北共有五處赤壁。一是埔圻赤壁：在湖北省埔圻縣西北（或曰嘉魚縣東北），是公認的戰場。二是黃州赤壁（或稱東坡赤壁）：在黃岡縣城外。三是漢川赤壁：瀧川縣漢水沿岸。四是漢陽赤壁：漢陽縣下漢水沙洲。五是江夏赤壁：在武漢市內長江南岸。（見上圖）

有人說蘇東坡不明地理，才把黃岡的赤壁當成埔圻的赤壁；以蘇東坡在黃州任官許久，不可能不知漢口之西另有赤壁，且黃岡赤壁附近河道又單純，絕非戰艦騁馳之地。故蘇東坡只是把史實與地形一併聯想寫成妙文，借題發揮，一抒胸中鬱悶罷了。

至於兩湖盆地內為何會有赤壁，岩石上為何是紅的？主要是秦嶺和淮陽山脈以南的長江盆地，是中生代末葉至新生代間形成的紅色岩層發達良好的要地，其構成的礫岩、沙岩、頁岩，均呈紅色。因此，岩壁上的紅色，並不是火燒而成的。

黃岡赤壁高約二、三十丈，崖石顏色赭赤，形狀突出下垂，像個懸掛的鼻子，人稱「赤鼻磯」，又如壁屹立，故稱赤壁。蘇東坡被貶，謫居黃州，經常約三五好友暢遊此地，而寫下了前後《赤壁賦》二篇高妙的文字，使黃岡赤壁在蘇東坡以降的八百多年來，成爲勝景佳地。

赤壁之上有蘇東坡祠，閣宇巍然，匾額對聯都和赤壁賦有關，如門樓「東坡赤壁」額書，「赤壁之遊樂乎！」（後《赤壁賦》名句），在碑閣內嵌滿一百零八方石碑，都是選自蘇東坡的書法名作，「二賦堂」內是名書法家寫的前後《赤壁賦》。

二、前後《赤壁賦》

「山高月小，水落石出」、「清風徐來，水波不興」二句，上一句出自後《赤壁賦》，是說：遠望過去覺得山很高，月亮很小，水退落下去，石頭顯露出來。下一句出自前《赤壁賦》，是說：涼爽的風慢慢的吹來，水面的波浪不起。後《赤壁賦》：「是歲十月之望，步自雪堂，……江流有聲，斷岸千尺；山高月小，水落石出；曾日月之幾何，而江山不可復識矣！予乃攝衣而上，履巉巖，披蒙茸，踞虎豹，登虬龍，攀栖鶻之危巢，俯馮夷之幽宮；……夢一道士，羽衣翩躚，過臨皋之下，揖予而言曰：『赤壁之遊樂乎？』……。」《赤壁賦》：「壬戌之秋，七月既望，蘇子與客泛舟遊於赤壁之下。清風徐來，水波不興。……且夫天地之間，物各有主。苟非吾之所有，雖一毫而莫取。惟江上之清風，與山間之明月，耳得之而爲聲，目遇之而成色，取之無禁，用之不竭，是造物者之無盡藏也，而吾與子之所共適也。」

前賦寫景而入悟境，在情景交融中，抒發曠遠的懷抱。後賦則寫虛境，翩然若仙。二者寫作時間相差只三個月，但心境卻大不相同。

三、石青糁之

傳統國畫顏料大約可分爲「石色」和「草色」兩大類。石色即礦物性顏料，如硃砂、赭石、石黃、石綠、蛤粉，它們共通的特性是具不透明性，而且經久不褪色。至於「草色」如胭脂、藤黃、花青、墨等則爲植物性顏料，較富透明性。

石青的成分爲鹽基性碳酸銅，礦石呈黑青色。糁是用細屑的東西灑佈在上面。把石青灑在刻紋中，所刻的字就變成青翠的顏色了。

四、魯直、佛印

黃庭堅，字魯直，號山谷道人，洪州分寧人（今江西修水）。進士出身，歷任祕書丞、國史編修官，後爲新黨所惡，貶宜州羈管。黃工文章，長於詩，和秦觀、張耒、晁補之並稱爲蘇門四學士。又善行草書，書法圓勁飛動，有蘭亭風韻，是宋代四大家——蘇（軾）、黃（庭堅）、米（芾）、蔡（襄）之一，代表作有《松風閣詩卷》等。

佛印資料可參見國中第四冊《記承天寺夜遊》二九五頁。

五、手卷

亦稱「長卷」、「圖卷」。中國書畫裝裱中最複雜的一種式樣。外有「包首」，前有「引首」，中間是作品（亦稱「畫心」），後有「題跋」及「拖尾」（見下頁圖）。歷代名畫如北宋張擇端的《清明上河圖》等都用手卷裝裱，以便於品賞。

其他還有「立軸」、「橫披」、「冊頁」等裝裱方式。（見下頁圖）

六、彌勒佛

彌勒，是佛教中一位重要的神。依佛教說法，燃燈是過去佛，如來是現世佛，彌勒是未來佛。

彌勒是印度人，生於南天竺劫波利村波淒利大婆羅門，爲貴族出身，出家爲釋迦牟尼的弟子。佛教中欲界之天有六重：一重四王天，在須彌山腰；二重忉利天，在須彌山頂；三重夜摩天，懸於須彌山頂上空；四重兜率天，五重樂變化天，六重他化自在天，一重比一重更高，直上蒼穹。彌勒涅槃之後，就升入四重兜率天宮，在其中不斷地轉大法輪講經說法，五十六億年後，再回到人間弘揚佛法。

「兜率」意爲「喜足」，居於此天者，能夠歡喜滿足。此中的居民均修定菩薩道，正等待成佛。佛經上說：世上古往今來共有九十六億人口，過去燃燈佛在世時解救一億人，現在如來佛又解救一億，還有九十四億人均要等待未來彌勒佛下世拯救。因此世人殷切盼望五十六億七千

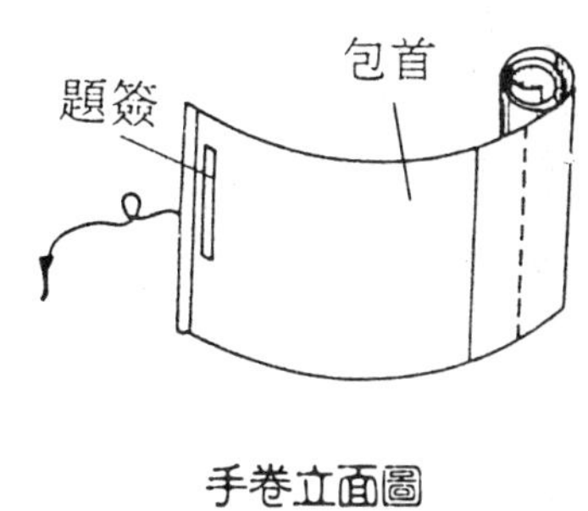
包首
題簽

手卷立面圖

冊頁

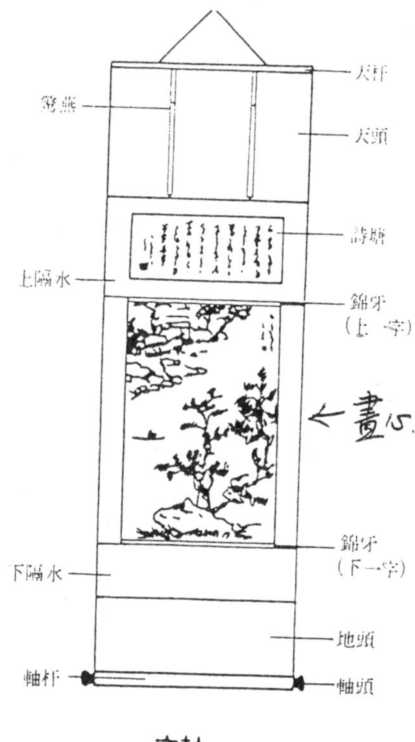
天杆
驚燕
天頭
詩塘
上隔水
錦牙
(上一字)
畫心
錦牙
(下一字)
下隔水
地頭
軸杆
軸頭

立軸

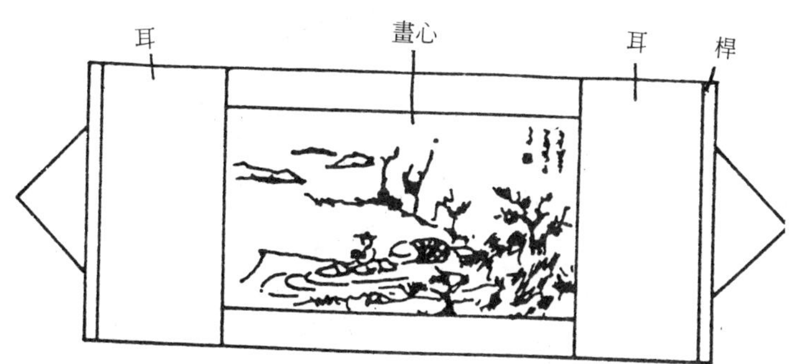
耳
畫心
耳
桿

萬年將盡，彌勒佛出世；所以古來有許多附會之說，如朱元璋抗元、清代義和團等都信奉彌勒佛，以他爲改朝換代的象徵。

在民間，彌勒的標準形象有二：一是以未來的身分被安置在大雄寶殿，神情端穆，和燃燈佛、如來佛並排供人頂禮。另者是近代寺院供奉的彌勒，通常是身廣體胖，袒胸露腹，開懷暢笑的大肚彌勒，這是以五代的布袋和尚加以改造而成的形象。

相傳五代後梁時，岳林寺（今浙江奉化）有一僧人，法名契此，號長汀子。外形身寬體健、面帶喜樂，但形象猥瑣，常背著一布袋四出行走化緣，故名之。他瘋言瘋語，隨處坐臥，常將袋中之物盡傾於地示人；而且他可預知未來，占卜吉凶更是靈驗，因此名噪一時。後梁貞明三年，布袋和尚圓寂，臨死前口念一偈：「彌勒眞彌勒，化身百千億，時時示世人，時人皆不識。」世人便以爲布袋和尚即彌勒的化身，也因而就其形象加以雕塑。民間流傳的對聯，更是生動地寫出他的精神意態：

「大肚能容，容天下難容之事；

開口常笑，笑世上可笑之人。」

橫批是：「皆大歡喜」。

七、冠和髯

㈠冠

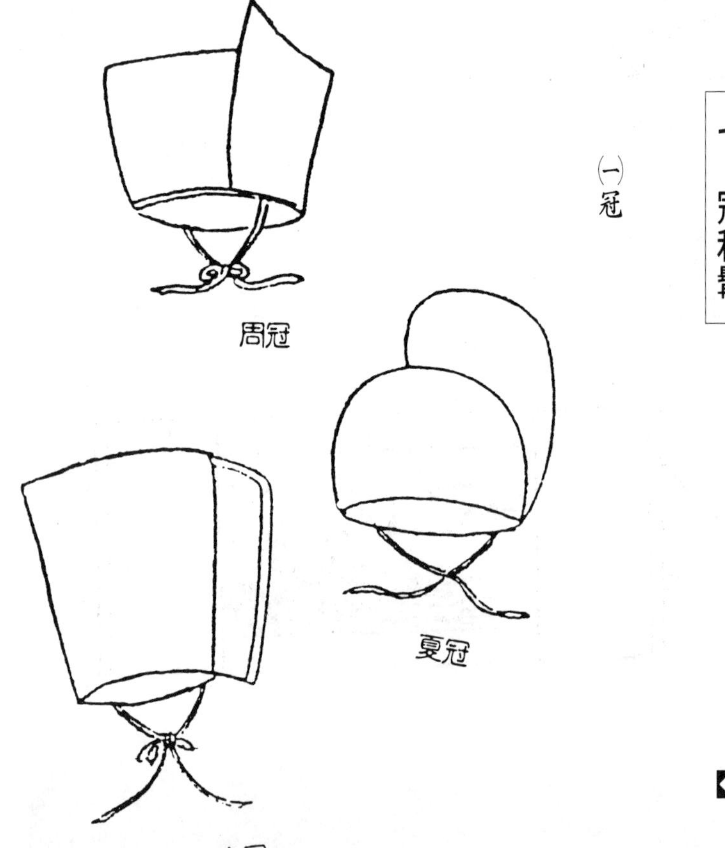

冠，是古代貴族男子所戴的帽子。根據《後漢書》上說，古人看見鳥類頭上的冠，覺得非常神氣，就模仿而做

出「冠」、「冕」。「冠」是一種帽子，「冕」則是冠的美化。

古禮中，士宦人家的男子二十而加冠（平民的男孩則戴巾），舉行「冠禮」，正式昭告親友表示成人，請多加提攜教導之意。古代的冠，指的是在髮髻上的一個罩子，很小，並沒有覆蓋整個頭頂。《說文》：「冠，絭（ㄐㄩㄢˋ，束縛）也，所以絭髮。」古代男子都蓄長髮，用髮笄（ㄐㄧ，簪子）綰（ㄨㄢˇ）住髮髻（挽束在頭頂的頭髮），然後再用冠縛住。冠圈的兩旁有兩根小絲帶，叫做「纓」，可以在頷下打結。古代的冠種類較多，質料和顏色也很複雜。如通天冠、遠遊冠、進賢冠、卻敵冠、高山冠、巧士冠、長冠等等，各都有各的用途及意義。如通天冠是階級高又有地位的人戴的。遠遊冠專爲外出旅遊所戴，進賢冠是皇帝賞給賢士，請他作官的冠。而長冠又叫齋冠或劉式冠，是漢高祖劉邦年輕時喜愛戴的，高七寸，寬三寸，多以竹皮製成。

在春秋時，男子視去冠爲失禮及恥辱，如《韓非子》中曾記載齊桓公飲酒醉倒，遺落了冠，非常羞愧，因而三日不上朝。《韓詩外傳》也記載：齊景公縱情逸樂，酒酣耳熱，解下衣冠，鼓琴作樂，向左右的人說：「仁人也喜愛此樂乎？」晏子說：「自齊國五尺以上的人，力皆能勝嬰和君，而不敢者畏禮也，今君先失禮矣！」由此可見，古人重冠之禮俗。今天我們沿用的許多成語，也與之相關，如「冠冕堂皇」是表示莊嚴尊貴、光明正大的樣子。「冠蓋相望」，則是用官吏的帽子和車蓋，來代稱達官顯要往來不絕，或指使節不絕於途。「峨冠博帶」，是士大夫的裝束，用來比喻高位，或是指儒生的裝束。「冠冕之士」則是指仕宦之人。

至於古代女性不舉行冠禮，也不流行戴冠，但是在漢代開始有貴婦頭上戴的「巾幗」，現今「巾幗英雄」則專用以指不讓鬚眉的意思。一般的平民女子，則在出嫁之日可以戴上「鳳冠霞帔」上轎拜天地，嘗試和男子相同的權利。

(二)髯

髯，就是兩腮旁的鬍鬚。自古以來，男子的鬚髮茂盛是生命力強壯的象徵，因此古來男子多以美鬚爲驕傲，如三國中的關羽，他的五綹長髯人人稱羨。近代蓄鬚的風俗雖不再普遍流行，但也有不少美髯公，如于右任、張大千，長髯飄飄的形象，幾乎就是他們的註冊商標了。

八、篆章

篆，古文作「瑑」。《說文》云：「圭璧起兆艮，瑑也。」只要是在玉石上雕刻凹凸的花紋都叫「瑑」。後來，竹帛成為書寫工具，因此它由從「玉」偏旁改而從「竹」，凡屬雕玉、刻石、鏤竹、銘銅等雕鐫，都稱為「篆刻」。

由此可見，篆刻範圍原本包括甚廣，璽印的製作只是其一，但因應用普遍，成為一種專司昭信的實物，於是在秦漢時，便明訂了印章適用的字體。為何以「篆書」作為雕刻的字體呢？因篆書是最早形成的書體，處在由圖形化向線條化發展的過渡期，所以仍保留了圖形化的特點；它的點畫、偏旁、部首、轉折、結體造型都有一定的規範法度。換言之，篆書的筆畫是平均的、整齊的，結構是方正的、對稱的，又具有屈伸自如、挪讓有序的特性；在篆刻家的分白布朱手法技巧下，可使雕刻出來的篆文，在方寸之間展現不同的神采與意境。

九、對聯

對聯原稱「楹聯」，因其懸於楹柱而得名，也叫做楹帖，俗稱為對子。這種文體是源於古代的「春漏」與「桃符」，古人於立春之日，寫宜春二字貼於門楣，用來納祥招吉；過年時，則書桃符，繪上神荼、鬱壘二神之像，釘在門上，用以避邪鎮宅。後來則簡化為只寫上二神之名，但因只寫神名太簡陋，便增加藻飾的吉詞。

相傳五代時，後蜀孟昶命學士辛寅遜在桃符上題辭，因嫌他題得不好，就自己寫下：「新年納餘慶，嘉節號長春」，這就是今天所見最早的春聯。至明太祖時，又大力提倡，因此春聯規模更大具。到了清代，不但作新春賀歲用，更擴大到吉凶慶弔、廳會廟堂各種場合，對聯於是蔚為風尚。

對聯的特徵就是上下聯相對：字數須相同、內容須相稱、平仄相反。至於平仄的規律，是上聯末字仄聲，下聯末字平聲。根據清人梁章鉅所著《楹聯叢話》迄今，對聯可按創作方法分為新擬、脫化、集句等；也可按篇幅長短分為短聯、中聯、長聯等，也有按內容分為喜慶、哀輓、名勝、行業、題贈、諧巧等，都各有其標準及理由。

㈠喜慶聯

爲喜慶節日而作的對聯，如傳統的春聯：

1、一元復始
萬象更新

2、志同道合
花好月圓（賀新婚用）

㈡哀輓聯

專用於悼念死者的對聯。這類對聯多是綜述死者生平，表彰死者精神和情操，言簡意賅、情感深沈。

1、輓乳母／曾國藩

一飯尚銘恩，況曾褓抱提攜，只少懷胎十月。
千金難報恩，即論人情物理，也當泣血三年。

本聯用韓信「一飯千金」故事，寄託對乳母的懷念和哀思。乳母只比生母少十月懷胎，用千金也難以回報。三年，指如同父母去世守喪三年一般。

㈢名勝聯

題於名勝古蹟的對聯，使山光水色憑添一景。

1、杭州西湖冷泉亭

泉自幾時冷起
峯從何處飛來。

冷泉亭在靈隱寺前飛來峯下，因泉水盛夏不溫，而名之冷泉。此聯用「幾時」、「何處」二個疑問詞，給人留下無限的思考及想像空間。

2、杭州西湖天下景亭

水水山山，處處明明秀秀
晴晴雨雨，時時好好奇奇。

此聯亦可讀成「秀秀明明，處處水水山山；奇奇好好，時時雨雨晴晴」，都能表達出西湖處處山明水秀，晴日朗照是美，雨景迷濛也是美。

㈣行業聯

1、眼鏡行
不是胸中存灼見
如何眼底辨秋毫

2、茶酒樓
爲名忙，爲利忙，忙裡偷閒，喝杯茶去；
謀衣苦，謀食苦，苦中作樂，拿碗酒來。

3、照相館
現出廬山眞面目

留住秋水舊来神。

㈤格言題贈聯

1、未出土時便有節
及凌雲處更虛心。（李苦禪《自題畫竹》）

2、為學日益，為道日損；
大勇若怯，大智若愚。（林則徐）

3、任人須知人，友人須容人，人和事就。
無事不找事，有事不怕事，事在人為。

㈥諧趣聯

1、虛字戲對
文言難免「之乎者也」
白話不過「的嗎了呢」

2、人名巧對
孫行者
胡適之

3、地名巧對
水月觀，魚躍兔走；
山海關，虎嘯龍吟。

十、念奴嬌（赤壁懷古）

蘇東坡

大江東去，浪淘盡，千古風流①人物。故壘西邊，人道是，三國周郎赤壁。亂石穿雲，驚濤裂岸，捲起千堆雪。江山如畫，一時多少豪傑！　遙想公瑾②當年，小喬③初嫁了。雄姿英發，羽扇綸巾④，談笑間，強虜⑤灰飛煙滅。故國神遊⑥，多情應笑我，早生華髮。人生如夢，一尊還酹江月。

注釋：

①風流：用來形容人物才情特出，如風之逸，如水之流。

②公瑾：周瑜，字公瑾，是東吳名將。在赤壁一戰中，和諸葛亮聯手打敗曹操。

③小喬：喬玄有二位女兒，人稱「大喬」、「小喬」，大喬嫁給孫策，小喬嫁給周瑜。

④羽扇綸巾：羽扇，羽毛編成的帽子，綸，ㄍㄨㄢ。綸巾，用絲繩編成的軟冠。

⑤強虜：強大的敵人，指曹軍。

⑥故國神遊：故國，歷史上已成過去的國家，指魏、吳、蜀。神遊，心神想像其中。

賞析：

蘇軾寫作此詞時，是被新派政權羅織罪名，貶謫到黃州，獨立大江旁，望不盡江流滾滾，胸中澎湃之情，一發難收，於是詞人興起詠史豪情，也對自己人生仕途的失意，興起「人生如夢」悵然慨歎！

上半作者由眼前之景（實）——大江東流，寫出心中長河——歷史之河（虛），長江後浪推前浪，一代新人換舊人，開頭三句就點出了古往今來多少英雄將相，終將被歷史淘洗、掩埋。接下來「亂石崩雲，驚濤裂岸，捲起千堆雪」，景物鮮明、氣象磅礡。「江山如畫，一時多少豪傑」，言已收而意未盡，將景物、人事做一小結，以帶出下片。下半闋開頭主角——周瑜即登場。《赤壁賦》是特寫曹操，而此闋詞則由側面寫周瑜初娶小喬的英雄姿態，指揮若定，談笑自如，生動地刻劃了周瑜的形象。最後由歷史回歸現實，詩人看看自己，才四十多歲，便頭髮花白，功業一無所成，較諸周瑜能以弱勝强的史績相較，自己眞是可悲可歎呀！無可奈何之際，只好在莊子「人生如夢」，江月如眞似幻情境中，以酒自遣，借古事抒發感懷罷了！

十一、赤壁

唐・杜牧

折戟沈沙鐵未銷，自將磨洗認前朝。
東風不與周郎便，銅雀春深鎖二喬。

翻譯：

折斷沈埋的戟在沙中被挖出來，還沒被鏽蝕，我把它磨洗之後，辨認出是前朝的遺物，假如當時東風不給周瑜方便的話，恐怕曹操早就將她們擄去，把她們鎖在銅雀臺了。

十二、蜀相

唐・杜甫

丞相祠堂何處尋？錦官城外柏森森。
映階碧草自春色，隔葉黃鸝空好音。
三顧頻繁天下計，兩朝開濟老臣心。
出師未捷身先死，長使英雄淚滿襟。

翻譯：

丞相祠堂要到那裡尋找？就在錦官城外柏樹繁茂的地方。那兒綠草映著台階，兀自顯現出一片春色，黃鸝鳥隔著濃密的樹葉，徒然唱著悅耳的聲音。當年劉備三顧茅蘆，為請孔明共同來商討安定天下的大事，蜀兩朝國基的奠定，也全靠這位老臣的一片忠忱。可惜的是他出師還未得到最後的勝利就先辭世了，因此常使後世的英雄為他流下滿襟的熱淚啊！

肆、思考與練習

一、請同學利用假期參觀故宮博物院、袖珍博物館、歷史博物館、各地文化中心等，就其中精巧的工藝美術作品，擇一、二項做一番報告及描述，製作在四開圖書紙上。

說明：

報告分二部分，一是參觀文物的背景知識介紹，可貼上參觀券，或抄錄說明文字。二是對參觀文物做感性的描述。

二、「對聯」在中國人的生活中佔有重要的地位，請蒐集不同場合所用的對聯，如春聯、賀壽、賀新婚……等對聯和同學分享。

三、請蒐集寫過赤壁相關詩文的詩人。

四、對聯運用練習（86年北一女推甄試題）

說明：

中國文字，相偶為美；對聯，就是相偶的文句。在上、下兩聯間，字數要相同，對仗要工整，音韻要協和，上聯尾字通常為仄聲。對聯的製作是中國文字的一種特殊作品，在世界各國中是絕無僅有的；張貼對聯是我國傳統民俗，跟中國人的生活緊密結合。

對聯的運用有許多類別，下列十八句中，請分別就：1、春聯 2、行業聯（理髮店用） 3、書齋聯 4、賀婚聯 5、賀女壽聯

挑出五副對聯，判斷何者為上聯，何者為下聯，寫出該副對聯的代號在答案卷上。

1、寸草泣春風
2、壽域日方長
3、旨酒宴嘉賓
4、瑤池春不老
5、卻是頂上工夫
6、遠追北海高風
7、念念遵循天理
10、民歸四海萬家春
11、滿苑春風天地輝
12、雞唱一聲天下白
13、書山有路勤為徑
14、風和日白古今同
15、身無半畝心憂天下
16、百年好合相勵以誠

8、雖然毫末生意　17、一室唱隨互助為本

9、清到梅花不畏寒　18、讀破萬卷神交古人

答

類別	上聯	下聯
1 春聯	12	10
2 行業聯	8	5
3 書齋聯	15	18
4 賀婚聯	17	16
5 賀女壽聯	4	2

五、由下列古今名聯之中，請找出線索，判斷它們寫的是那位人物？

(一)官迹渺難尋，只博得三傑一門，前無古，後無今，器識文章，浩若江河行大地。

夫心原有屬，任憑它千磨百鍊，揚不清，沈不濁，弟兄，父子，依然風雨共名山。（蘇氏父子——蘇洵、蘇軾、蘇轍）

(二)言語是詩，舉動是詩，畢生行徑均是詩，詩的意味滲透了，到處都可有樂土。

乘車可死，坐船可死，靜臥室中也可死，死於飛機偶然耳，不必視為畏途。（徐志摩）

(三)由秀才封王，主持半壁舊江山，為天下讀書人頓增顏色。

驅外夷出境，自辟千秋新事業，語中國有志者再鼓雄風。（鄭成功）

(四)大明湖畔，趵突泉邊，故居在垂楊深處。

漱玉集中，金石錄裡，文采有後主遺風。（李清照）

(五)狂到世人皆欲殺，

醉來天子不能呼。（李白）

(六)笑呵呵坐山門外，覷著去的去，來的來。皺眼愁眉，都是他自尋煩惱。

坦蕩蕩載布袋中，休論空不空，有不有，含哺鼓腹，好同我共享昇平。（彌勒佛）

(七)定六藝於杏壇，紹虞夏商周之統，

藏諸經於魯壁，開關閩濂洛之傳。（孔子）

(八)明月浩無邊，安排鐵板銅琶，我歌唱大江東去，

春風睡正美，迢遞珠崖瓊島，更誰憐孤鶴南飛。（蘇東坡）

六、在本文第三、四段中，作者用力地舖敘舟中三位主角、二位配角的神態，請同學在課堂上分組模仿比賽，將人物神情呈現出來，並加上簡短的對話。

說明：

老師可先將全班分為若干組，每組六人左右，並選出一人為組長兼導演，並事先寫好人物的簡短對話。

七、請模仿《核舟記》的三、四段描寫人物的技巧，描述人物。

練習一：

靜態描寫練習。請用一百字左右勾勒出人物的表情特色。

例句：

1、孫中山：「他一言不發的坐在那兒，眼光直注戲台上，他那秀美的面容，優閒的態度，完全表現出一個書生政治家來。」（陳源《哀思》）

2、居里先生：「一個高個子的青年，站在窗前。他有琥珀色的頭髮，大而清明的眼睛，莊嚴和靄的態度，以及一個夢想家的神情。」（陳衡哲《居里夫人小傳》）

練習二：

動作描寫練習。我們佇立街頭仔細觀察過往的人羣，會發現形形色色、表情各異的人們，你可否從這些族羣中找出幾個代表類型加以描寫？

例句：

1、公車族：匆匆地跨越馬路，一手提著便當和早餐，另一手掏著公車票，好不容易走到站牌旁，只見個個伸長了脖子，引頸而望，望到了車的，就像沙丁魚般在人羣中消失；而「望盡千車皆不是」的，只有頻頻看著腕錶……。

2、上班族：

3、菜籃族：

八、作文參考類題：

1、我的珍藏

2、我最喜愛的……（一幅畫、一套郵票……）

3、×××展覽參觀記

4、我所認識的蘇東坡

（江艾倫）

三、小小的島

／鄭愁予

壹、作者參考資料

一、名字寫在雲上的鄭愁予

鄭愁予的詩是詩壇的「美麗的騷動」，而這個「騷動」吸引著代代成長中不滿現實，憧憬愛情的年輕人，讓他們青澀、孤獨的少年情懷，可以得到共鳴，進而能有所渲洩。因此，凡是教材編選者，都不會忘記將他的詩編入。在《中國時報》所舉辦的「影響三十」的活動中，唯一入選的詩集是：《鄭愁予詩集》。可見他本人在現代詩壇中的確是個「傳說」。

鄭愁予，本名鄭文韜，「愁予」是筆名，是出自於屈原《九歌．湘夫人》：「帝子降兮北渚，目眇眇兮愁予；嫋嫋兮愁風，洞庭波兮木葉下。」及辛棄疾《菩薩蠻》：「江晚正愁予，山深聞鷓鴣。」他原籍河北寧河，在這個古老的縣城裡，處處可見傳統且年代久遠的城牆與城門，可以通天津的濟運河日夜繞著城而流，在城的一角，有座古老宅第，那是鄭愁予家族歷代以來生息繁衍之處：「祖父和先人們曾是清朝世襲的官吏，我的二伯父做過慈禧太后的御林軍，在當時對年輕人來說，這是一項榮譽，不但相貌要長得好，還要文武兼備才能選得上。我的父親（前三軍參謀大學教育長鄭曉嵐）卻進了舊制的軍校，做一個職業軍人，成了他一生的事業，後來他參加了國民革命。」（瘂弦：《兩岸蘆花白的故鄉——詩人鄭愁予的創作世界》）民國二十二年出生於山東濟南的鄭愁予，成爲這個軍人世家中的一員，然而自襁褓起，他便隨著父親轉徙大江南北。抗戰時期全民抗日的情景，及逃難時淒涼悲苦的景況，深深烙印在他童稚的心靈裡，影響他日後寫詩的取材角度。

抗戰後期，鄭愁予一家和四散的伯父，及叔父一家會合，並同時遷往鄉間暫居。十二歲的鄭愁予開始入私塾讀四書五經、古文古詩，課餘時讀中國的詩詞，及舊小說如《水滸傳》、《說唐》之類，尤其是遊俠刺客的故事，深深吸引著他的視線，沒見到結局絕不放下書，約略在他小學五年級的時候，厚厚一本的《水滸傳》，全書讀畢。而爲鄭愁予開啟中國新文學大門的，是他的二堂哥。所謂「無心插柳，柳成蔭。」在那個物資缺乏的年代裡，印刷技術並不像今日一樣發達，也沒有影印機可以使用，要讀一本書大多是用手抄的。鄭愁予這位愛國的二堂哥，爲了練習小楷，便手抄了兩冊三十年代知名作家的詩及散文。鄭愁予無事時便捧讀著二堂哥的手抄本，當時知名的現代詩人，諸如劉延陵、戴望舒等的名字，便一一跳進他幼稚的心中，爲鄭愁予開啓進入中國新文學的大門。

鄭愁予一直懷念他那個充滿浪漫情懷的年少時光，因爲隨著年歲的增長，浪漫的心情漸行漸遠，他自己認爲「可能在詩的世界裡，自己就這麼『走過去了』。」因爲在他年少時期的每個歷程，不僅爲他的生命留下炫麗的色彩，更爲日後的「詩人鄭愁予」扎下堅實的基礎。

鄭愁予初中二年級時，授課的國文老師劉棄疾很喜歡魯迅的作品，常常分析課文中魯迅的作品。有一次教授魯迅的散文詩《秋夜》時，他教導學生如何去剖析一首詩，使得鄭愁予領悟到在文字之下的意象美，從此進入新詩的世界並且愛上了象徵派詩。

而後鄭愁予參加北大國文系組成的讀書會。在這個讀書會裡，他在大家的帶領下，涉獵了許多的詩集及相關雜誌。詩讀的越多，即使是名詩人的詩句，他都覺得不夠完美，那麼「爲何不換我寫寫看呢？」發表的欲望在他的心裡蠢蠢欲動。於是他將童年時的所見所聞，及年輕人在成長時的孤獨感，化爲一篇篇的詩作，在學校的壁報上發表。這個時期俄國詩人普希金、馬耶科夫等作品，盡是憂時憂國的筆觸，而自己國家凋蔽、人民受苦的困境，不正是和俄國相類似嗎？因同理心的影響，所有的情緒一湧而上，如哽在喉，不能不一吐爲快，於是鄭愁予開始對於周遭的所知所感，記錄下來。民國三十六年，學校帶著學生到門頭溝去旅行，並參觀門頭溝礦工工作的情形：惡劣的工作環境，將自己的生命交給不可知的上天，只爲謀得家人的溫飽。鄭愁予看了百感交集，旅行回來後，在校刊上發表他生平第一首創作：《礦工》。獲得北大老師的讚賞，並爲他的詩作了詮釋，這對年少的鄭愁予而言，是莫大的鼓舞，同時也讓他知道寫詩不僅是要講求字句的使用，更要注重詩句中的內涵。

抗戰勝利之後，鄭愁予隨家人回到北平，插班進入市立中學二年級。在學習史地數理等現代知識中，他最不喜歡學習外國語言，英文成績與其他功課落差之大，是可想而知的，尤其當時有位教英文的李老師，見他長得像外國人，卻不能開口說英文，便用「繡花枕頭」來揶揄他，傷了鄭愁予的自尊心，使得他更不願意學習英文。只是他可能沒有想到，日後長期滯留國外，會整天與英文爲伍吧。當時他的父親爲他安排一個較好的學習環境——一所由英國人創立的教會學校：北平崇德中學就讀。

崇德中學裡，除了國文老師外，其餘的老師皆是英國人，因此學生和老師間的對話大多是用英文。剛進這所學校時，鄭愁予跟不上同學的英文程度，爲了平衡自己的心理，索性讀自己喜歡讀的書籍。於是他花很大的心力，閱讀中文書籍及詩，尤其是現代文學的部分。常常老師在台上口沫橫飛的講著課，他就將書刊放在膝頭上閱讀。早慧的他在幾個月之後，讀遍學校圖書館中新文藝的書刊。對於當時的新詩，他覺得：「感情很激烈，但是不夠深刻，表現的技巧因朗誦詩形式的限制，內涵不足。」（《鄭愁予與彥火談話語》）有感覺就必須有發表的園地，因而與同好的同學在學校出了一份壁報，並且藉用屠格涅夫的書《處女地》來命名，希望大家以「要耕處女地，必須深深的耕」，自我期許，努力耕耘創作。

戰火漫延，越來越激烈，鄭愁予全家只好由北平南遷至漢口，鄭愁予寫《爬上漢口》，投到《武漢時報》上，得到當時的報刊編輯胡白刃的青睞，不僅將這首詩放在當時知名詩人之前，並加黑框加以強調，當時的鄭愁予才十五、六歲。

民國三十八年的春天，他進衡陽道南中學就讀。他和北方南逃的流亡學生，自喻爲南遷的燕子，合組名爲「燕子社」的文藝社，並發行油印的刊物。經過一段時日之後，他將自己創作的成果，以筆名青蘆，在燕子社自費出版他生平的第一本詩集《草鞋與筏子》。

抗戰的局勢吃緊，學校解散後，鄭愁予在往逃的過程中，遊歷中國最美麗的山水地帶：從桂林經陽朔到柳州、廣州，這些壯麗的山川景致，讓他積累了很多的寫作素材，及擴大個人想像的空間。

民國三十八年歲末，鄭愁予來到台灣的新竹，本來要跳級念大學，但沒有成功，只好讀新竹中學高中三年級。正處青少年期的他，長得高頭大馬，非常熱愛運動，甚至一度是台灣省田徑代表，而他最愛的寫詩活動此時卻暫停了，爲什麼呢？鄭愁予認爲是「沒有一種寫詩的創作欲望」，因爲他對當時在報章雜誌上發表的詩作，在技巧上頗不以爲然，甚至覺得比他自己所創作的還要差。然而他身心無法安定下的癥結，在於他無法將心中的矛盾點解除：「一方面我喜歡台灣，這裡的熱帶風景給我一個全新的感覺；但另一方面，我的老家在北平，親人們都留在那兒，我希望隨時能夠回去，我的詩也要發表在那兒的刊物上，在台灣，我只是個客人。」（瘂弦：《兩岸蘆花白的故鄉——詩人鄭愁予的創作世界》）「過客」心態是當時來台的外省人普遍都有的，因爲在當時國共對峙的年代裡，軍隊時時備戰，政府的文宣口號是：「反共回大陸，收復國土」。雖說沒有發表詩作，並不表示會疏於練習寫詩，他仍不停在觀察、思索，在上作文課時，以詩代文，竟受到熱愛新文學的老師尚奎齋的認同，給予很高的評價。

而後鄭愁予考上中興大學法商學院（當時是兩年制的專科學校），這個時期，他的觸角越來越往外探索。民國四十年夏天，他參加學校的勞軍團到澎湖，在馬公城的一棵大榕樹下，詩興大發，創作出《老水手》一詩，投到《野風》這個在當時較具文藝色彩的雜誌上發表，成爲鄭愁予在台灣發表的第一首詩，領到他生平的第一筆稿費。

而後他開始在《野風》、《新詩周刊》等刊物上發表作品，名聲漸揚。曾主編《新詩周刊》的紀弦，於民國四十一年寫了封熱情的信，約鄭愁予在台北見面，除對他的作品贊賞有加，並鼓勵他再接再勵，這是紀弦與鄭愁予的首次相見。由於鄭愁予佩服紀弦所寫的詩，並認同紀弦主張：用散文的語言及方式寫詩，並取材自日常的主張。於是又和其他理念相似的詩人共六人，於民國四十五年成立「現代派」，出版《現代派》。在這個時期，鄭愁予認識了許多知名的詩人，諸如林泠、李莎、商禽等，他們的詩擴大了鄭愁予詩的視野，而後陸續出版了《夢土上》、《窗外的女奴》等詩集。

大學畢業後他在台灣基隆港務局工作多年，「在基隆的時候，我生活在海邊上，接觸的是船和貨物，再不就是工人和顧客，沒有機會和人詩論文學或藝術，也沒有時間讀什麼文學和藝術理論。」（瘂弦：《兩岸蘆花白的故鄉——詩人鄭愁予的創作世界》）雖然這段時期，對他的新詩寫作在理論上並沒有直接的幫助，但提供他在日後創作出大量的航海詩的素材，並可以從寬廣的角度來看待他所經歷過的事物，擷取他所需要的詞彙和意象。

鄭愁予民國五十七年赴美，在聶華苓主持的愛荷華大學國際寫作班研究，獲藝術碩士學位，後因保釣運動上了黑名單而滯留美國，先後任教於美國愛荷華大學及耶魯大學東亞語文學系，教授中國現代文學。

從民國五十四年以後，他沒有在台灣的媒體上發表新作。其實不發表詩作，並不代表鄭愁予停筆不寫，而是環境的變化，生活的壓力，使他較無暇致力在創作上，同時他也在沈澱及反思。民國六十三年，鄭愁予的名字又重現在詩壇上，結集出版：《鄭愁予詩選集》、《鄭愁予詩集》、《燕人行》、《雪的可能》等詩集。民國七十九年曾返台任《聯合文學》總編輯，民國八十三年因《寂寞的人坐著看花》一書，得國家文藝獎。

二、鄭愁予的詩觀

屬於早慧詩人的鄭愁予，從十五歲開始寫詩，就獲得好評。民國三十七年於《武漢時報》正式發表生平第一首創作，出版自印詩集《草鞋與筏子》。來台後，於民國四十三年二月於《現代詩》上發表《從晨星到雪線》一輯七首，從此享譽詩壇，迄今不衰，並影響不少後起的新詩作者。

縱觀鄭愁予在各個時期的詩作，雖取材不同，基調大致相似：持續一個一貫的風格。和一般作家有明顯的階段性，大為不同。鄭愁予認為原因是：「我想這和一個人基本的氣質有關。每個人的靈魂深處都有一樣東西，像聲音，只要你反覆誦念，你的聲音就會幫助你進入一個像涅槃一樣的境界。這是一個最基本節奏，這種節奏每個人不同，我發現屬於自己的是一種安靜的、沒有動亂的節奏，一種有永恒感的境界。我便在這個基調上寫我的作品。」（瘂弦：《兩岸蘆花白的故鄉——詩人鄭愁予的創作世界》）

每個人在各個層面上特色的形成，諸如個性、想法等，都是由個人所處的環境所養成的，但要想捕捉天才詩人內在心靈的異彩，絕非易事！一般評家都從鄭愁予的童年及青少年的經歷切入。下面就從鄭愁予詩作中的取材、語言及影響著眼，做一簡單的介紹，以便進入鄭愁予那個「有點現代又不太現代」、「有點懂又不太懂」的詩的世界。

在取材上，鄭愁予從小便隨著父親征戰南北，來台後喜歡登山，觀海，而後在美教書等，這些經驗都化為了詩句的題材，不勝枚舉，「許多的事象給我壓力，有的時候便只是一個事象存在記憶中，時機一到，便機巧地滲入成詩的過程。」（鄭淑敏：《與鄭愁予談詩》）其中「浪子情懷」的傳統遊俠精神，以不同的面貌，不同的方式，影響他題材的選取，貫穿他的詩作。余光中曾在一首懷念旅美友人的詩中，稱鄭愁予為「浪子」，而後有人便斷章取義，封他為「浪子詩人」。他自己並不認同這個封號，他說：「因爲我從小是在抗戰中長大，所以我接觸到中國的苦難，人民流浪不安的生活，我把這些寫進詩裡，有些人便叫我『浪子』。其實影響我童年和青年時代的，更多的是傳統的仁俠的精神。如果提到革命的高度，就變成俠士、刺客的精神。這是我寫詩主要的一種內涵，從頭貫穿到底，沒有變。」（彥火：《揭開鄭愁予的一串謎》）

在語言上，鄭愁予成長的年代，正值西洋詩的技法大肆湧入，倣效者衆多，鄭愁予尤其喜歡自由詩派詩人的詩，如何其芳及廢名，喜愛的程度甚至超過古典詩歌，日後他和紀弦等志同道合的詩人合組「現代詩社」，鼓吹現代詩西化，鼓勵白話入詩。而在複雜的情緒，經過藝術的處理後，鄭愁予詩作中展現出濃濃的中國情懷，鄭愁予是如此詮釋的：「中國語言是具有特異的音樂質和法則性的。運用的越純熟，便越能做到造剛化柔，求巧則巧，弄拙則拙，傳統味道便在這藝術的手段裡。這裡應該說是中國味道。」（鄭淑敏：《與鄭愁予談詩》）於是有人由他詩流露的古典氣質，將他的詩作歸於婉約派。對於這一點，鄭愁予並不認同，他說：「有許多學者他們並沒有眞正知道寫詩的技巧在什麼地方，原因就是沒有辦法探討出來，所以便說鄭愁予是婉約派。其實我的詩的語言，有很多是很安靜的，簡練的，只有那麼一段時間，我寫的是比較婉約些罷了。」（彥火：《揭開鄭愁予的一串謎》）

中國古典詩歌是最講究音樂性的，鄭愁予繼承了這一點，因而他的詩句往往有一種內在節奏，起伏跌蕩，而顯出一種「音樂美」。但他的詩中的「音樂美」不是靠外在和諧的格律之類造成的，它完全是由於詩人內在感情的律動，而產生出的一種舒緊、綿頓的音樂效果。同時，這種渾然天成的特色，使得他的詩作很容易爲人譜成歌曲，所以他的詩作是目前現代詩作中，最爲作曲者所青睞的。目前在唱片市場較爲知名的是由李泰祥譜曲，由齊豫等諸多歌手演唱的，如《牧羊女》、《情婦》等。對於詩作入歌一事，鄭愁予認爲在大衆化的程度上仍是有部分限制的：「詩與歌早就有了各自的發展，這不是一個歷史問題，而是人類文化發展自然走向一個精細分工的趨勢。長詩的豐富內涵與多變化的結構是無法唱得完善的，即使吟詠也有限制。」（鄭淑敏：《與鄭愁予談詩》）而自己的詩作常以歌曲的形式表達出來，雖然在詮釋上作曲家與鄭愁予在創作詩時的本意略有出入，但他仍說：「對寫詩的人來說，若有人將你的詩用音樂詮釋，這是很有趣味的，也是很榮譽的。」（盧允元、曾維君：《從凝固到流行》）

楊牧曾贊揚鄭愁予說：「鄭愁予是中國的中國詩人。自從現代了以後，中國也有些外國詩人，用生疏惡劣的中國文字寫他們的『現代感覺』，但鄭愁予是中國的中國詩人，用良好的中國文字寫作，形象準確，聲籟華美，而且是絕對地現代的。」（《鄭愁予傳奇》）楊牧所提出的「中國也有些外國詩人」是貶時下一些現代詩人在創作時，競相炫奇作怪，多用自創的名詞或是外國語，而刻意排斥文言文，弄得讀者是一頭霧水。對於這一點，鄭愁予提出「排斥是無能」的說法：因爲外國語不是不可用，而是用到恰到好處，否則便弄巧成拙。至於古典文字，這個世界上唯一的二千多年來仍舊使用而沒有消失的語文，更是不能放棄，「我們現在日常所說的話、成語，有許多便是來自《詩經》、《禮記》的成語，所以一定要有能力將它們消化掉，而不是去排斥。」（盧允元、曾維君：《從凝固到流行》）

至於鄭愁予的詩作爲人所競相傳誦，蕭蕭認爲：「在眾多『有句無篇』的現代詩作中，鄭愁予的渾然天成是他擁有眾多讀者的重要原因。」（《情采鄭愁予》）而鄭愁予本人是如何解讀這個現象呢？他認爲：「新詩的讀者，他們的年齡是從十五歲到讀大學這階段，我自己寫詩，也是從十五歲開始，這一階段讀詩的人最多，他們往往喜歡純粹的抒情詩，像《夢土上》、《窗外的女奴》……等，我在二十五歲前寫的作品，這些作品最能夠直接打動他們當時的心靈。」

鄭愁予的詩歌爲人所傳唱，受歡迎的程度如此之高，而他的詩作卻很少被人評論及選錄在詩的選集，是頗耐人尋味的。除了他去國多年，較少參加國內的相關活動及發表新作外，對此鄭愁予做了一番說明：「其實是我不想加入一些詩社，尤其是一些大詩人的詩社。作爲詩人，我以爲不可以用一種輕率的態度對待詩，應該抱著誠懇的態度，詩本來是商業結合的，詩影響了藝術創作、文學電影、現代廣告術，用不著留意詩集的銷量。有些編輯想把我的詩選輯在詩集，但我都拒絕，希望他們能選一些新的詩人。」（張灼祥：《作家訪問錄：〈鄭愁予：心靈的流浪〉》）

貳、課文參考資料

一、《小小的島》賞析

鄭愁予的詩作中，愛情詩佔有相當大的份量，他所表達的愛情是介於中國傳統派和新古典主義派之間，他擅長使用各種替代的手法，來强化及昇騰自己的情感。而在處理愛情詩的手法上，少有情人纏綿的情狀和對話場面，多是著墨在單方心理活動的描寫上，詩的意象和節奏的開展，是隨著作者意識的動向而流動，他總是娓娓絮談，或喃喃自語，而一種情不自禁的柔情就由此生發出來。以致於他的愛情詩妙在懂與不懂之間，既未流於淺白，也無晦澀之弊。這種含蓄不露骨的表達手法，較符合中國的民族性，讓讀者讀來較易產生共鳴。

楊牧曾分析說：「鄭愁予常以一事一地爲中心，環繞此一事一地，以若干二十行左右的抒情詩刻意經營，以成一有機的整體。」（《鄭愁予傳奇》）鄭愁予喜歡通過鋪陳，運用白描，以靈思來結構全篇。在寫景時，則藉用描繪圖畫的美，兼敍事，傳達出一種流動的眞。本課《小小的島》這首可愛的小詩，就是非常典型的一首小詩。《小小的島》整首詩是描述思念情人的心境，在詩中看不到香豔的場景，也沒有讓人血脈賁張的字眼。有的只是淡淡的思念，隨著詩句的鋪陳，一幅幅美景呈現在讀者的面前，同時也織成一張綿密的網，讓人心甘情願的被緊緊包住。

第一段，詩中的主角思念遠方情人的情緒，正滲透到他全身的每個細胞裡。思念是如此的熾熱，燒得他無法按捺，但他卻不用時下人所愛說的：「我想你」、「我想你，想到快要死啦！」等等過於直接而露骨的話語，反而說：「我正思念你住的那個小島」。詩人用小島來代替思念的對象——情人。於是他把情人住的小島進行了一番美化和描繪。不過，正因爲他在美化和描繪那個小島時，已暗暗地注入了對情人的深情。

擬態的運用是鄭愁予詩作中的特色之一，他常將靜態的東西化爲動態的，使得詩意橫生，生機盎然，新鮮活潑，在此詩中他就是運用這種手法。「小小的島」就是情人的化身。他將「你住的小小的島我正思念」將「你住的小小的島」與「我正思念」互換，使用倒裝句的目的，一則是使句子有新意，增加讀者的聯想力，一則是表達出「我的思念」是如此的濃烈。而後用散文化的筆觸，蘊含著無限的詩情，婉轉流暢的寫出：「那兒屬熱帶，屬於青春的國度／淺沙上，老是棲息著五色的魚羣／小鳥跳響在枝上，如琴鍵的起落」。鄭愁予在此草構出一幅熱帶地區的景致，是如此色彩豐富，充滿無限的生機。「青春的國度」一詞說明男女主角的年齡，也可以說是他們的心境。「熱帶」則表達二人正是處在熱戀當中。俗語說：「情人眼裡出西施」，在熱戀中的男女，所見到的世界是鮮艷美麗的：「淺沙上，老是棲息著五色的魚羣」，淺沙上怎麼可能老是有五色魚羣呢？從常識上而言，這是絕不可能的事情，但在情人的心裡有什麼是不可能的呢？「小鳥跳響在枝上」之「響」這個精妙的煉字，出人意表，別有會心，讓讀者似乎可以聽到，思念者的心如小鳥般的亂跳，也不安份的如琴鍵般不停的起伏。

第二、三段，藉由描繪小島上的景物，將思念對象的情態和形象具象化。詩中的每一個形象，每一個體姿，都是替代表現出人物的心境和情態，也和詩人描寫的自然環境相吻合，表現出鄭愁予極高的才華。

第二段的第一句是「那兒的山崖都愛癡望」在中國地區傳說中，常有類似望夫崖的故事，來代表中國人對於感情的態度，多是含蓄的，所以這詩句寫得十分精彩，既是具體山的姿態，同時也是情人此刻的模樣，並將古典詩情融入其中，可以想見詩中情人對自己翹首遠眺的樣子。

然而思念的人兒究竟是誰？「披垂長藤如髮」，一個優雅女性的形象躍然紙上。「那兒的草地都善等待，鋪綴著野花如果盤」，再一次描繪情人此時的心境，是如草地般的青綠的，並如野花般的恣意開放。「愛凝望」、「善等待」這二句話，說明我和情人是相愛的（可不是單相思），而我在思念情人之際，她也同時在想念著我。「健康是鬱鬱的，愛情是徐徐的」，通過擬聲或擬意的疊字的運用，造成一種奇妙的音樂效果，好似詩中男女主角的愛情正如歌般，徐徐吟頌出來。「那兒浴你的陽光是藍的，海風是綠的／則你的健康是鬱鬱的，愛情是徐徐的」應是放在第二段的開始，鄭愁予將其放在後的目的，是增加戲劇的效果：情人如思念者般的懸念著愛人，那麼她的情況是如何呢？是不是一如林黛玉般的爲情憔悴呢？都不是。情人正以一種極好的情況下，等待著情人的到來，雖然等待令人苦，但彼此之間的愛情是「徐徐的」，不是驚天動地，或是乾柴碰到烈火，一發不可收拾的愛情，有時會把人燒得粉身碎骨，所以她「善等待」，等待著情人的出現。

第三段開始，鄭愁予將描繪情人的心情及形態，轉而描繪情人所在的外在景物。從整體的氣氛看，彷彿是「流動」而又「恬靜」、「清新」而又「迷離」，若作深一層的挖掘，它還潛藏著一種極犀利的意象的放射力與高超的戲劇感。在此並展現鄭愁予的最大巧思：詩中的比喻手法。他的比喻往往新鮮新奇又恰到好處，彷彿天作之合，無一重複，而無一不新鮮：飄流的雲像是幽默的人，雷聲像隱隱的笑聲，搖動的樹林像在跳舞，流淌的水流像是在歌唱，連大地也爲他們的愛情，高興的在地動。整首詩到此似乎整個都靈動起來，大地全然從紙面的字句中躍出，一幅爲小兒女的情愛而歡欣，而揶揄的頑皮景象，讓讀詩的人很難不被感染，很難不被鼓動起來，一起來揶揄這對小兒女。

第四段，詩的最後一節，愛在鄭愁予心中是神聖的，他有一種對愛的執著感，於是全首詩至此，轉入了對人的正面的描寫，用想像的手法描繪自己。他想像自己如果去了，該是一幅多麼幸福美妙的圖景：我是吹著牧笛的牧童，而你是柔順的小羊，跟著我的笛聲而走。或者是，我化作螢火蟲，一輩子爲你點燈。思念者的承諾，表現了主角無限的癡情和忠誠。

整首詩的結構嚴謹而完整，詩的語言優雅而美麗，詩的內容活潑而健康。這首詩還十分自然地運用了大量的對仗手法。如第一節中：青青的國度和五色的魚羣。第二節中：凝望和等待，披垂和鋪綴，海風和愛情，鬱鬱的和徐徐的。第三節中隱隱的和冷冷的，雷笑和流歌等等，增添了詩的節奏性及戲劇性。

參、課文補充資料

一、談情詩，說愛情

說起愛情這玩意兒，縱然人類已經上太空了，它仍不改玩弄人類的本性，無論年齡、不管種族，它無時無刻不滲入人心中，進行搗亂的工作。下面就介紹幾首情詩，看看這些人是如何對待心中那份情愛之心的。

㈠別意／清．黃景仁

別無相贈言，沈吟背燈立。
半晌不抬頭，羅衣淚沾濕。

說明：

昏黃的燈光下，靜謐的空間裡，時間如化石般的停住了，氣氛是如此的凝重。房裡有著一對小兒女，男孩背著燈火站立著，看不清楚他的臉，但從他的肢體語言上，感覺出他似乎爲某事正苦惱著。而站立在另一側的少女，正垂著頭，滴滴淚水落在袖子上。原來少年是清朝的文人黃景仁，那年正好十七歲，爲了求學，爲了事業，他只好離鄉背井到他鄉去，但心中唯一不捨的是他的小愛人。在告別時，千言萬語似乎是多餘的，只有淚水代表了一切。

黃景仁這首運用白描手法的情詩，看來寥寥數筆，但主角躍然紙上，如在目前。雖然黃景仁後來的新娘不是這位少女，相信這段戀情必定永留在他的心中。

㈡海上的聲音／民國．方瑋德

那一天我和她走海上過，
她給我一貫鑰匙一把鎖，
她說：「開你心上的門，
讓我放進去一顆心，
請你收存，
請你收存。」

今天她叫我再開那扇門，
我的鑰匙早丟掉在海濱。
成天我來海上找尋，
我聽到雲裡的聲音——
「要我的心，
要我的心！」

說明：

這是一首淺而易懂的詩，對於曾談過戀愛的人而言，可能讀後會會心一笑吧。詩分成二段，前一段是描寫談戀愛時的信誓旦旦，女主角將心交付給詩人，一聲聲「請你收存，請你收存。」喊得多麼熱烈而動人。第二段寫詩人失戀的情景，此時詩人只覺得女主角毅然絕然的分手，自己的一顆心嗒然若失，所以他不斷的說：「要我的心，要我的心！」已付出的感情，那能說收就收的呢，因而在字面之下，是詩人痛入心肺的傷心。

這首詩的作者方瑋德，是現代詩人，民國二十四年去世，當時他才二十七歲。「一點距離所不可免的誤會，……瑋德精神受愛神的箭傷，自然也是很多的。」方瑋德的朋友如此說，原來在民國二十一年左右，方瑋德在北平爲一位女子傾心，可是生活的壓力，使得兩人分隔南北，終於詩人受不住愛情的煎熬，就一病不起。所以太上忘情，衷情皆在我輩啊。

㈢紅紅的玫瑰／英國．彭斯

啊，愛人像紅紅的玫瑰，
在六月裡綻放；
啊，愛人像一首旋律，
美妙的輕揚起來。

你是如此的美，漂亮的姑娘，
我愛你是如此之深；
我會一直愛你，親愛的姑娘，
直到海枯。

直到海枯，親愛的姑娘，
直到石爛；
我要一直愛你，親愛的姑娘，
只要生命不絕。

再見吧，我的愛人，
暫時和你小別，
我會回來的，親愛的姑娘，
縱使有千山萬水相隔。

說明：

彭斯是英國著名的詩人，他在這首中運用民歌的手法：不斷用疊句及重複的形式，創作出這首節奏明快的癡情之歌。詩中的男主角，正無可自拔的愛上他心中的紅玫瑰，並在第一段中描繪他對這位女主角的感受，像一首美妙的旋律在心中揚起。第二三四段中，讓讀者感受到一位男子對愛的宣言，起初似乎是在女主角的耳際，喃喃的訴說，誓言越說越激昂，表示他的愛也是越來越熾熱。讀到「再見吧，我的愛人，／暫時和你小別，」時，才猛然得知，男主角的用心所在，也可領悟到詩人的巧思。

二、夜裡放光明的燈

電燈，對於生活在現代的我們而言，是不可或缺的一種日常用具，在照明、醫療等領域，都可以見到它的蹤迹。然而燈的便利性及多變性，並不是一開始就是這樣的，而是經過前人無數的腸枯思竭的痛苦及試驗，才逐步改進爲今日的樣子。

遠古人類，當太陽下山之後，只能找個安全之地棲息。可能在一次偶然中，發現了火，並領悟到在漆黑的夜裡，可以藉火光來照明。後來發現燒松樹枝來當火把，讓遠古的人類的行動範圍擴大了不少。一萬年前，已經有人又在石盤裡倒入動物的油脂，然後加進植物纖維，點火燃燒，增加火的照明時間。西元前三世紀，有人將絲線塗滿動物油膏的蠟燭，逐步的改良之後，煤油燈的雛型便問世。不過依今日眼光來看，這些照明器材在使用上，都不是很方便，照明的程度也很有限。

到了十八世紀，煤氣走入一般人的家庭裡，成爲主要的燃料。西元一八七二年，英國的馬杜克發明瓦斯燈，使用方法是類似今日使用天然瓦斯一樣，將瓦斯用管子輸送到瓦斯燈的用戶家裡。但煤氣燈的照明度不夠，且價錢昂貴，並非人人用的起。

隨著電氣的問世，燈的改良有了突飛猛進的進展。某次，英國的亨普瑞・大衛將二千個電池的電力由兩條電線輸出到木炭時，在木炭與木炭之間竟發出了光亮耀眼的閃光，一時之間，令他非常驚訝，於是他靈光一閃，將這個意外發現的藍白光加以利用，而發明了弧光燈。弧光燈的問世，是燈發展史上的一大步，並曾一度爲巴黎劇場使用，但是因爲使用時需要時常更換炭棒，且電力耗費頗大，再加上操作困難，無法進入一般家庭，另外弧光燈還有個致命點，那就是使用時不但對眼睛有害，而且又易釀成火災。

西元一八七九年，人類正式進入電氣時代。那年六月，美國的發明大王愛迪生計畫休假兩個月，準備在七月二十八日於洛磯山下的懷俄明州，觀測難得一見的日全蝕，順便用他發明的輻射計，來測量太陽光的溫度。

當時來自各地的天文學者，看到愛迪生發明的輻射計，都很好奇。其中有一位在賓西法尼亞大學任教的伯克教授和愛迪生討論電氣問題，愛迪生提出自己的看法說：

「如果電力可以用在燈上，一定是件很不錯的事。」

「我認爲弧光燈在設計上有問題，如果由我來設計，燈光的來源應是電流產生電阻的熱。所以，我想我會朝向白熱電燈這個方向設計。」於是，愛迪生休假完後的新目標，便是白熱燈的研發。

一回到住所，愛迪生找出各種瓦斯燈相關書籍及報告，再加以整理、研究分析，結果整理出兩百本的資料簿，而後便不眠不休進行設計實驗的工作。

約估過了一年的時間，愛迪生共用了一千七百種以上的材料，做了上萬次的實驗，終於在西元一八七九年十月二十一日，第一個白熱電燈誕生了，也就是今日電燈的雛型。對人類歷史來說，這是一項創舉，全世界從此進入燈火輝煌、燦爛耀眼的新紀元。為了感念愛迪生對改善人類生活的貢獻，因此尊稱他為「電燈之父」。

後來古力斯等人不斷的改良，才有現在我們日常所用的電燈，而燈的種類也隨著人類生活的進步，而愈來愈多樣化：例如西元一九一〇年，法國的可洛發明了霓虹管、西元一九三八年，美國的英曼發明了日光燈等。

肆、思考與練習

一、「小鳥跳響在枝上，如琴鍵的起落」等詩句不但創造出靈動的畫面，還有充滿音符的音樂感，這樣將視覺與聽覺融合為一的鮮明比喻，請模仿試作。

1、春雨滴答在芭蕉葉上，如……。
2、小河穿梭在山谷中，如……。
3、蝴蝶飛舞在花叢裡，如……。

答

1.春雨滴答在芭蕉葉上，如（串鈴的跳動）。
2.小河穿梭在山谷中，如（提琴的悠揚）。
3.蝴蝶飛舞在花叢裡，如（精靈的彈跳）。

二、轉化的使用可使隱晦抽象的意念變得具體、生動，如「那兒的山崖都愛凝望」，「那兒的草地都善等待」，請模仿試作。

1、林中的北風都愛……
2、花園中的昆蟲都愛……
3、小屋旁的野花習慣……
4、紫色的夢喜愛……

答

1、林中的北風都愛（流淚）。
2、花園中的昆蟲都愛（歌唱）。
3、小屋旁的野花習慣（微笑）。
4、紫色的夢喜愛（鑽入少女的被褥中）。

三、〈小小的島〉一詩，作者將思念中島嶼上的氣候、沙灘、魚羣、小鳥、山崖、草地、陽光、海風、雲朵、雷聲、林叢、溪流等一一寫入詩中，意象豐富，在寫景中抒情，達到情景交融的效果。請學生以描寫〇〇國度為題，仿作新詩一首。

引導步驟：

㈠選題——選定欲描寫的主題，如〈夢幻森林〉、〈祕密海洋〉、〈山邊的小屋〉、〈小小的花園〉、〈紫色工廠〉……等。

㈡聯想——列出與主題相關的事物，至少二十項以上，並加以分類。

㈢造句——將所列的相關語詞，選出數例，仿照練習1及練習2的句型造出理想的句子。

㈣組合——將所造的句子及聯想的事物重新組合做不同的安排，都一一寫下比較，其中會有較滿意的部分，保留下來，再組合一次，並加以潤飾，一首新詩創作就可以誕生了。

四、鄭愁予詩歌欣賞會或朗誦歌唱大賽。

鄭愁予的詩歌音韻優美，情感細膩，廣受衆人的喜愛。他的詩作有不少被譜成歌曲傳唱，如〈錯誤〉、〈牧羊女〉、〈邊界酒店〉、〈天窗〉、〈偈〉……等，都非常優美動聽，可以學辦一場欣賞會或比賽，讓學生藉由聲音、音樂的練習及抒發，更深入鄭愁予詩作的世界。

參考錄音帶：「錯誤——演唱專輯」，滾石唱片公司製作，編號RC-20，詞：鄭愁予，作曲、演唱：李泰祥。

（許碧華．黃淑媛．南飛）

四、勸訓

／李文炤

壹、作者參考資料

一、恆齋的李文炤

㈠生平

李文炤字元朗，號恆齋，別名朗軒，清善化（今湖南省長沙縣）人。出生於清聖祖康熙十一年（西元一六七二年），卒於清世宗雍正十三年（西元一七三五年），享年六十四歲。

其母懷孕十六月而生，幼年穎悟，讀書過目成誦，當時人稱贊他爲「神童」。十歲的時候，其父帶他到城裡的文廟，告訴他歷代的賢臣配享孔子的事情，他聽了就感嘆說道：「人能似此，不枉一生。」十四歲補弟子員，博通經史，前輩們看見他，都認爲他是奇才，與他訂爲忘年交。後來與同鄉的熊超、邵陽的車旡咎、王元復、寧鄉的張鳴珂，共同勉力從事濂洛關閩的學問。

讀書方面，李文炤可說無所不讀，並徹底探究書中的蘊奧，雖然是子、史等方面的書也都會追根究柢，他曾經說過：「不察二氏之所以非，安知吾儒之所以是？不觀諸子之有純、有駁，安見吾儒之醇乎？其醇不審，秦漢以下之成敗得失，安知三代以上帝德王猷之盡善盡美也？」

他一生行事力求親力親爲，性情篤厚，以孝聞名。康熙五十二年考上舉人，曾任穀城教諭，退休以後，遠近的人爭相拜他爲師。後來到嶽麓書院主講，追隨的人相當地多。他教授的內容是以朱熹之學爲主，並傳授修己治人的方法。著有《恆齋文集》十二卷、《周易本義拾遺》六卷、《周禮集傳》六卷、《春秋集傳》一卷等。

㈡後人評價

張舜徽評論李文炤的成就說道：「然則文炤述造雖多，僅陋已甚，難與語乎著作之事矣。蓋其生平足迹，不越里閈，見聞僻陋，所讀書亦僅限於四書、五經大全、通鑑綱目及宋五子文集、語錄之類。是集卷四所載嶽麓書院學規，至爲庸淺，足以窺其一生，終未免爲鄉人也。所爲文尤拙劣，而村夫子氣，充溢篇章之間，一望而知出于閭里書師之手，不足以登大雅之堂。」（《清人文集別錄》卷

四，一百一十、一百一十一頁。中華書局）

貳、課文參考資料

一、「訓」體裁的說明

1、吳曾祺《涵芬樓文談》附錄云：「訓四相告勉之辭，尚書有伊訓，即此體之濫觴也。惟古爲臣告君，今則施之自敵以下而已。」（臺灣商務印館，第四十一頁）

2、顧藎丞《文體指南》云：「『訓』的起源，當是始於伊尹所做的〈伊訓〉。〈書序〉說：『成湯既沒，太甲元年，伊尹作〈伊訓〉。』太甲是商朝初葉的國君，伊尹是商朝開國的功臣；幼主有了過失，臣子便作『訓』以警戒，足見古代君臣間的規過勸善，眞是坦白純正極了！而『訓』體文的有價值，也於此可見。《書經》上面說：『伊尹乃明烈祖之成德，以訓於王。』按『訓』的意義，照字書上說：『訓者，導也；順理以迪之也。』淺近的說一句，就是根據道理，開導他一番罷了。漢丞相主簿，繁欽，有〈祠先主訓〉，就本〈伊訓〉之體而作的。」（啓明書局，第三十五、三十六頁）

3、徐興華、徐尚衡、居萬榮編《中國古代文體總攬》云：「訓曰教誨、告誡的文字。東漢・許愼《說文・言部》：『訓，說教也。』後世告誡文字時有以訓名篇者，《魏書・高允傳》：『臣被敕論集往世酒之敗德，以爲《酒訓》。』」（瀋陽出版社印，第三一七頁）

二、〈儉訓〉的提要分析

㈠謀生以勤為最重要：「治生之道，莫尚乎勤。」（論點）

1、引言：「故邵子云」——「言雖近而旨則遠矣」（論據一）

⑴一日之計在於晨。

⑵一歲之計在於春。

⑶一生之計在於勤。

㈡說明人的墮性造成的惡果（論據二：反面論據）

1、人的墮性：「無如人之常情」

(1)惡勞而好逸。

(2)甘食褕衣。

(3)玩日愒歲。

2、做任何工作無法成事

(1)「以之爲農」：則不能深耕而易耨；

(2)「以之爲工」：則不能計日而效功；

(3)「以之爲商」：則不能乘時而趨利；

(4)「以之爲士」：則不能篤志而力行。

3、結果：「是一蠹耳」（譬喻）

(1)徒然食息於天地之間。

(三)從大自然的定律，獲得人生的啟發

1、大自然的運行：「夫天地之化」（論據三：理論論據）

(1)定律：「日新則不敝」

(2)推論：「誠不欲其常安也」（演繹法）

①故戶樞：不蠹

②流水：不腐

2、獲得啓示

(1)人生：「人之心與力，何獨不然？」（類比論證）

①關鍵：「物之情也」

a、「勞」：則思（呼應前面「日新則不敝」、「戶樞不蠹，流水不腐」）

b、「逸」：則淫（呼應前面「無如人之常情……是一蠹耳」）

(2)歷史人物（對比論證）

①「大禹之聖」：且惜寸陰。

②「陶侃之賢」：且惜分陰。

③「又況賢聖不若彼者乎」（反襯）。

叁、語文天地

一、注釋

1、玩日愒歲

原爲「玩歲愒日」，例如：

(1)《左傳．昭公元年》：「趙孟將死矣！主民，翫歲而

愒日，其與幾何？」（「翫」同「玩」）

⑵朱熹《朱文公集》卷十一〈壬午應詔封事〉：「知陛下之志必於復讎啓士，而無玩歲愒日之心。」

作者將「歲」、「日」對調。

2、甘食褕衣

該詞語見於《史記．淮陰侯列傳》，作「褕衣甘食」，美衣美食的意思，不過在《漢書．韓信傳》作「靡衣媮食」，「靡」作輕麗解；「媮」與「偷」同，作苟且解。整個詞語解釋：華麗的衣服，苟且而食。

3、深耕而易耨

該詞語見於《孟子．梁惠王上》作「深耕易耨」，「易」作疾也、速也。把土地耕深，把草快點除盡的意思。「深」、「易」作副詞。（課本將「易」解釋作治的意思，指處理得很好，值得商榷。）

4、「大禹之聖，且惜寸陰。」

《淮南子．原道訓》云：「故聖人不貴尺之璧而重寸之陰，時難得而易失也。禹之趨時也，履遺而弗取，冠挂而弗顧，非爭其先也，而爭其得時也。」

翻譯：

所以聖人不認爲「尺璧」是寶貴的，而認爲「寸陰」價值無窮，這是因爲時光難得而容易失去。禹爲了追上寶貴的時間，鞋子掉了而沒有功夫去取，帽子掛在樹枝上而不去拿，不是爭著走到前面，而是爭著得到大好時光。

5、「陶侃之賢，且惜分陰。」

《晉書．陶侃傳》云：「常語人曰：『大禹聖者，乃惜寸陰，至於衆人，當惜分陰，豈可逸遊荒醉，生於益於時，死無聞於後，是自棄也。』」

現在安徽樅陽縣城內百步雲梯山下有「惜陰亭」，原名「運甓亭」。爲紀念晉代樅陽令陶侃所建，取意陶侃立志收復中原失地而「運甓自勵」之事，亭前有墨池。亭於抗日戰爭中遭毀。

二、文法修辭

㈠文法

1、「莫」尚「乎」勸

「莫……乎」是固定句式，同「莫……於」、「莫……焉」。這屬於比較的格式。「莫」的後面成分是比較的內容，多爲形容詞；「乎」（之、焉）的後面是比較的對象。解釋作：「沒有比……更（再）……」。例如：

(1)「天下之水，莫大於海。」（《莊子・秋水》）：天下的水域，沒有比海再大的了。

(2)「城之大者，莫大乎天下矣。」（《莊子・盜跖》）：都城中最大的，沒有比整個天下更大的了。

(3)「晉國，天下莫強焉。」（《孟子・梁惠王上》）：晉國，天下沒有比它更強大的人。

2、「無如」人之常情

「無如」是固定句式。用法與「莫如」相同，解釋作：「沒有……比得上」或「什麼……都不如」。例如：

(1)「凡今之人，莫如兄弟。」（《詩經・小雅・常棣》）：現在世上的人，沒有誰能比得上兄弟。

(2)「且人之所需，無如其身，不能自使其無死，安能使王長生哉？」（《韓非子・外儲說左上》）：再說人們感到最急迫的，沒有什麼比得上他自身，他不能使自己不死，怎麼能讓君王長生呢？

3、「以」之「爲」農

「以……爲……」是固定句式。「以」作致使動詞，「爲」作準繫詞，解釋作：「派（任用）……當做……」。例如：

(1)「立以爲將軍」（司馬遷〈田單復國〉）：立即派（任命）他做將軍。

(2)「以故相爲上將軍」（《戰國策・齊策四》）：讓原來的相作上將軍。

課文其他的例子：「以之爲工」、「以之爲商」、「以之爲士」皆相同。

4、又「況」賢聖不若彼者乎？

「況」作連詞，表示比較起來更進一層，整句表達反詰的語氣。「況」用在後面的分句，前面的分句常用「猶」、「尚」、「且」譬詞襯托，構成「猶（且）……況……」的句式，解釋作：「尚且……何況……」。例如：

(1)「杜尚如此，況不逮杜者乎？」（白居易〈與元九書〉）：杜甫尚且這樣，何況不及杜甫的人呢？

(2)「若歸於德，吾猶將事之，況諸侯乎？」（《左傳・昭公四年》）：如果歸結到德行，我們還要去侍奉他，何況諸侯呢？

5、「是一蠹耳」與「故戶樞不蠹」的「蠹」

(1)「是一蠹耳」的「蠹」，前面是「一」數詞，所以「蠹」爲名詞。

(2)「故戶樞不蠹」的「蠹」，前面是「不」副詞，所以「蠹」活用為動詞。

肆、課文補充資料

一、百源學派的始祖——邵雍

(一)生平

邵雍生於宋真宗祥符四年（西元一○一一年），卒於宋神宗熙寧十年（西元一○七七年），字堯夫，自號「安樂先生」、「伊川丈人」，世稱「康節先生」，享年六十七歲。因為早年曾在河南共城（輝縣）西北蘇門山百源之地讀書，所以後人就用「百源」二字稱呼他這一派學術。

邵雍，從小就自雄其才，嚮慕高遠，認為「先王之事必可致」，於是立志要做一番驚天動地的大事業，後來得悟先天之學性命之奧，修心養性，赫然成為宋代「北宋五子」之一，他融貫儒道，援道入儒，對北宋理學有很大的影響，可說是北宋理學的先鋒。

住在百源的時候，布衣蔬食，侍奉雙親之餘，還刻苦自勵，「寒不爐、暑不扇、夜不就席」地拚命用功，他想要讀盡天下所有的詩書典籍。有一天突然嘆道：「昔人尚友千古，而我獨未及四方，不免孤陋寡聞。」於是到處遊歷，踰河汾，涉淮漢，周流齊魯宋鄭之墟。遊罷歸來興盡之餘感慨地說：「道就在這兒。」從此不再到處遊訪，而過著隱士的生活。

後來到了河南洛陽，蓬蓽環堵，不蔽風日，並且親自砍柴煮飯奉養父母親，雖然貧居空乏，他仍然怡然自樂，這是一般人所辦不到的。有一回，大名府（北京）的進士王豫在下大雪的深夜去拜訪他。看他莊嚴正坐，還不曾入睡。二人一談學問，王豫不覺大為佩服，甘願做邵雍的學生。從此他的名氣才漸漸傳開來。他曾對兒子伯溫說：「程氏兩兄弟家境寬裕，能從容修道，成就自然比較容易。我早年徒步遊學，到了學能自立的這段過程，艱難極也。」後來富弼、司馬光、呂公著等賢人也退居洛陽，都十分禮重邵雍，成為他的朋友。有一回司馬光等人集資為他購買園宅，讓他有個像樣一點的住處，他自己耕田維持生活，稱自己住的地方為「安樂窠」，自稱「安樂先生」。現在在洛陽市洛河南岸安樂窩村有「安樂窩遺址」，邵雍詩曾說：「重謝諸公爲靈園，洛陽城裡占林泉。七千來步平流水，二十餘家爭出錢……」，可惜原貌已不存在了。

司馬光跟邵雍最要好，把邵雍看成自己的親哥哥一般地侍奉，兩個人情同手足，爲鄉裡所仰慕，所以鄉裡父子兄弟都互相勉勵說：「可別做壞事喔，如讓司馬光先生、邵雍先生知道我們人品不好或爭吵，那該多丟臉。」可見他德行高深而又令人敬畏。一般士人路過洛陽，不一定去拜訪官府，但必定去拜謁邵雍，他是多麼爲士林所敬重。邵雍德氣粹然，一看就知道他是個賢人君子，但他不講究外表衣著，也不擺架子，羣居燕飲，和藹可親。跟人聊天，喜歡稱贊人家的好處，而不隨便談論人的缺點或是非；他是效法大舜的精神，「與人爲善」、「隱惡揚善」，對待人不論貴賤老少都一樣地誠懇，所以賢者悅其德，不賢者服其化，一時洛陽人才特盛，而忠厚的風氣聞名天下。〔參考：《宋史・邵雍傳》、陳郁夫先生著《邵雍》（臺灣商務印書館）、黃明著〈北宋儒學的豪傑邵康節〉（《中原文獻》十卷十二期）〕

㈡軼事

有一回，邵雍和一位朋友去趕集，人很多，喧譁不堪。這位朋友指指點點著吵雜的人潮，問邵雍說：「你知道這些人這麼吵鬧，都是爲的甚麼呢？」邵雍微微一笑，說道：「這簡單，『不過』是爲了名利二字罷了。」

又有一回，有人做夢，夢見豬拱房門。他想想豬的生肖屬亥，亥和害同音，恐怕不好，於是找邵雍解夢，邵雍笑一笑說道：「恭喜你了，有一頓吃喝在等著你呢！」果然就在他回家的時候，被人半路拉去喝喜酒，因爲媒人臥病不能到場，他便李代桃僵地吃喝了一頓。吃完後，他還到處宣揚他的得意。給另一位同村的人聽到了，於是也去找邵雍解夢。說：「我作了一個夢，半夜三更天，豬拱撞我的房門。」邵雍想了一下，回答說：「也不錯，你會撿到一件衣服，不是棉襖就是件大布衫。」第二天早上，天尚未亮，他到村頭去拾糞，撿到大布衫一件，他當然高興極了，也到處宣傳，又給另外一位同村的人聽到了，他不曾作夢，但是也想找邵雍解夢，說到：「我作了一個夢，半夜三更，豬來拱撞我的房門！」邵雍想了一下，說道：「不好了，你只怕要挨打呢！」這個人怕挨打，第二天天還未亮，就躲到外婆家去了。在路上被土匪打了悶棍，幸好他學了點武功招架得好，只受了點外傷就逃回家來了。回家後第一件事，就去找邵雍理論，說道：「邵夫子，這也不太合理了。第一個人作夢，豬拱門，你說可以吃點東西，他果然吃了頓喜酒。第二個人做夢，也是豬拱門，你說可以撿到東西，他果然撿到一件布衫。我呢？也是豬來拱門，為什麼就會挨打呢？」邵夫子笑了一笑，慢慢地解釋說：「道理就在這裡了！你仔細想想看，半夜三更豬來拱撞房門，第一次，你自然地會想到，只怕是餓了吧！所以我說他要吃點東西；吃了東西，還再拱門，只怕是冷了吧！所以第二個人我說他要撿到衣服；試想，牠也『不過』是個豬吧，不餓也不冷，半夜三更，再來拱門，人不打牠，還會打誰呢？」（以上參考：李霖燦〈邵康節學記〉，中原文獻十二卷十二期）

二、征西大將軍陶侃

(一)生平

陶侃，字士行，東晉潯陽（今江西省九江市）人。西元二五九年出生於吳國揚武將軍陶丹家中，母親湛氏，鄱郡豫章新淦人，是陶丹的妾。

陶侃早年孤貧，後在潯陽當名縣吏，職務是「魚梁吏」（算是最下層的公務人員），結識了陳敏和周訪。陳敏和陶侃是「同郡又同歲舉吏」，他後來叛逆晉朝，和陶侃成為敵人。周訪地位略高於陶侃，是潯陽縣功曹，他賞識陶侃，薦侃「為主簿，相與結友，以女妻侃子瞻」。

陶侃努力抓住每一個對他有利的機會。有一年，鄱陽孝廉范逵雪夜借宿於陶侃家，為博得這位孝廉的好感，陶侃母子竭盡所能地招待了他和他的僕從。從此，陶侃通過范逵的「稱美」而擺渡到郡一級的政治階層，在他面前閃耀著新的希望。廬江太守張夔召侃「為督郵，領樅陽令。有能名，遷主簿。」最後，舉孝廉，到洛陽。

後來參加幾次大戰，在鎮壓張昌的戰鬥中，扭轉了劉弘初戰的敗局，建立了戰功。劉弘是個公平正直的人，在殺掉張昌論功行賞時，他上表著重表揚了三名部屬，其中陶侃被他補選為「府行司馬，使典論功事」。也許劉弘在陶侃身上看到了二十年前自己的形象，他在陶侃初破張昌之後，對陶侃這樣說過：「吾昔為羊公參軍，謂吾其後當居身處。今相觀察，必繼老夫矣。」後封陶侃為東鄉侯。

陳毓叛亂，雖然陶侃與陳毓有鄉里之舊，又有人勸劉弘提防陶侃，劉弘還是委任陶侃為江夏太守，信而不疑。陶侃十分謹慎地遣子侄為質，劉弘也資而遣之。陶侃打敗了陳恢，阻止了陳敏的西進。在這次戰爭中，陶侃又一次表現了他帶兵的才能。

陶侃後來歸附了琅琊王睿，遷為武昌太守。他肅清水陸盜賊，又立夷市於郡東，大收其利。當時荊州刺史是司馬睿委派的名士周顗，這人是著名的酒鬼，又是忠於王睿的死黨。他剛上任不滿一年，「而建平流人傅密等叛迎蜀賊杜弢」，周顗才逃出一條命來，投奔王敦於豫章。王敦當時是東南方面最高軍事將領。在這次救援中，他看中陶侃是個幹才，便決定免掉那個廢物而又是司馬睿親信的周顗的職務，袁拜侃為使持節、荊州刺史。陶侃在政治階梯上著實地升上一級。

王敦深忌陶侃的軍功，後來改派陶侃為左轉廣州刺史，而任命陶侃的從弟王廣為荊州刺史。王敦做的太絕了，陶侃的部下忍無可忍地「詣敦請留侃，敦怒，不許」，於是陶侃部將鄭攀等人「西迎杜曾以拒廙」，這就使形勢更加緊張而複雜。王敦扣留了陶侃，意欲加害，但因周訪時任豫章太守「有兵八千」，王敦不能無所顧忌，終於放走陶侃赴廣州，任刺史。

陶侃在廣州，留下一件逸事：「侃在州無事，輒朝運百甓於齋外，暮運於齋內。人問其故，答曰：『吾方致力中原，過爾優逸，恐不堪事。』」後來成為「運甓自勵」典故，用來比喻刻苦自勵的意思。

後來王敦舉兵內向占領首都，明帝司馬紹不久即位，隱忍兩年，作了周密布置，終於在西元三二四年平定王敦之亂。陶侃的兒子陶瞻時任廣陵太守也曾應徵「還衛京師」，接受明帝指揮。太寧三年（西元三二五年）陶侃遷都督荊、雍、益、梁州諸軍事，領護南蠻校尉、征西大將軍、荊州刺史，他回到了荊州。

蘇峻、祖約叛亂，庾亮、溫嶠依賴陶侃兵力，收復東晉首都建康，任陶侃為太尉，封長沙郡公，加都督交、廣、寧七州軍事。

咸和五年，後趙正在強盛中，陶侃遣將伐樊城，破新野，平襄陽，更上表云：「欲為陛下西平李雄，北吞石季龍」，但這只能是陶侃的遺願了。咸和九年（西元三三四年），陶侃從容交託了後事，在回長沙的船上病死了。

（以上參考：《晉書．陶侃傳》、李培棟《陶侃評傳》）

㈡軼事

1、陶侃在荊州當刺史，僚佐們有因為閒談玩耍而耽誤公事的，陶侃就命令收取他們飲酒的器皿、賭博的玩具，全部投進江裡，要是部將、官吏，還要加以鞭打。陶侃說：「樗蒱這種賭博，是放豬奴玩的！老聃、莊周的那套空洞的漂亮話，不是古代聖王修身治國的言論，無益於實用。正人君子應當整飾他的莊重的外表，哪兒有蓬頭赤腳還自稱通達的呢？」

2、有進奉食品的，陶侃一定要問東西怎麼來的。倘若是自己勞動所得，東西即使輕微也非常高興，並加倍地慰問賞賜。假若被發現東西是非法手段搞來的，他就要嚴厲地責罵，退還所饋送的東西。

3、陶侃曾經出遊，看見部下有人拿著把沒熟的稻穗，陶侃問：「拿著這個幹什麼？」那人說：「走路看見了隨手拔來的。」陶侃非常生氣地說：「你既然不種地，竟還糟蹋人家的稻子！」拿下那人，抽他一頓鞭子。陶侃愛護莊稼而執法嚴，因而老百姓都殷勤地做莊稼活，家給人足。

（以上參考：《晉書・陶侃傳》）

三、勤勞相關的格言

- 人生在勤，勤則不匱。（《左傳》）
- 治事以勤為貴；能勤，則事劇亦暇，暇自心清。不勤，則事簡亦忙，忙先神亂。（清・汪輝祖）
- 砂石裡可以淘出金子，汗水裡可以找到幸福。（維吾爾族諺語）
- 游手好閒的人抱怨多，辛勤勞苦的人光彩多。（烏茲別克族諺語）
- 出身高貴的人常是不太勤勞的，然而他們對勤勞的人卻又心懷嫉妒。（英國弗・培根）
- 在這個並非盡善盡美的世界上，勤奮會得到報償，而游手好閒則要受到懲罰。（英國毛姆）
- 蜜蜂在夏季裡孜孜不倦地採花釀蜜，因此到了冬天牠們仍然有蜜可吃。（英國諺語）
- 要收獲，首先要播種。（法國諺語）
- 勤奮從我們身上去掉三大危害，懶惰、罪惡和匱乏。（法國諺語）
- 勤勉乃好運之母。（西班牙塞萬提斯）

•良機對於懶惰者沒有用，但勤勞可以使最平常的機遇變成良機。（德國馬丁・路德）

•涓滴之水終可磨損大石，不是由於它力量強大，而是由於晝夜不捨的滴墜。只有勤奮不懈的努力才能夠獲得那些技巧。（德國貝多芬）

•勤勉而頑強地鑽研，永遠可以使你百尺竿頭更進一步。（德國舒曼）

•休息與幸福乃人人所渴望，要得到它們，唯有勤勉一途。（德國肯比斯）

•沒有加倍的勤奮，就既沒有才能，也沒有天才。（俄國門捷列夫）

•在天才和勤奮之間，我毫不遲疑地選擇勤奮，她幾乎是世界上一切成就的催生婆。（美國愛因斯坦）

•在生命的尋常事務裡，勤奮可以使你做到任何天才所能做到的事，以及許許多多他所做不到的事。（美國亨利・華德・畢卻）

•富人如果把金錢放在你手中，你不要對這點恩惠太看重；因為聖人曾經這樣教誨：勤勞遠比黃金可貴。（波斯薩迪）

•如果想要有所作為，那就應該在小事上作不懈的努力。積小才能成大。（日本二宮尊德）

•業精於勤荒於嬉，行成於思毀於隨。（唐代韓愈）

四、蠹

蠹，音ㄉㄨˋ。是一種蟲名，有兩種類型：一種是形似小蠶狀，生長在木頭中，以木為食糧，一般稱為「蛀蟲」。一種是體形較小，約有三、四公分，初生為黃色，而後逐漸變成銀色的細粉狀，頭部有觸鬚觸動，尾部有三根長毛，有懼光性，專以蠹蝕書籍、衣物為生。又因為外形像魚，且是銀白色，讀書人就給牠取一些名稱，如「白魚」、「衣魚」、「蛀書蟲」等。後人因蠹而衍發的詞彙成語有：

•蠹書蟲：比喻埋頭苦讀、死讀書的人。也作「蠹魚」。

•蠹眾而木折：蛀蟲多了，木頭就要折斷。比喻損害的因素多了就會造成危險。

•蠹居棋處：比喻壞人隱藏下來，散布各處。

•神奸巨蠹：指有權勢的壞人。

•戶樞不蠹，流水不腐：原比喻人經常運動則不易生病，後也比喻經常運動的東西，不易受到外物的侵蝕。

- 蠹國害民：危害國家和人民。
- 蠹簡遺編：指破舊書籍。泛指破舊殘存的書籍。
- 蠹民梗政：侵害人民，阻撓政命。

五、《教子孫勤儉》

《漢書．疏廣傳》

廣既歸鄉里，日令家共具設酒食，請族人故舊賓客，與相娛樂。數問其家金餘尚有幾所，趣賣以共具。居歲餘，廣子孫竊謂其昆弟老人廣所愛信者曰：「子孫幾及君時頗立產業基阯，今日飲食費且盡。宜從丈人所，勸說君買田宅。」老人即以閒暇時爲廣言此計，廣曰：「吾豈老悖不念子孫哉？令子孫勤力其中，足以共衣食，與凡人齊。今復增益之以爲贏餘，但教子孫怠惰耳。賢而多財，則損其志，愚而多財，則益其過。且夫富者，衆人之怨也，吾既亡以教化子孫，不欲益其過而生怨。又此金者，聖主所以惠養老臣也，故樂與鄉黨宗族共饗其賜，以盡吾餘日，不亦可乎！」於是族人說服。皆以壽終。

翻譯：

疏廣辭官回鄉以後，每天都叫家人供給酒食，宴請家族親友，和他共享歡樂。多次詢問家裡還有多少金銀，催促去買酒食。經過一段時間，疏廣的子孫私下對疏廣所信任的弟兄說：「子孫希望爺爺稍微購置一些基產，不然錢快用完了。這些話最好說是依照您老人家所想到的，勸說他買些田地、房舍。」老人就在閒暇中對疏廣說了這層意思。疏廣說：「難道我是個老糊塗，不知道爲子孫設想嗎？想到原來已有田地房產，可以讓子孫加以辛勤勞動，也就足以供給衣食，同一般人一樣。現在如果再增加產業，使其超出現有產業，只能促使子孫懶惰。賢德而多財，則足以損害他的志氣；愚笨而多財，則足以增加他的過錯。況且有錢的人，衆人都會怨恨他，我既然沒有什麼好的方法教育子孫，但也不能增加他們的過錯，使別人怨恨他們。再說我用這些金錢，是聖主賜給我歡度晚年的，所以我樂意與鄉親們共同享受皇上的恩賜，來度我的餘年，有什麼不可呢？」族人都覺得此話有理。最後享有高壽而終。

問題：

㈠試說出疏廣沒有購買地產的原因。

㈡試寫下讀後感，以三百字爲限。

六、女訓

漢・蔡邕

夫心猶首面也，是以甚致飾焉。面一旦不修，則塵垢藏之；心一朝不思善，則邪惡入之。咸知飾其面，不修其心，惑矣！夫面之不飾，愚者謂之醜。心之不修，賢者謂之惡。愚者謂之醜可，賢者謂之惡，將何容焉。

故覽照拭面則思其心之潔也。傅脂則思其心之和也。加粉則思其心之鮮也。澤髮則思其心之潤也。用櫛則思其心之理也。立髻則思其心之正也。攝鬢則思其也之整也。

翻譯：

心和臉一般，都需要加以保養。臉一天不保養，就會沾滿汙垢；心一日不心存善意，那麼邪惡的念頭便會趁機而入。人人都知道保養自己的臉，卻不知道整頓心，眞是弄不清楚狀況啊！如果不保養自己的臉，愚昧的人認爲那是醜陋的；而心不加以淨化修煉，賢明的人認爲是個罪過。愚昧的人認爲臉雖然醜陋，但還可以過得去；賢能的人卻認爲心醜是個罪過，因爲那將何以自處呢？

因此每當你照鏡子整理儀容，同時就要想到如何淨化修煉自己的心。在抹化妝品的時候，同時就要想到如何溫暖平和自己的心。塗抹香粉時，同時就要想到如何美化自己的心。洗滌潤澤頭髮之際，也要想到滋潤自己的心。將頭髮整理成型盤在頭頂時，也要想到如何端正自己的心。在頭髮做最後修飾的工作時，也要想到如何美化自己的心。

說明：

本文作者蔡邕，字伯喈，是東漢著名的學者。而他的女兒就是以《悲憤詩》聞名的蔡琰。這篇《女訓》就是蔡邕寫給女兒的一封信，在信中他以父親的立場告訴女兒，雖然她是女兒身，知道化妝整理儀容，是可以讓自己看起來更加美豔動人，但在此之際，不要忘記追求心靈的高尚、人格完美的重要性，俗語說：「心由境生」，美好的心靈層次，反映到臉上所呈現的美好感，是任何化妝品所無法呈現的。所以有人說，一流的化妝是生命的化妝，二流的化妝是精神的化妝，三流的化妝是臉上的化妝，那麼要選擇幾流的化妝，那就因人而異了。

陸、思考與練習

一、〈勸訓〉的問題教學

(一)範文理解

1、第一段

(1)謀生以什麼最爲重要？

(2)邵雍說一日、一歲、一生的計畫，各在於什麼是重要的？

2、第二段

(1)什麼是最有墮性？原因爲何？

(2)有墮性的人，派他做農夫、工人、商人、讀書人，各有什麼後果？可以用什麼作比喻？

3、第三段

(1)大自然運行的定律是什麼？

(2)大自然運行定律，在事物上可以用什麼例子作說明？

(3)大自然運行定律，在人身上可以用什麼例子作說明？

(4)歷史人物有那兩位對時間非常地珍惜？一般人應該如何？

(二)形式鑑賞

1、全文

(1)本文是什麼體裁？「訓」體有什麼特點？

(2)本文的主旨是什麼？

2、第一段

(1)本文的論點是什麼？

(2)引用邵雍的話，作用何在？

3、第二段

(1)說明人的墮性造成惡果，是什麼的論據？

(2)「以之爲農……以之爲士，則不能篤志而力行。」在修辭學上，屬於什麼方式？

4、第三段

(1)「夫天地之化，日新則不敝。」是什麼論據？

(2)從「日新則不敝」到「戶樞不蠹，流水不腐」是使用什麼方法推論？

(3)從「日新則不敝」到「人之心與力，何獨不然」是採用什麼論證方式？

(4)「大禹之聖」與「陶侃之賢」是採用什麼方式論

證？

二、從〈勤訓〉談作文教學

㈠題目：

1、「賢而多財，則損其志；愚而多財，則益其過。」試申論之。

2、談勤。

3、勤儉爲強身之本。

㈡字數：以六百字爲限

（劉崇義・南飛）

五、習慣說

／劉蓉

五、資通訊

壹、作者參考資料

一、治軍有術的劉蓉

劉蓉和郭嵩燾、羅澤南等人都是曾國藩湘系軍隊中的重要成員之一，字孟容，號霞仙，清湖南湘鄉人。年少時，見到清廷政府積弱不振，民不聊生，便立下志願，要為國家盡一份心力，為老百姓謀福利。

曾國藩和劉蓉是同鄉（日後劉蓉的女兒嫁給曾國藩的兒子曾紀澤為繼室），當時曾國藩在京期間，他發現在自己的家鄉裡，有一批立足桑梓，放眼天下，憂心君國，而又志同道合，有地緣關係的讀書人，所以他想一改武人領軍的舊習，建立文人帶兵的風氣，相信能將綠營的惡習一掃而空，其中成功的例子有王鑫及羅澤南等人。羅澤南自幼家貧，苦讀力學，可惜他的科舉之路走得很辛苦，屢試不中，於是他便在鄉里以教書為業，教授程朱理學為主，他日後成為湘軍的元老將領，而他的學生有許多是日後湘軍中的重要幹部，劉蓉就是其中之一。

當國內亂事頻傳時，他便跟隨羅澤南，輔佐他治理團練的相關事宜。咸豐四年，他曾做曾國藩的幕僚，跟隨曾國藩一度平定武昌，得到大勝，甚至聳動龍顏，可是曾國藩並沒有受到皇帝的重用，因而劉蓉就跟隨曾國藩轉戰江西，湖口之役，湘軍在和太平軍交戰時，未戰先潰，曾國藩氣惱慚愧之餘，自殺獲救後，要求在籍守制。咸豐五年，羅澤南由江西回援湖北，劉蓉便投效到羅澤南的軍中，領左營的軍隊。就在這個時候，劉蓉的弟弟在蒲圻一役中身亡，劉蓉為送弟弟的屍骨回鄉安葬，於是辭去軍職。所謂禍不單行，沒多久劉蓉的父親也因故過世了。家中接二連三的有親人過世，這讓劉蓉傷心的久久不能平復，即便是愛才的胡林翼，請他出來協助治理軍事，他也堅持不肯復出。

直到咸豐十一年，駱秉章督師四川時，知道劉蓉的才能，於是聘請他為參軍事，疏薦其才，詔以知府加三品頂戴，署四川布政使，尋實授。在日後駱秉章在軍事吏治方面的事務，都必需仰賴劉蓉的大力贊助，有時他還請劉蓉代為巡視軍隊，在這種情況下，軍心安定，藍李諸匪的亂事，就逐一削平。同治元年，石達開由滇黔邊境入四川，想預調太平天國的軍隊，並結合回匪，準備和清廷的軍隊一戰，駱秉章知道這件事，便命令劉蓉赴前去督戰。在這一役中石達開大敗，並在土司地區做困獸之鬥，沒多久就束手就擒，劉蓉親往押送石達開到成都，接受死刑。

在此同時，粵捻藍成春、陳得才等竄擾陝南，製造戰事，由於清兵不堪不擊，漢中等城沒多久就被他們占領了。川匪餘孽也進入陝西作亂，勢力不容小覷。此時多隆阿正督師在關中，他由於全力注意北路回匪的動態，而忽略了南路的亂事。朝廷的官員們力薦治亂經驗豐富的劉蓉來獨當一面，於是朝廷就任命劉蓉爲陝西巡撫，督辦陝南軍務，駱秉章分兵數千聽命於劉蓉，總兵蕭慶高、何勝必兩支軍隊先後前來支援，最後也隸屬在他的帳下，最後到湖南平亂的軍隊人數增至萬人，劉蓉於十月進駐廣元。

同治三年春天，漢中粵捻在江寧被圍困，最後流竄到湖北。當劉蓉進入漢中，部署屯防，開始掃蕩留下來的粵捻。雲南的藍大順由四川進入陝西，並占領盩厔，盩厔的地理位置是介於咸陽及鳳翔之間，此地的回匪勢力也越來越大。清將軍多隆阿奉旨奪回盩厔，卻始終攻不下這個城市。這個時候清廷了解陝西回匪的氣焰已逐漸消失，於是下旨責難多隆阿。多隆阿是一介武將，受不住這樣的責難，再加上他聽說劉蓉快要來的時候，爲了不讓劉蓉看笑話，因此在同治三年的二月，利用挖地道塡火藥的方式，炸開一條進城的路。不料，多隆阿身著的黃色馬褂，成爲城內伏兵最好的目標物，多隆阿被狙擊身亡。三月，劉蓉抵達省城，沒多久多隆阿的部下雷正綰，陶茂林諸軍，因清剿西路回匪之亂，而進入甘肅，穆圖善一軍則援赴湖北。五月，川匪和粵捻合流，由鎮安孝義以襲擊的方式侵犯省城，劉蓉立即招集諸軍反擊盩厔之間，沒多久再和穆圖善合擊於鄠縣，亂軍潰敗往洛陽方向逃去，入甘肅，攻陷階州，劉蓉命令何勝必等連合川軍周達武合攻。

同治四年，劉蓉收復階州，川匪餘孽也一併掃平。這時候雷正綰軍譁變，其部將胡士貴率叛兵回擾涇州，劉蓉派軍守在隘口，平定這件亂事，誅殺胡士貴。會編修蔡壽祺因前債舊恨，於是誣陷劉蓉，上奏給恭親王奕訢，說劉蓉與這件軍事叛亂脫不了干係。恭親王奕訢下令要劉蓉自陳原因，劉蓉上奏說明自己被薦舉的來龍去脈，並揭發蔡壽祺以前在四川擅自招募兵勇，坐大自己的勢力一事，被他所阻止，現在他挾嫌構陷前因。沒多久內閣等讀學士陳廷經又奏劉蓉一本，恭親王奕訢就命大學士瑞常、尚書羅惇衍探查事情原委，最後因坐漏洩密摺一罪，降調革任。

陝甘總督楊岳斌疏言，陝西士民都認爲他是冤枉的，乞求清廷留下劉蓉。爲安撫民心，清廷仍命劉蓉爲巡撫。同治五年，奏薦賢能牧令龔衡齡等，請求予升階，下部議駁。劉蓉上疏說，最近來做官的路，大多由從軍建軍功開始，而關心民瘼的人，仍舊屈於下吏等職位，陝西的禍事還未起，選賢與能是當務之急，清廷接受他的建議。於是，劉蓉任鳳邵道黃輔辰來經營回民的地區，設法開墾治理，年收入有穀數百萬斛，成效頗大。劉蓉又上奏說陝西因連年戰火頻仍，造作土地荒蕪，無人耕種，所以要招徠開墾治此地的人員爲當務之急。至於應派多少人員數，則視當地兵災輕重爲標準，有多少荒地，就開墾多少，清廷政府依其奏而行。沒多久，劉蓉以生病爲理由，請找代理人員，上允其請，以喬松年來代替他，處理開墾事宜，而他仍留在陝西治軍。捻匪張總愚進入陝西，威脅到省城的安危，劉蓉與喬松年在政策上的意見不合，所率領楚軍三十營，因不知該聽令於誰而混亂，士無戰心，屯灞橋，捻匪突擊，大敗。清廷下詔斥責劉蓉貽誤軍機，奪職回籍，同治十二年，劉蓉去世。

貳、課文參考資料

一、《習慣說》賞析

《習慣說》一文節選自《養晦堂文集》，全篇文字雖簡潔，但所蘊含的內容卻非常的豐富，可算是論說文中的佳作。這篇文章異於一般論說文之處，在於普通論說文的寫作方法，總是將抽象的道理先以大篇幅的方式，淋漓盡致的說明清楚，而後再佐以具體的事例來證明、強化先前的道理。這樣一來往往文字的趣味性不高，而所說的道理，常流於大發議論、作抽象的說教，因而一般讀者不愛讀論說文。劉蓉這篇《習慣說》卻採取「從敍述開始，以議論作結」的方式，也就是他藉著生活中具體發生的事例，來說明一個抽象的道理，這樣的寫法可以使讀者在閱讀時，首先在心態上可以輕鬆下來，接著見作者所舉出的事例，離自己的生活經驗不遠，抗拒的心理便完全撤除，如此一來便提高了文章的趣味性及可讀性。

全文共分四段，現說明如下。

寫論說文正如王船山所說：「有即事而窮理，無立理以限事。」而《習慣說》的前三段，正說明了「即事而窮理」。作者以自己少年時在書房讀書的具體事例，細膩的描寫自己對室中窪地由「苦躓」到「既久而遂安之」，由「蹶然以驚」到「又久而後安之」的心理變化的過程，來說明「習之中人甚矣哉」的道理。事例具體，感受眞實，言辭親切，很有說服力。

第一段作者先描述自己年少時讀書的情形。初時對書房中地面不平的事情，雖不是什麼大事，但仍感到「足苦躓焉」，可是「既久而遂安之」。要知道習慣是一種規則性的重複行爲，屬於後天的學習行爲，其範圍遍及行爲模式，以及對事物的想法等，影響之大非人所能想像的，因而作者在此不僅眞切的描繪出習慣形成之因，並爲文末「學貴愼始」預作伏筆。

第二段描述作者父親的一句話，令作者將書房的窪地塡平一事。文章行文至此，一個塡平的動作使得文章更具曲折性，令讀者產生懸念，想知道後續的發展如何。而作者父親的一句：「一室之不治，何以天下國家爲？」說明以往中國人讀書的理念是修身、齊家、治國、平天下，其中修身是最基本的工夫所在。

第三段作者描繪書房的地面被塡平之後，自己在心理上所產生的不適感。對於這本來的平地應該是安之若素，可是作者花了一段時間習慣窪地，反而對平地有種「土忽隆地」的錯覺。作者藉此說明習慣對人之影響之鉅，非人所能想像的。段末的「又久而後安」一句，不僅與首段相呼應，並再一次爲文末的「學貴愼始」作強有力的佐證。

第四段是本文的重點所在，作者因書房地面平不平的事件而發感嘆說：「噫！習之中人甚矣哉！」習慣影響人之鉅，非人所能掌握，而這些經驗是人人皆有的，很能引起讀者的共鳴，至此作者爲全文作一總結「故君子之學貴愼始」，八字揭示蘊含在小事情中的大道理，畫龍點睛，結束全文。留給讀者極大的震撼力，及廣泛意象聯想空間。

綜觀本文議論短小精悍，其特色可用「見微知著，以小見大」來概括。文章所描繪的內容，本是日常生活中你我常見的現象，然而作者卻從中認識到了一個十分重要的道理——習慣一旦養成就難以改變，因此好習慣的養成是個人事業學業成敗的關鍵所在。立論精警透徹，發人深省。

二、漫談「說」

本課的題目是《習慣說》，爲什麼作者劉蓉不取爲「論」、「辨」之類的名稱呢？這就要從中國的散文發展史中去概略的了解一下。

在中國散文的發展史上，議論說明文類文章的總稱論辯文，又稱爲論說文。這類文章在古代散文中數量相當多，其範圍包括相當於今天的議論文和說明文兩大類。這類文體肇始先秦諸子的散文，因爲在春秋戰國時期，百家爭鳴，爲了在政治舞台上取得一席之地，就要讓執政者了解自己的政治理念，於是一篇篇說理透徹、邏輯清晰、文采勃發的論說文，就此誕生。

至於「論」這個名稱的由來，劉勰認爲是從《論語》得來的，可是《論語》一書是孔門後代將孔子及弟子的語錄集合起來，裡面的論述部分較爲片面。到了《孫子》、《墨子》已初具論說文規模，發展到《莊子》、《荀子》、《韓非子》，成熟的議論文模式，就此確立。漢代以後，以先秦的論文爲基礎，一直在不斷地發展。

古代論說文的樣式很多，有論、辯、原、說、解、釋等體類。這些大致是從題名和寫作角度的不同，及其一定的特徵，而加以區分的，但其間的區別往往較爲模糊，不是絕對的。而「說」體文接近今天的說明文，其內容、寫法、風格都較具自由多樣性，包括有生活雜感、讀書心得、箚記之類的雜文性文字，如宋陳亮的《西銘說》等。至於「說」體文的發展，關鍵在韓愈及柳宗元。他們以「說」爲題名，寫下不少著名的篇章，如韓愈的《師說》、柳宗元的《捕蛇者說》等。換句話說，「說」體文在韓、柳的努力之後，有了很大的發展。

叁、課外補充資料

一、名人的讀書習慣

《習慣說》的作者劉蓉在本文中，說明培養好的讀書習慣是「貴慎始」，現在看看一些名人的讀書習慣，我們是否可從中擷取效法的部分。

㈠與時間賽跑的朱自清

《背影》的作者朱自清，是個「實事求是，謙遜嚴謹」的人，因而在其一生中，他都在與時間做拔河賽，除了上課和休息的時間外，他的所有時間都用在讀書上。

在平日，朱自清一大清早刷牙洗臉之際，順手就拿起放在一旁的書看。吃完早點之後，到圖書館進行讀書的工作，直到閉館才回家，這中間除了稍事休息外，其餘時間都花在閱讀及思考上。甚至到了家裡，他的思考活動都尚未停止過，一直到晚上十一點才上牀休息。

而後朱自清無論到什麼地方，對於每日讀書的時間，都會做妥貼的安排，希望能與有限的時間做比賽，盡其本能的充實自己。

㈡擅長利用零碎時間的劉墉

劉墉是暢銷排行榜上的常客，每年都有排不完的演講及活動要參加，可是他仍出版了不少好書，及成立青少年諮詢中心，爲青少年服務。那他是如何劃分自己的時間呢？

首先，他先將自己要做的事情，加以分類，並安排優先順序，在每天例行的讀書畫圖的時間外，將其餘事情安排在一起處理，就是這個「一時多用」的做法，讓他做起事來，有條不紊。

至於在讀書方面，他有一個「電腦」的封號，因他深信人腦和電腦一般，需要用自己的語言程式，加以規劃，這個部分人人不同。他的作法是，看一本書的時候，先快速瀏覽一遍，依大綱的方式，在腦中依樣建立一個綱要。背不起的，在書頁邊，寫摘要，或製成小卡片，以備複習之用。

㈢先速讀再品味的司馬中原

在電視台上以講鄉野傳奇聞名的名作家司馬中原，他沒有顯赫的學經歷，可是卻靠著自修讓自己見聞廣博。他認爲人要以多方面的學習，才能培養出自己高度的理性及洞察力。所以只要他感興趣的，他一定會耐著性子，慢慢地讀完，就這樣，他所涉獵的領域非常廣泛，包括了天文、地理、考古等。

司馬中原認爲讀書的目的，是不能強求的，或是模仿而來的，而是透過知識的傳遞，讓自己了解更多的事物、明白更多的道理。因此，他讀書的方法是先速讀一遍，了解書內所傳達的概念後，再細細去品味書內的深意。

二、談習慣

什麼是習慣？習慣是一種程序化的行爲、思維和感情模式，我們經由學習而習得。其中包括運動習慣、記憶習慣、道德習慣、工作習慣等，並無時無刻不伴隨著我們，隨著時間的遞移，逐漸由意識的控制，轉向自動化。換句話說，會變成人們的下意識的行爲動作。這其中有好習慣及壞習慣，至於這兩者何者會占上風，那就端視人們在當時的抉擇。但我們可以確定的，是我們的生活是被自己的一系列的習慣所控制的。

從本課文得知人的習慣的養成在不知不覺中習得的，但在轉折點上，往往都會遇到一些阻力，這是因爲自動化了的習慣，讓人體驗到安全感，許多事實印證，如果干擾了一個人規律化、程序化的習慣，就會使這個人憂心忡忡、六神無主、坐立不安。馬克吐溫說：「習慣就是習慣，沒有人可以將其扔到窗外，但可以從樓上一步步哄下來。」所以古人一再提醒說：「貴慎始」，是有一定的道理在的。

在許多的文章及事實上，大多著眼在壞習慣對人們的破壞性，而忘了好習慣的存在，會使人們過著輕鬆愉快的生活，及富有創造性的思維模式。現在我們來看好習慣究竟有那些益處呢？

㈠可以節省時間

規律的習慣，可以幫助人們做起事來，井井有條，這樣一來就可以節省不少的時間。一個事事想、事事做的人常會爲了些許小事而中斷工作，那他的工作一定是忙亂而無效的，在時間上運用就要花費比原來更多。如知名的作家劉墉及林良、余光中等人，在每天繁忙的工作之餘，在每天特定的時間內，進入書內讀書，數十年如一日，從沒間斷過，愛迪生說：「成功是一分天才，加上九十九分的汗水。」，也就是因爲他們早已尋求到適合自己的讀書規律，才能在短時間內，讀很多書及做很多的事，成就自己的一番事業。

㈡可以簡化決策的過程

如果一個人能將自己的生活，確定好一個規律性，比方說堅持早起、定時運動等，這樣一來身體因此也健康起來。每天精神飽滿的處理事情，很容易贏得報酬和獎賞及獲得自尊心。而生活不規律的人，在面對問題需要做出決定時，可能會因精神不濟，及自信不足，於是在面對問題時，總是猶豫不決，空耗時光。

那習慣是否可以要求改變呢？可以，但就像前面所說的，習慣的改變是非常困難的，因此需要許多因素來做爲輔助的動力的。

(一)自我意識的轉化

習慣之所以稱爲習慣，是因爲它們已成爲我們在潛意識下的慣常行爲，要根除是相當的不容易的。除非是在產生改變習慣的念頭後，內心暗自痛下決心，不達目的，誓不罷休的自我覺醒，且身體力行，這樣一來可以提高一個人的自控能力，當第一個階段得到良好的成效後，得到一個正增強，改變習慣的意志力就會往前跨越一步。否則一切都會如鏡花水月般的說說而已，而習慣是依然故我，我行我素，嘲笑寄主的無能罷了。最常見的是許多人爲了身材，要減肥等，可是每當美食當前時，食慾便無法克制，一定要嘗嘗才行，所以我們很容易可以聽到這樣的話：「我爲了減肥，就不知花了多少錢及多少時間，每每都是意志力不夠，而宣告失敗的。」

(二)環境的變化

在歷史上孟母三遷是個很有名的故事，從心理學的角度而言，孟母非常了解環境對一個人的影響力，是很巨大的，因爲人的習慣是可以隨環境和接觸的人的改變而改變，所謂：「近朱則赤，近墨則黑。」。改變環境爲什麼就會改變習慣呢？

1、習慣賴以維繫的理由或誘因不存在了。比如說目前學生吸食毒品的問題，在學生方面，如果能切斷他購買毒品的經濟來源，再換個環境，讓他們遠離那些誘惑他們吸毒的人事物，這些就可以在他們戒毒的路上，吹響勝利的號角。

2、爲了適應新環境，得集中注意力與精力，這樣一來，老習慣就會有所改變。如搬了新家，所有的生活動線，與昔日大爲不同。但只要經過一兩個月的適應期之後，人便能將身體中的記憶密碼更改成適應現在的模式。

3、新環境會使人產生不同的態度體驗和行爲方式。比方說人一直和不好的朋友在一起，他所體驗的都是不好的，而他的價值觀及人生觀，便調整和這些朋友一致，是憤世忌俗的、是黑暗的。就如時下一些有心人士，招募青少年進入幫派，先給這些青少年所謂的關懷，再以關公的正義爲號召，要他們歃血爲盟，誓爲幫派流血流汗，並灌輸他們武力才是解決所有事情的唯一途徑的觀念。

(三)新榜樣

在目前的教育界中正在討論同儕團體，對青少年的影響力究竟有多大？事實上同儕團體對青少年是相當重要的，因爲交上一個知心的新朋友時，可能會爲了打入這個朋友的社交圈，他便模仿這位新朋友待人接物、爲人處世的方法，可能會將舊習慣改變過來，這位新朋友，就成了他的新榜樣。藉著朋友的力量，可以糾正些不良的習慣。但相反的，如果這個新榜樣是個壞榜樣的話，那麼就會養成惡習，甚至到達萬劫不復的地步。曾經有位少女因偷竊而被捕，在警察局裡，警察詢問她犯罪的動機，她的答案是：「如果我不偷的話，××說就不和我好了。」這句話是不是值得人深思的呢？

總而言之，習慣的範圍是很大的，而形成的因素也很多。爲了不讓習慣隨意進入我們的潛意識中，把關的工作就要做好，切記古人這句話：「貴愼始」。

三、捕蛇者說

唐．柳宗元

永州之野產異蛇，黑質而白章①；觸草木，盡死；以嚙人，無御之者。然得而腊之以爲餌，可以已大風②、攣踠、瘻、癘，去死肌，殺三蟲③。其始，太醫以王命聚之，歲賦其二，募有能捕之者，當其租入。永之人爭奔走焉。

有蔣氏者，專其利三世矣。問之，則曰：「吾祖死於是，吾父死於是；今吾嗣爲之十二年，幾死者數矣。」言之，貌若甚戚者。

余悲之，且曰：「若毒之乎④？余將告於莅事者⑤，更若役，復若賦，則何如？」

蔣氏大戚，汪然出涕曰：「君將哀而生之乎？則吾斯役之不幸，未若復吾賦不幸之甚也。向吾不爲斯役，則久已病矣。自吾氏三世居是鄉，積於今六十歲矣。而鄉之生日蹙。殫其地之出，竭其廬之入，號呼⑥而轉徙，餓渴而頓踣，觸風雨，犯寒暑，呼噓毒癘，往往而死者相藉也。曩與吾祖居者，今其室十無一焉；與吾父居者，今其室十無二三焉；與吾居十二年者，今其室十無四五焉。非死則徙爾。而吾以捕蛇獨存。悍吏之來吾鄉，叫囂乎東西，隳突乎南北，嘩然而駭者，雖雞狗不得寧焉。吾恂恂⑦而起，視其缶，而吾蛇尚存，則弛然而臥。謹食之，時而獻焉。退而甘食其土之有，以盡吾齒。蓋一歲之犯死者二焉，其餘則熙熙而樂。豈若吾鄉鄰之旦旦有是哉！今雖死乎此，比吾鄉鄰之死則已後矣。又安敢毒耶！

余聞而愈悲。孔子曰：「苛政猛於虎也。」吾嘗疑乎是，今以蔣氏觀之，猶信。嗚呼！孰知賦斂之毒有甚是蛇者乎！故爲之說，以俟夫觀人風⑧者得焉。

注釋：

①黑質而白章：黑色爲底色，襯以白色的花紋。質：指這個物體的本身。章：花紋。

②大風：痲瘋病。

③三蟲：人體的腦、胸、腹三個部分，道家稱之爲「三尸」。當蟲入了三尸，表示人體已部分有了病癥。

④若毒之乎：你痛恨這件事嗎？毒：以爲之苦，引申爲痛恨。

⑤蒞事者：親自管理政事的人，此指地方上掌管賦稅的官員。

⑥號呼：呼天搶地的哭喊。

⑦恂恂：小心謹愼的樣子。

⑧人風：即民風之意，爲避唐太宗李世民的諱，才將「民」改爲「人」。

翻譯：

永州特產一種奇異的蛇種，黑底白花，只要牠爬行過的草木，草木都會枯死；只要被牠咬上一口，沒有不喪命的。但奇怪的是將蛇肉風乾製成藥品，可以治癒人體上許多的病癥，包括痲瘋、風濕性關節炎、頸部的膿腫、毒瘡、壞死的肌肉等。原本太醫奉召，一年兩次徵集這類毒蛇製成藥，並宣稱只要繳交這種毒蛇的話，可以充抵應交納的租稅，永州於是掀起一股捕蛇風。

在永州有個三代捕蛇抵免租稅的蔣姓人家，我好奇的問起這件事情，他神色哀凄的說：「我的祖父死在捕蛇這件事情上，我的父親也是同樣的遭遇，而我也捕了十二年的蛇了，有好幾次差一點被蛇咬死，命喪黃泉。」

我聽了很感傷，便又接著問：「你恨捕蛇這件事嗎？我想告訴此地的稅務官員，免去你捕蛇的工作，讓你恢復昔日課稅的方法，你看好不好呢？」

這位姓蔣的人不聽則已，一聽就痛哭流涕的說：「你是爲了想讓我多活幾年，而同情我的嗎？要知道我這檔子差事，遠比不上納稅的苦啊，要是我從事捕蛇這件事的話，那我早就生不如死了。我家三代在此定居算算已有六十年的光景，親眼目睹鄉鄰因納稅而苦不堪言，他們因交納租稅而逐步變賣家產及所有的收入，沒有辦法時，便哭哭啼啼的離開鄉背井，到外地流浪去，但往往因飢寒交迫，居無定所，風吹日曬，在貧病交迫下，死在外地的人，不計其數啊。現在此地曾和我祖父爲鄰的十家不到一家，曾和我父親爲鄰的十家不到兩三家了，那在這十二年間，曾和我爲鄰的，十家中已剩不到四五家了。爲什麼會這樣，是因爲他們不是死了，就是搬走了，而我卻是因爲能捕蛇而留了下來。每當那些有著兇狠嘴臉的稅務差役來的時候，不是到處吵鬧，搗亂撒野，嚇得村人到處叫嚷，四處逃竄，連雞狗都不得安寧。而我見到此景此狀時，只要小心翼翼地走到瓦罐邊，看看蛇是不是還在裡面，如果是的話，我就能安心的倒頭就睡。平時我只要好好的餵養我捕來的蛇，時間到的時候就繳交上去，回到家裡，便能好好享用我自己在田地上的收穫物。我一年只有兩次冒生命危險去捕蛇，其餘時間便能安心的享用自己的收穫物，而不像我鄰居們一樣，日日爲了租稅的問題而擔驚受怕的啊。就算我現在因捕蛇而身亡，比起我的鄉鄰死在外地而言，是多活了好多年了，所以我又怎麼能有怨言呢！」

我聽了心更抽痛，孔子曾說過：「殘民的暴政，比吃人的老虎，更是兇殘啊。」以前我對這句話的正確性持疑過，現在聽了蔣姓一家人的遭遇後，印證這句話，真是再貼切不過了。唉，有誰會知道橫徵暴斂對老百姓的傷害，竟然比毒蛇更加惡毒呢！因此我爲文寫下了這件事情，留待日後關心老百姓生活的官員，做爲一種參考。

說明：

《捕蛇者說》的取材獨特，寓意深刻，是柳宗元被傳誦不衰的著名篇章之一。

在安史之亂以後，藩鎮割據，戰禍頻仍，土地兼併之事時有所聞，國家的經濟凋敝，在上位者爲了應付內憂外患，巧立名目徵收苛捐雜稅，結果是農村的生計日蹙、非死即徙、十室九空的淒涼境況，唐由空前興盛驟趨於衰弱。柳宗元謫居永州後，由親見親聞中，深刻的感受到橫徵暴斂所帶來流毒，於是寫下了《捕蛇者說》這篇散文。

《捕蛇者說》的內容是敘述永州地方從事捕獻毒蛇的蔣氏，一家三代的悲慘遭遇，揭露了從唐玄宗天寶後期至作者被貶官永州時約六十年間人民苦難生活：苛重賦稅的壓榨、貪官悍吏的迫害，逼得人民紛紛走上逃竄死亡的道路。柳宗元運用典型化的手法，刻畫了蔣氏三代甘冒生命的危險捕蛇，卻不堪忍受徵賦悍吏的欺凌，其事其人，只是在唐代沈重的賦役制度下的一個縮影。作者透過這個例子，反映了「賦歛之毒有甚是蛇乎。」具體地說明：「苛政猛於虎」，具有很强烈的感染力量。

四、愛蓮說

宋．周敦頤

水陸草木之花，可愛者甚蕃。晉陶淵明獨愛菊，自李唐來，世人盛愛牡丹，予獨愛蓮之出淤泥而不染，濯清漣而不妖，中通外直，不蔓不枝，香遠益清，亭亭淨植，可遠觀而不可褻玩焉。予謂菊，花之隱逸者也；牡丹，花之富貴者也；蓮，花之君子者也。噫！菊之愛，陶後鮮有聞；蓮之愛，同予者何人？牡丹之愛，宜乎衆矣！

說明：

周敦頤是宋代著名的理學家，他居住在廬山蓮花峯下，前有溪，因而用祖籍營道的濂溪來命名，後人稱爲濂溪先生。由這個簡單的介紹中，不難了解周敦頤愛蓮的由來。這篇百餘字的短文，是說明作者爲何愛蓮的原故，文章雖短，但在謀篇布局及文字措詞上，都極爲精巧，讓讀的人不容有一絲閃神的機會，所以各種古文的選本中，都不會忘了選錄進去。

在這篇文章內，作者藉著對菊、蓮、牡丹三種不同的花卉，進行不同層次的比較對照的描寫。唐朝人劉禹錫的《賞牡丹》：「惟有牡丹眞國色，花開時節動京城。」所以作者在文章中對牡丹這種富貴之花，並未多所著墨，怕世人對其意見有所反駁，因而偏離主題，他只借用來暗喻「富貴」，並在文末說「牡丹之愛，宜乎衆矣」，寓意就更爲明顯了。至於菊花，作者極力在文中表達贊賞之意，只是「菊之愛，陶後鮮有聞」，因爲菊花代表的是隱逸之人，可是這種人上人是千萬中才有一，而我輩都是必需在紅塵俗世中打滾的人，所以至此說明作者愛蓮之眞意，是「出淤泥而不染，濯清漣而不妖，中通外直，不蔓不枝，香遠益清，亭亭淨植，可遠觀而不可褻玩焉。」含蓄的表達出自己的志趣，但仍有感嘆「蓮之愛，同予者何人？」。

五、黃生借書說

清・袁枚

黃生允修借書，隨園主人授以書而告之曰：

書非借不能讀也。子不聞藏書者乎？「七略」、「四庫」，天子之書；然天子讀書者有幾？汗牛塞屋，富貴家之書；然富貴人讀書者有幾？其他祖父①積、子孫棄者無論焉。

非獨書爲然，天下物皆然。非夫人之物而强假焉，必慮人逼取而惴惴焉摩玩②之不已，曰：「今日存，明日去，吾不得而見之矣。」若業爲吾所有，必高束焉，庋藏③焉，曰：「姑俟異日觀云爾。」

余幼好書，家貧難致。有張氏，藏書甚富，往借不與，歸而形諸夢，其切如是；故有所覽，輒省記。通籍④後，俸去書來，落落大滿，素蟫灰絲，時蒙卷軸，然後嘆借者之用心專而少時之歲月爲可惜也。

今黃生貧類余，其借書亦類余。惟余之公書與張氏之吝書若不相類。然則余固不幸而遇張乎？生固幸而遇余乎？知幸與不幸，則其讀書也必專，而其歸書也必速。爲一說，使與書俱。

注釋：

①祖父：祖父與父親，在此泛稱前輩。

②摩玩：撫摩玩賞不已。

③庋藏：庋：放置器物的架子。庋藏：收藏。

④通籍：一種門籍，用竹片製成，上面寫著姓名、年齡及身分，掛在宮門口，以便核對身分之用，故引申爲做官之意。

說明：

文中的黃允生是袁枚（自號隨園主人）的學生，而文中所載的借書一事，尤其是學生向老師借書一事，是件極平常不過的事，爲什麼值得袁枚這般大書特書，並當面交給他呢？

現在在媒體上一直宣導一個觀念是：拜電腦之賜，無紙的閱讀時代即將來臨。古人若生在此時此刻，必定會痛哭流涕，因爲首先我們要了解一件事，民國以前的讀書人，在讀書這件事上是非常辛苦的，在那個時候，沒有無遠弗屆的電腦網路，可以隨時抓取所需的資料。而且當時的印刷術及造紙術不若今日的發達，更沒有所謂的影印術，在書籍的取得及閱讀上是有一定的困難性存在的。讀書人往往爲了閱讀一本書，便需進行月餘或更長的抄錄工作。藏書成爲歷代文人的一種特殊嗜好，明朝的胡應麟將藏書者分爲「列架連窗，牙標錦軸，務爲觀美，觸手如新，好事家類也；枕席經史，沈湎青箱，卻掃閉關，蠹魚歲月，鑑賞家類也」。自私是人的天性，這些藏書家也無可避免，他們建造閣樓藏書，但不輕易借人，甚至告戒子孫說：「鬻及借人爲不孝」。結果往往是子孫不賢孝，在其死後，將他們畢生的珍藏不是照顧不周，任其毀壞，要不就是變賣，任其散失。

袁枚生性曠達，雖然在他幼時家貧，爲了借書一事，吃盡了苦頭。但他仍認爲書籍最大的用處，在其內在傳達的知識，而不是它外在的形式，在乾隆二十八年四庫全書開始編寫，廣收天下藏書時，袁枚毫不猶豫的把所藏的珍本祕籍獻出，並作了一篇《散書記》，來表達自己對書的看法。爲此袁枚寫了這篇文章，鼓勵黃允生要努力鑽研書籍內的知識，而不要本末倒置，將書束之高閣，做觀賞之用，這便失去書籍本來存在的意義。

五、習慣相關的格言

- 少成若天性，習慣如自然。（漢・班固）
- 發奮誠心要做的人，一切舊習定要截斷。（明・薛珀）
- 習與性成，嚴師益友不能勸勉，醲賞重罰不能匡正矣。（明・王夫之）
- 習勤忘勞，習逸成惰。（清・李惺）
- 善惡之習，朝夕漸染，易以移人。（清・申涵煜）
- 把惡劣的習慣由我們驅逐出去，猶如驅逐長時間使我們受重大損失的同伴一樣。（古希臘伊壁鳩魯）
- 習慣如不加以抗拒，很快就會變成必需品。（古羅馬奧古斯丁）
- 幾乎一切都難以戰勝習慣，以至一個人盡可以詛咒、發誓、誇口、保證——到頭來都還是難以改變一種習慣。（英國弗・培根）
- 習慣的鎖鏈隱而不見覺察，直到有一天牢不可破時，人們才會發覺其存在。（英國塞・約翰生）
- 所有的習慣以不可見的程度積聚起來，如百溪匯於川，百川流於海。（英國德萊頓）
- 習慣，重於塞霜，根深蒂固如生命，罩在你身上，壓得你喘不過氣來。（英國華滋華斯）
- 拖延的習慣最能損害和降低人們做事的努力。（英國馬爾頓）
- 習慣正如在樹皮上刻字，文字隨著樹木的成長而逐漸擴大。（英國・斯邁爾斯）
- 道德敗壞隨著習慣的形成而開始。習慣是鐵鏽，侵蝕著

鋼鐵的靈魂。（法國羅曼・羅蘭）

- 習慣會使我們的雙手伶俐而頭腦笨拙。（德國尼采）
- 習慣開始是吐絲，隨後不久就結成大網。（西班牙諺語）
- 習慣於一定的見解，經常會使我們深信它的正確性。習慣能掩飾這個見解的最大弱點，並會使我們失去運用反駁它的論證的能力。（瑞典伯齊勒斯）
- 習慣總是乘人不備，向你襲來。（美國富蘭克林）
- 習慣是很難打破的，誰也不能把它從窗戶裡拋出去，只能一步一步地哄著它從樓梯上走下來。（美國馬克・吐溫）
- 習慣是一根大粗繩，我們每天都在捻著它，就是無法破壞它。（美國賀拉斯・曼）

肆、思考與練習

一、文中說：「足履平地，不與窪適也；及其久，而窪者若平。至使久而即乎其故，則反窒焉而不寧。」現實生活中，你是否也有受習慣支配的經驗。

答

㈠平常總是打著各色領帶的爸爸，在假日即使不穿襯衫，起身夾菜時，仍習慣以手擋在腰前，彷彿扶著領帶一般，眞有趣！

㈡早已是四眼田雞的我，戴眼鏡時總習慣以手推著鏡框，後來換上隱形眼鏡，還是不自覺地要用手推鏡框，才發現臉上早已沒有「枷鎖」了。

二、作者以「潛身修養，以待時用」自勉，所以用「韜光養晦」中的養晦作爲書齋名，你還知道那些文人雅士的書齋或居室名呢？並試著說出或推想其命名由來。

答

㈠林語堂的「有不爲齋」，應該是取「有所爲有所不爲」的意涵吧！

㈡梁任公的「飲冰室」，看起來活脫脫就是個冰果室的招牌，其命名由來據說是「讀書之樂，如夏飲冰之適」。

㈢何凡的書房叫「三疊室」，他的藏書當然不止三疊，只是剛到台灣時書房窄小，只有三個榻榻米大，所以才叫三疊室。

㈣楊震的「四知堂」，正是取「天知、地知、你知、我知」之意，以提醒自己行事必得光明磊落，不欺暗室！

㈤南京有位作家叫田原，他的書齋外掛了副對聯：「有書趕快讀，無事莫多談」，橫批「難得清閒齋」，想必是有感於「生也有涯，而知也無涯」，有限的人生忙於工作，忙於生活，眞正讀書的時間少之又少，又怎能多談閒事，取「難得清閒」作書齋名，眞是用意深遠呀！

㈥王陽明有「何陋居」與「君子亭」，當然是取孔子「君子居之，何陋之有」之意嘍！

三、劉蓉說他「俛而讀，仰而思；思而弗得，輒起，繞室以旋。」讀書遇到義理不通時，他習慣起身繞著屋子走，你呢？遇到「思而弗得」時，又會如何打通「任、督二脈」讓思慮「通樂」呢？

答 ㈠作數學遇到百思不得其解的難題時，乾脆跑去睡覺；有一次大概是「日有所思，夜有所夢」吧！眞得在夢中想到解題的方法。隔天醒來立刻記下，感覺就像江淹借到五色筆一樣，如有神助呢！

㈡思而弗得時，我總習慣拔自己的眉毛，想得愈久，拔得愈多，才知道「捻斷數莖鬚」這句話，可眞不假。

㈢咬指甲，只要看看自己的指甲有多禿，就知道我是如何嘔心絞腦的。

㈣打電話向同學求救。

㈤打開冰箱，大吃一頓，就像卜派吃了菠菜以後，有了力氣，食物下肚，我的腦筋就忽然靈光了起來呢！

四、作者的父親說：「一室之不治，何以天下國家爲？」

答 ㈠因爲古聖先賢不是說：「修身、齊家、治國、平天下」嗎？房間都管理不好，就是修身做得不好，自然不能平治天下了。

㈡因爲「見微知著」啊！

五、爲什麼說：「君子之學貴愼始」？

答 ㈠因爲好的開始，是成功的一半。

㈡因爲失之毫釐，差以千里。

六、試比較本篇「之」字用法，並比較其詞性意義？

答

文句	詞性	意義
讀書養晦堂之西偏一室	介	的
每履之，足苦躓焉	代	窪地
既久而遂安之	代	窪地
一室之不治	助	表示賓語提前的作用

命童子取土平之　代　窪地

又久而後安之　代　平地

習之中人　介　＝的

君子之學　介　＝的

（關秀瓊．劉崇義．南飛）

第五課　習慣說

六、故鄉的桂花雨

／琦君

六、淮南子論

壹、作者參考資料

一、心織筆耕的琦君

琦君，本名潘希真，字希珍，浙江省永嘉縣瞿溪鄉人，民國六年七月二十四日出生。杭州之江大學中國文學系畢業，曾任高等法院書記官、司法行政部科長、大學兼任教授。現寓居美國，從事寫作。作品曾獲得中國文藝協會散文獎章、中山學術基金會文藝創作散文獎、新聞局優良著作金鼎獎、國家文藝獎散文獎等。

琦君的散文，一向受到老中青三代的喜愛，主要由於她的作品大多是懷舊的童年往事，或是年少輕愁的回憶，寫來歷歷如繪，清新雋永，令人感同身受，往往在幽默處令人會心一笑，在不平之處義憤填膺。她說：「我並不是一位沈浸在回憶中，不能忘情舊事，而是拂不去的舊事，給予我更多的信心與毅力。」（《紅紗燈》序）

㈠青燈有味似兒時——歡樂童年

說童年，在台灣成長的X、Y世代的青少年，絕對無法想像，琦君的童年竟是如此多采多姿，而琦君的記憶力也十分驚人，無論年代多麼遙遠，童年的記憶彷佛是鎖在「記憶銀行」裡，隨時可以提領和儲存。因爲只要一憶起童年往事，便恍若走入時光隧道，當年生活在身邊親友的聲音、相貌、動作、喜怒哀愁，立即浮現在腦海中，歷歷在目。

例如家鄉裡的一位老秀才（童仙伯伯），當年哥哥調皮地會趁他睡覺時，在他的濃眉上再畫上兩道眉毛。然而哥哥死後，童仙伯伯在哥哥墳前唸完祭文後，牽著琦君的小手，走過高高低低的山路後，告訴琦君日後沒有了哥哥，路無論如何崎嶇不平，總要自己勇敢走過。

㈡千里懷人月在峯——琦君的真實身世

「小春」是琦君的乳名，也是書中那個活潑好動、個性堅強又多愁善感的女主角。而數十年來，琦君筆下的爸爸、媽媽，其實是她的伯父、伯母。原來琦君一歲時父親便過世，四歲時生母在彌留之際，將一兒一女託孤給伯母。而她日後的父親潘國綱（號鑑宗），曾是民國初年在浙閩一帶叱吒風雲的駐防師長，他是一位文武兼備的儒將，除了善於帶兵打仗之外，也精研於古典文學，嗜讀書、也愛寫詩，尤好藏書，在杭州的住處就有大量的圖書珍本，可惜因戰亂，部分毀於戰火，部分毀於不肖奴僕的盜賣。其餘上萬册的書，皆由琦君在其身後代爲捐贈給故鄉的圖書館和杭州大學。然而由於長年在外，不苟言笑的嚴父性格，使得父女之間鮮少有知心話題，倒是溫良恭儉讓的母親和她相伴。

琦君的童年是一座「童話寶庫」，她有取之不盡的童話題材，凡是在童年生活中的人物、花草和所有新奇的事，都是她筆下的主角，如慈藹的外公、遊手好閒的五叔、忠僕阿榮伯、求學階段的恩師，其中描繪最爲感人的是她的母親。母親即是琦君的伯母（琦君喚她爲「大媽」），她來自典型的農村，受過傳統的教育，默默持家。儘管丈夫在外事業有成，但她自甘淡泊地住在鄉間，料理田地、果園。每年總把最大最甜的果子，寄給杭州的丈夫享用，只爲了換得丈夫信上的一句話：「水果很甜，辛苦你了」。

琦君八歲那年，父親退休了，他帶哥哥北上，而一別竟成永訣。從此琦君便在「大媽」的全心呵護之下成長。而影響琦君一生最深的，是她的母親。小時候的琦君總愛跟著媽媽做家事，其中她最喜歡撿拾雞窩裡新鮮的雞蛋。突然從某一天，她意外地在豬圈的稻草堆中發現幾十枚雞蛋。機靈的她，偷偷地在每個蛋殼上畫上個「十」字。不久鄰家老婆婆送來一簍蛋，眼尖的琦君看出蛋上的十字記號，面露不悅，事後母親教訓她說：「小春，幾個雞蛋算得了什麼？難得的是這份情意。妳何必計較她女兒把蛋拿出去，而應當感謝她母親把蛋送給我們的心意。況且他母親也不一定知道蛋是怎麼來的。記住，人要厚道，厚道可以積福啊。」琦君說：「我一輩子也忘不了母親的好心腸。」

不過因哥哥的遽逝，以及父親的冷淡和久客不歸，都曾給這位堅忍的母親椎心刺骨的痛楚，最後因戰亂，在外負笈就學的琦君竟來不及爲摯愛的母親送終，這是她一生不可磨滅的遺憾。即使事隔多年後，琦君常在獨處寧靜的時刻，或是在寫稿寫倦、做家事累了的時候，便輕輕哼起母親常唸的《灶神經》、《乾菜經》、《孩兒經》等經文，深深地緬懷母親。

(三)三更有夢書當枕——求學階段

琦君到了五歲時，父親爲她請來一個啓蒙老師——葉巨雄。先從每天認五個方塊字「人、手、足、刀、尺」開始，但資質聰穎的琦君，一下就學會了。十年的私塾生活，琦君背了許多中國的古書，包括：詩經、唐詩、女論語、女誡、孟子、論語、唐宋古文、左傳等，也練習書法、作文。所以，琦君深厚的國學底子就是在此時打下基礎的。

十四歲時，琦君考上杭州弘道女中，原以爲可以變成西洋畫裡長髮飄逸的美少女，怎知教會學校的校規甚嚴，規定一律是「清湯掛麵」的短髮，令充滿幻想的鄉下小姑娘，一下子夢想幻滅。不過六年的教會學校中，又奠定她英語說寫流利的基礎，使她的語文能力更勝人一籌，所以日後才能以優異的成績保送之江大學。

在風景秀麗的大學裡，琦君常與父親的舊識，也是她的恩師夏承燾（字瞿禪）請益詩詞。老師偶而興致來了，會送每位學生一首即興詩，其中一首是針對琦君性格而寫的詩：「莫學深顰與淺顰，風光一日一回新，禪機拈出憑君會，爲有花時已是春。」（〈楊柳枝〉）這是勉勵多愁善感的琦君，要不畏艱難，堅強起來，因爲人世間的風光永遠是變化莫測的，要運用智慧去領悟世間的一切美好。還有一句也是琦君常引用夏承燾的詞是：「留予他年說夢痕，一花一木耐溫存。」意思是說歷經了人生點點滴滴的悲苦喜樂之後，都要轉化爲堅定的信念。因此琦君一生在寫作與處事，皆深受影響。正當琦君享受青春年少的自由與學習之樂時，民國二十七年因中日戰爭，不得不輟學回鄉，受同在瞿溪避禍的夏承燾就近教誨。隔年返校復學，受美籍老師Dr. Day與Mrs. White的啓迪，體悟無論中西名著，總要在至性至情中出發，以及實際的體認下著筆。

(四)一襲青衫萬縷情——職場生涯

民國三十二年，琦君大學畢業後即回故鄉，任教永嘉縣中，抗戰勝利後又至母校弘道女中服務，兼任高等法院圖書館管理員。民國三十八年，大陸淪陷隨政府渡海來台，那時身上只有一張文憑和七塊銀元。在台期間曾任高檢處記錄書記官，原本想轉考司法官，卻因法令變遷而放棄，而後調往司法行政部，負責受刑人教化教材的編審工作，至民國五十八年退休爲止，綜觀琦君大半生皆貢獻於台灣司法界，可算是台灣作家出身最爲特殊的一位了。

退休後，仍然過著退而不休的生活，除了繼續做一位料理家務的賢妻良母之外，讀書、寫作，仍是她的最愛。而她也先後在淡江英專、世界新專、文化學院、中央大學、中興大學等校執教將近十年。上過琦君課的學生都說，在老師如沐春風的善誘之下，更喜歡中國文學了。後因丈夫工作關係留居美國紐澤西州赫德遜河畔的一個清幽小鎮，過著清閒的退休生活。

二、琦君的文學世界

㈠創作歷程

琦君從九歲起學作文言文，十一歲時因哥哥去世先後以文言、白話，寫成《祭兄文》、《哭哥哥》，十二歲時寫了些滿篇「之乎也者」又不知所云的論說文言文，直至堂叔教導寫白話文，才對作文有了興趣。後以國文成績名列前茅而考入弘道女中，在初中部參加作文比賽獲得第一名，被同學封爲「文學大將」，但曾試寫小說投稿被退而灰心。高中時受國文老師指點，從回憶入手寫作，才屢獲佳績，又重拾寫作的興趣。大學時期偶有創作，自從讀了《塊肉餘生記》、《簡愛》、《約翰克利斯多夫》、《小婦人》之後，覺得自己不善於想像、創造情節高潮，較適合寫樸素的自傳性的小說，至此便投身在創作的領域，長達半個世紀之久。

來台以後，以一篇紀念去世的兄長而寫的《金盒子》，投稿於中央副刊獲選，便又開始寫起散文、小說。民國四十三年自費出版第一本散文、小說合集，陸續又出版短篇小說集《菁姐》、《百合羹》、《七月的哀傷》、《錢塘江畔》、《橘子紅了》，因職業關係，曾爲受刑人寫作《繕校室八小時》；散文集則以最擅長的懷舊文章爲主，近年來也有以新舊話題交雜成文的小品。出版有《煙愁》、《琦君小品》、《紅紗燈》、《三更有夢書當枕》、《桂花雨》、《細雨燈花落》、《千里懷人月在峯》、《留予他年說夢痕》、《琦君說童年》、《母心似天空》、《燈景舊情懷》、《琦君寄小讀者》等數十部，可謂著作等身；因本身常保赤子之心，不但喜愛收集洋娃娃、小玩意和小動物，也喜歡看兒童讀物，所以常爲小朋友執筆寫些可愛溫馨的小說，如：《賣牛記》、《老鞋匠和狗》等以及兒童翻譯小說《涼風山莊》、《比伯的手風琴》、《李波的心聲》、《愛吃糖的菲利》、《小偵探菲利》、《菲利的幸福符咒》等；更有本身專業的評論集如：

《詞人之舟》、《琦君讀書》。

㈡散文

對琦君而言，從大陸遷台，離亂中印象最深刻的是安定時期快樂無憂的生活，而那一段生活，就是童年和中學時代，所以她恆以「溫暖」和「愛」出發，爲作品注入「親切」的元素。「琦君的懷舊文都是回憶早年的生活，不論寫人、寫物、寫事，都把讀者牽引到文中的時代，與她共享快樂的回憶。這其中最出色的又算記人了。文字表達人物最高的境界便是使人物『栩栩如在目前』，琦君便有這種本領。」（鄭明俐《談琦君散文》）這正是說明琦君的散文善於刻畫人物，在氣氛的烘托和渲染上，非常接近小說的筆法，她打破了文字的藩籬，創造豐富多樣的空間藝術。因此有人認爲讀琦君的散文，就像是翻閱一本泛黃的相簿，在燈光下重拾過往的情事，也像面對一位故友侃侃而談。而我們更可以從琦君的作品中看出，她絕非爲說故事而說故事，而是由一生所經歷的人、事、物中獲得的感受和看法，以說故事的方法呈現在讀者眼前，可以算是從現實取材，再從現實中昇華。

而琦君的散文不只是故事生動感人，她的文字散發出一股中國典型的閨秀之氣，韻味無窮，她將中國古典文學裡的詩詞巧妙地運乎其中，所在寫作時便會要求字句的簡潔、音調的和諧，她擅長心理的描寫，乃是遵奉夏承燾的教導：「寫文章不僅要鍛字鍊句，更要鍊意，要練到人人意中所有，人人筆下所無，才是人間至文。」所以在看似平淡樸實的文字中，隱約地透露出無限雋永的情趣。

㈢小說

由於受到傳統文學教育牽制，老師及父親均將小說視爲末道小流，故琦君在十歲時常與堂叔偷取姨娘的小說來讀，後來私塾老師也「法外開恩」准許閱讀《三國演義》、《東周列國志》，只是規定要寫心得感想。十七歲時，寫作小說處女作《桃花開了的時候》，不幸碰壁退稿，後經改寫，才登載在校刊之上。民國四十年，試寫短篇小說《姊夫》，在《文壇》創刊號刊出，重新點燃寫小說的興趣，這也算是琦君寫小說的開始。

其實琦君的小說往往有一個眞實的人、事、物作爲背景，寫來如行雲流水般自然平順，具有一種空靈的美，像極了柏拉圖式的精神理想層次的愛情，所以有人評論她的文章：「散文似綠野平疇，意境超逸；小說若小橋流水，滂滂不絕。」她個人則認為小說和散文的寫法不同：散文是直抒胸臆，信筆寫來即可；小說則必須設身處地體念，且必須跳脫出格局情節之外。

㈣兒童文學

琦君曾說自己其實並不懂得什麼是兒童文學？由於本身很愛小孩，也為了彌補當年因忙於工作寫稿，對獨生兒子（楠兒）的疏於照顧，所以雖然兒子已長大成人，仍懷著一分母親歉疚的心情來寫作兒童文學。希望透過這些作品讓其他兒童培養出對文學的喜好，也能給每一個小孩溫暖的童年。

琦君寫作兒童文學除了保有赤忱童心之外，也常以兒童的眼光看待世間情物，所以寫來特別富饒童趣，為的是使孩童得以在愛的教育中薰陶出美好的人格，其用心良苦可見一斑。

琦君還有一個鮮為人知的嗜好，就是在臨睡前一定要翻閱兒童讀物，因為那樣可以使她安詳恬靜地進入夢鄉。

㈤創作心得

琦君說自己沒有寫日記的習慣，平時只用她專屬的「靈感本子」，以雜記的方式記下寫作要點或靈感。她的「靈感本子」具有三個特色：就是「小、少、了」。「小」是指體積「輕、薄、短、小」，易於隨身攜帶，方便放置任何地方，如皮包內、口袋中、枕頭下等處，在靈感乍現時，得以隨時記錄，以免過後如鏡花水月一般。至於「少」，是指份量而言，記載文字份量不得太多，必須要求自己以最精簡的文字，記錄最深刻的感覺，和最深入的描寫。「了」，就是要能對天地萬事萬物能徹底瞭解，不得虛應敷衍，從最細微處，體悟其中各部相同的風貌，而不只是浮光掠影而已。藉由平日的收集，屆時方不至於文思枯竭，只要將這些吉光片羽連綴成文，便是一篇作品了。

對於「創作」，琦君認為就像「裁旗袍」，必須剪裁出合體、合時的樣式，否則既是糟蹋布料，又不負責任。所謂「合體」，指的是以生活化、平易化方式進行「文以載道」的教化人心之用。所以「蓄、精、音、新」是琦君寫作的律則，意思是要含蓄，才能意猶未盡；文字要精簡，正如佛洛伊德曾經告訴莫泊桑：「天地之間，只有一個字能恰當地形容一樣東西，你要把那個字找出來」；音調要和諧，讀來才悅耳動聽；要時時有創意，立意才會新。

三、琦君二三事

㈠筆名的由來

民國二十九年琦君的老師夏承燾因奔喪返回故里，由龍沐勛代教詞選，教作慢詞。而後抗戰勝利還都時，龍沐勛因經濟關係曾在汪精衛政府從事，故受株連被判爲文化漢奸，囚禁於蘇州監獄。夏承燾自杭州函告，囑託代爲探監，基於師生情誼，琦君不但雪中送炭，事後又代爲上書，請求保外就醫。兩位老師數度通信時，夏承燾爲了避嫌，每次提到她時都用一個「琦」字爲代表；因爲她的本名「希眞」，諧音「希珍」，意爲希世奇玉，平時也常以「希世之琦珍」相勉；而龍沐勛心有靈犀一點通，回信時，爲表示禮貌再冠以「君」字相稱。於是「琦君」二字，就不時出現在兩位老師往來的函件之中。

在抗戰期間，琦君與夏承燾常藉書信互通消息，夏承燾一直鼓勵她寫作，並寄來別人的佳作供她觀摩，使得琦君不禁躍躍欲試，就寫了《金盒子》一文。可惜當時兵荒馬亂，無處發表，但卻壓存在箱底，帶到台灣來，日後爲懷念兩位恩師，便以「琦君」之筆名，投稿於中央副刊。

㈡擊劍高手

琦君有時在書房讀寫累了，會起身換上輕便的裝束，拿起牆角灰色的大木劍，起舞太極劍。她認爲太極劍的功用與打坐一樣，注意力必須運用在手上，稍一分心，動作就會有差錯。目光要不離手，如此不但可以培養體力，還可培養眼力。

㈢科學怪人

琦君的寫作習慣非常特殊，她寫稿並不完全待在書房。等公車、坐交通車等一些些零碎的時間捕捉起來，就是琦君寫的初稿了。她寫作的態度非常嚴謹，一篇三百字的稿子，往往要花上一個星期，在經過起稿、初稿、第二次整理、至第三次推敲字句，直念到通順才算是正式定稿。也只有在定稿時她才會正襟危坐地在書桌上工作。

琦君的夫婿李唐基永遠是她的第一個讀者，常提出「良心的建議」，使她的文章達到盡善盡美，但卻笑她是「科學怪人」。因爲一般人都是「一日之計在於晨」，而琦君都把大好的早晨時光拿來做一些如打電話聯絡、柴米油鹽等瑣碎之事。等到下午兩點至五點，人家午睡小寐的時間，她才好整以暇地開始寫作。不但如此，琦君的先生也笑說她像貓一樣，在家讀書寫稿，常是到處窩，到處讀寫，無一定處，尤其在寒冬時節，更會窩在暖暖的被窩裡讀書、寫稿呢！

㈣酷愛長生字

有一次琦君參加全美中華文化協會在紐約市舉行的學術座談會。琦君雖然在中學已有了良好的英語能力，既能與美國人暢談自如，又能翻譯英文作品；但常覺自己詞彙不夠，不敢在公開場合用英語演講，可是那一次因面對與會的中外人士，不得不臨時用英語開場白，她先向大家聲明，這是「急就章」（extemporaneously）——事先沒有準備。呵！多厲害呀，她會用這麼一個冷僻又長的生字，原來她天生喜歡記長生字，怪不得能在臨場適時巧妙地運用上。

㈤價值千金的故事

民國六十六年左右，琦君因胃病動大手術，高達一千八百元的手術費，使得手頭不甚寬裕的琦君，一時捉襟見肘，央求猶太籍醫生減免或以分期方式付款。正說著，望見牆上有一幅宋朝大畫家米芾的山水畫，便讚賞猶太醫生的藝術品味。猶太醫生問道：是否爲眞迹？一向健談的琦君便打開了話匣子，說起故事來。

米芾也是位愛收藏名畫的畫家；有人拿了唐朝畫家張嵩的作品給他鑑賞，米芾如獲至寶，當晚便臨摹下來，隔天卻魚目混珠地將摹本還給主人，未料精明的主人一眼就看出是贗品，要求米芾歸還眞迹。米芾十分吃驚地問：「何以辨出眞僞？」主人得意地說：「你固然筆法高超，畫得與眞迹相仿，可惜你沒有注意到牛的瞳孔裡有牧童的身影。」經他指出眞假差別之後，米芾當下更覺羞赧不已。

不過當時琦君並未將故事原原本本說出，而爲了保持中國人的形象，乃將故事其中的一段改編爲：在交還原作的同時，米芾爲了考驗主人，故意也將幾可亂眞的畫拿出，由他自行辨認取回。心想：如果他未能分辨眞假，那米芾除了可以獲得夢寐以求的名畫，也可肯定自己高明的畫技。

猶太醫生聽了琦君生動的講述，竟心花怒放起來，慷慨問道：「你能拿出多少錢付醫藥費？」琦君老實說：

「經濟拮据，只能付八百元」，一向斤斤計較的猶太醫生居然立刻同意，讓琦君喜出望外不已，由此才深感溝通勝過一切的價值。

㈥水晶宮

「水晶宮」是琦君當年在司法院配到的公家宿舍。原本是一間公共洗澡間，房間不但狹小，牆上更是佈滿水管，每到雨天，屋裡屋外都是水（因爲地上反潮得厲害，水管又漏水），所以戲稱爲「水晶宮」。水晶宮縱然「屋漏偏逢連夜雨」，但琦君總能在刻苦的環境下，以毅力完成許多膾炙人口的作品。那時沒有家中書房，只能在「三合一」的桌上（在浴盆上加一方木板，就成飯桌、書桌、書櫃），或沙發架上一塊硬木板，權充書桌寫起文章，《菁姐》、《琴心》就是在那個克難的方寸之地完成的。

四、琦君說故事

人們最不喜歡聽的是講道理，最喜歡聽的是講故事，琦君除了以說故事方式道出陳年往事的點點滴滴，那一些人情世故、傳統禮教、兒女情長，便自在其中了。雖無盪氣迴腸的情節，但在娓娓道來卻有一股引人入勝的力量，以及發人深省的魅力。

㈠如此父子

有一個人請朋友吃飯，在飯菜上桌之後，才發覺有菜沒酒，如何助興？於是差遣兒子出去買酒，未料兒子一去不回，正懷疑兒子是否貪玩，把正事給忘了。誰知出門不久，就在一座獨木橋前，看著兒子拎著酒壺，與一人對立於橋中央，如「黑羊與白羊過橋」各不相讓。爸爸忍不住說了：「兒子，你先把酒帶回家給客人喝了，讓我和他繼續對立。」於是爸爸就與那人對立橋中，卻把家中的客人給忘了。

㈡如此主人

有人釀了一桶酒，宴請朋友共嘗。先到的朋友，想先嘗爲快，喝了以後說：酒有點酸，主人聽了氣得將他吊起來。後到的朋友問主人爲何將他吊起？主人說：「我好心請他喝美酒，誰知他竟然說我的酒是酸的。」後到的客人說：「讓我來嘗嘗吧。」嘗了一口，對主人說：「你也把我吊起來吧！」

(三)如此酒徒

常言道：「日有所思，夜有所夢」，有位酒徒，在夜晚便夢到偷了一瓶名酒，心想美酒需有佳餚來配，於是又去偷菜。誰知一不小心絆倒了，心頭一驚，竟醒了過來。他懊悔不已地說：「早知道就一口氣先把好酒給喝了，不要貪心去偷菜。」

(四)莊稼漢買鏡

有一個莊稼漢趁年節休假，想到城裡見識，問老婆需要什麼？老婆說：「幫我買把梳子回來吧！」莊稼漢逛到元宵，才想起家中老婆的交代，但他不知梳子長成什麼樣子，只記得老婆說像彎彎的月亮。他擡起頭看到圓圓滿滿的月兒，便買了一面鏡子。回到家喜孜孜地望著鏡子中的自己，告訴老婆說：「老婆，妳看我幫妳買一個長工回來了。」老婆接過鏡子一瞧，罵道：「你這個負心漢，一到城裡就娶小老婆回來。嗚……嗚……」便哭著，跑去向婆婆哭訴。婆婆一看鏡子，哈哈大笑說：「笨兒子，要討小老婆就討個年輕貌美的，怎討了個老太婆呢？」本來在屋簷下乘風納涼的公公，一聽可有趣了，便湊過來一瞧究竟，他看了看鏡子嘆道：「唉！傻兒子，你怎麼帶了個老頭子回來，當什麼長工？」

貳、課文參考資料

一、《故鄉的桂花雨》賞析

本文選自《桂花雨》，是作者慣用的懷舊筆法，抒情的筆調，寫下對親人的思念和對故鄉的懷念。文字疏淡有致，情韻綿邈，令人回味再三。「故鄉」一詞，已經暗示讀者這是一篇利用時空交錯的技巧，以追述的方式緬懷往事，然而「桂花雨」和桂花又有什麼相干？何以使作者有魂牽夢縈的回憶呢？倒是留給讀者一探究竟的衝動。

自民國三十八年來台，故鄉的一景一物，每一個人、每一件事，不但未與琦君漸行漸遠，反而因思鄉情愁，越發想念他們。所以在「每到佳節倍思親」的仲秋時節，想起故鄉幽幽清香的桂花，和「搖桂花」的童年樂趣。作者別出心裁地以「雨」來展現桂花落英繽紛的美麗景象，從而烘托人和年豐的生活，令人心嚮往之。全文脈絡清楚，層次井然，將故鄉的桂花雨交雜在鄉愁裡的人世情事，可令讀者沈湎不已。

首段寫因香氣襲人的桂花，引發作者的鄉愁。先以「摹寫法」，主觀寫出桂花迷人的香味，不僅勾起作者無限的懷念，也給讀者產生鮮明的印象和共鳴的情緒。其次再以客觀方式介紹桂花的種類，詳述大宅院中如何將花團錦簇的花木布置其中。

次段從桂花的「色」、「香」、「味」著筆。雖然樸拙的外表使桂花無法與繁花鬥豔，但它確有迷人的淡雅清香，和具有其它花種所少有的用途——「吃花」。

第三段具有承上啓下的作用，因爲全篇文字，正是作者因對桂花的「魂牽夢縈」而細細鋪陳開來。

第四段、第五段寫出桂花加工過程中，盼望、參與和分享的喜樂。前段敍述作者小小心靈的期盼，和母親對多變的天候憂心忡忡的心情，形成孩童世界的無憂無慮的想法，和成人世界裡多煩惱作一映襯。至搖起桂花樹，那種興奮的心情使得幼小的心靈突發奇想：「好香的雨啊！」是全文的重心，也是最精彩之處。如此奇妙又傳神的想像不由得使人佩服，而其中的歡愉景象更是不言而喻。爲求印證特附一首父親吟詠之詩，以爲之誌。本段「香聞十里」是採用誇飾法，「至少前後十幾家鄰居，沒有不浸在桂花香裡的」則是運用了摹寫（嗅覺）和轉化的擬物法。

第六段、第七段寫出在杭州念中學時和桂花有關的一段往事。此段從杭州名勝滿覺隴談起，再一次談到因「賞花」而「吃花」的經驗。也因景而生情——一種孺慕之情，並藉母親之口道出故鄉桂花的香味，永遠是無法取代的，猶如既已認定的感情、經驗是無法因時、因地、因人而改變。這種「回味」的難忘經驗，一方面補述自己對桂花的情有獨鍾，一方面則說明先前因自嘲「吃花」的俗氣，本是高雅的品味。這是抒情意味十分濃厚的一段，因爲自始至終，作者未嘗失去對桂花的鍾愛，即使負笈在外，仍想飽嚐桂花的美味，也想與摯愛的母親，分享桂花的香味。同時襯托出母親慈悲爲懷的情操，應如搖落桂花時的景象一樣——「金沙鋪地」那般極樂世界。而字裡行間的淳厚溫煦的人世情感，教人沈浸其中，細細追尋，自然流露毫無做作，是真實人生的難得佳作。

末段憶起童年的搖花之樂，和香郁撲鼻的「桂花雨」，是總結的全文的題旨，文字簡潔明快。

一般人看到桂花，若不是它幽幽的清香，使有心人駐足欣賞外，恐怕它不起眼的外表無法和豔麗的花朵爭妍。作者卻將童年的回憶，以「色」、「香」、「味」，來吸引讀者瞭解桂花之美和桂花的妙用之處，更令人驚奇的是「搖桂花」的樂趣，竟然能如此具有震撼性。一個「雨」字，有如畫龍點睛般的神奇，繽紛灑落的桂花，彷彿一場甘霖滋潤了作者永生難忘的童年，和從溫存的心緒出發，對父母的感恩思念之情，慢慢醞釀成生命中的喜樂與慈悲。這種「藉物寓情」的表現手法，值得我們讀後能學習其用欣賞的眼光觀，照周遭的事物，培養生活的情趣，才是最大的收穫。

二、精義賞讀

㈠只要不做風水，我可以收幾大籮。送一斗胡宅老爺爺，一斗給毛宅二嬸婆，他們兩家糕餅做得多。——描述母親為人慷慨大方的美德。

㈡細雨香風淡淡煙，競收桂子慶豐年。兒童解得搖花樂，花與繽紛入夢甜。——這是一首仄起押平聲「ㄢ」韻的絕句，韻腳有「煙」、「年」、「甜」等三字。全詩意思為：微風飄送著桂花的清香，淡淡的炊煙裊裊升起，眾人競相採收桂花，慶祝豐收的一年。孩童懂得搖花的樂趣，連在睡夢之中，都浮現桂花灑落，落英繽紛有如雨下，香甜地帶入夢中的情境。

㈢全年，整個村莊，都沈浸在桂花香中。——和「競收桂子慶豐年」相呼應。

㈣杭州的桂花再香，還是比不得家鄉舊宅院裡的金桂——這是因為他鄉的事物，缺少一份濃濃的家味，便少了一份歸屬感，有如古人所言：「月是故鄉明」。

三、關於《桂花雨》

本課《故鄉的桂花雨》原題《桂花雨》，是選自琦君於民國六十五年底出版的《桂花雨》散文集中。她曾說：「寫了許多童年的故事，寫下我對親人師友的懷念，也寫下我在台灣的生活感想。這些，也許被認為個人廉價的感傷，雞毛蒜皮不值一提的身邊瑣事，或老生常談自以為了不起的人生哲學。對於這些批評，我都坦然置之。我是因為心裡有一份情緒在激盪，不得不寫時才寫。每回我寫到父母家人與師友，我都禁不住熱淚盈眶。我忘不了他們對我的關愛，我也珍惜自己對他們的這一份情。」這一段話正是她自己寫作的眞心話，讀者也可藉著這一段話對於她的作品有更深刻體會和認識。

書前序文是由琦君的夫婿李唐基寫的，平日他是琦君寫作的導師，也是他第一位讀者，李唐基以中肯的態度，說出他對寫作的看法：「寫文章一定要言之有物，千萬不可以無病呻吟，非到一吐爲快時不要輕易下筆。文字尤其應當平易近人，不要刻意雕琢，以辭害意。」而這也正是琦君的寫作原則。

至於本書除沿襲過去憶舊、抒情小品外，也有不少的寓理於情之作，這是作者由於年事漸長，在倍嘗憂患之餘，對於世態人情，有更深一層的看法。但藉由她的一支生花妙筆，在輕描淡寫的形式之下，以深入淺出的說理，蘊含著無限樸實醇厚的感情。信手拈來的詩詞、雋語，都顯得自然天成，使讀者在不自覺的情況下，受其薰陶，也感染她款款的情意。

本書第一篇、第二篇分別是《父親》、《母親》，可供讀者瞭解琦君文武兼備的父親和仁愛慈悲的母親。《一對金手鐲》收錄在是高中國文的課本中，介紹一個與琦君同年出生，又吃同樣奶長大、情同姊妹的主僕之情。其他篇章是各種生活雜感、讀書記實。書末附有琦君寫作年表，可作爲瞭解作者一生顛沛流離的成長經驗、以及寫作歷程。

叁、課文補充資料

一、關於桂花

桂花

本課將桂花分爲兩種，一種是月月開的稱「木樨」，花朵較細小，呈淡黃色；一種稱「金桂」，只有秋天才開，花朵較大，呈金黃色。其實桂花屬木樨科或作木犀科，學名爲木犀，別名木樨、桂花、四季桂、九里香等。雌雄異株，一般分爲三種，一種即前者稱「銀桂」，其二爲後者的「金桂」，第三種顏色赤黃，稱「丹桂」。其中以月月開的銀桂最爲常見，金桂花香最濃郁，而丹桂的花羣最爲濃密。

桂花是常綠性灌木或小喬木，老樹可高達十公尺左右，葉片呈長橢圓的披針形，質地堅硬，邊緣或有鋸齒狀，花腋簇生，核果橢圓形。花期每年通常有兩次，一次在秋冬之交，一次在冬春之際，因此在春節前後大都可以聞到桂花幽幽的淡雅清香。桂花的花香在花朵尚未完全開放時最爲濃烈，若要採收加工，以此時爲最佳。因爲金桂花開得快，也謝得快，不似銀桂耐得起風吹雨打，太陽一照，香氣又恢復了。所以琦君的父親說銀桂是堅忍的君子，不因困阨的環境，改其節操，金桂是趕熱鬧的小人，早盛早衰，可謂妙喻。但琦君的母親卻不以爲然，她說金桂是給你吃的，銀桂是給你聞的，不是一樣的好，何必分小人君子？

將桂花曬乾，可摻入茶葉中飲用，或製作桂花酸梅湯，喝來香味四溢，令人心曠神怡。此外桂花還可加入各種食品之中，如：湯圓、糯米粥，尤其是糕點，吃來齒頰留香，清香提神。在醫學上，桂花煎水服用，據說可生津化痰，治療牙痛，又可順氣和血、鎭痛止咳，又對胃病頗具療效；也可作潤髮之用。根據琦君在書中的記載，「桂花滷」的製作方法是這樣的：將揀淨的桂花，在太陽下曬到半乾的時候，就用瓦缽裝起來，然後一層糖或蜂蜜、一層桂花，用木瓢壓緊密封裝好，置於陰涼之處，一個月後，便可取食；不過桂花滷是越陳越香呢！琦君的母親生性儉樸，唯有泡起桂花茶來，卻是捨得。她一天總要泡上兩回，喝上四杯，讓桂花茶的香先在灶上四溢，待到快涼時，才心滿意足地喝上一盅。她說：桂花茶補心肺，菊花茶清肝明目，都是好茶。有時邊喝邊唱道：「桂花經，補我心，我心清時萬事興。萬事興，虔心拜佛一卷經。」當享盡桂花茶的美味之後，將它曬乾了，還可做個「香枕」，眞是物盡其用。

本省嫁娶習俗以桂花陪嫁而象徵高貴多子。桂花也是台南縣的縣花。

宋朝劉過有一闋詞《唐多令》，是說作者舊地重遊，懷念故人，少年歡樂時光已逝，不勝傷感。其下半闋是：

「黃鶴斷磯頭，故人曾到否？舊江山渾是新愁。欲買桂花同載酒，終不似，少年遊！」詩中提及買桂花和酒，想回味當時好友共聚的難忘時光，怎奈歲月不饒人，如今已物是人非。唐朝王維也有一首詩，提及桂花的：「人閒桂花落，夜靜春山空；月出驚山鳥，時鳴春澗中。」（《鳥鳴澗》）此詩乃寫春天山中之夜的幽靜情趣；在萬籟俱寂的夜空下，人只有桂花細細地落著，一切都已寂寥無聲，彷佛整座山勢空虛的，一時間皎潔的月色，透出光華，使得山間棲息的鳥兒都驚動起來，在溪澗中鳴叫，劃破原本寧靜的夜晚。

二、才高八斗

註釋：

斗，容量單位，也是容器名稱。一石十斗，一斗十升。比喻才學豐富。

出處：

《南史．謝靈運傳》：「天下才共十斗，曹子建獨得八斗，我得一斗，自古及今共用一斗。」意爲：天下才子以曹植爲第一，謝靈運自封第二，天下其他人都比不上。

例句：

劉博士學貫中西，滿腹經綸，眞可說是才高八斗。

三、極樂世界

極樂世界，佛家語；極樂是無量光佛，是阿彌陀佛在長久修行之後完成其四十八願時的世界。《阿彌陀經》：「從是西方，過十萬億佛土，有世界名曰極樂。……其國衆生，無有衆苦，但受諸樂，故名極樂。」唐．白居易《長慶集》：「有世界號極樂，已無八苦四惡道也；其國號淨土，以無三毒五濁業故也。」又：「極樂世界清淨土，無諸惡道及衆苦。」故極樂世界是阿彌陀佛所居的國土，是修習淨土行的佛徒所往生的世界，即淨土宗所信仰的樂土。據言那裡無災無難、無痛無病、無慮無憂，享盡一切美好的事物。

與極樂世界有關，佛家的世界還有一個常用的詞，那就是「花花世界」。花花世界，語出《華嚴經》：「佛土生五色蓮，一花一世界，一葉一如來。」猶言繁華世界。

四、玻璃與琉璃

㈠玻璃、琉璃

玻璃之名，古今異名。古代稱玻璃者，大抵指天然水晶一類，又稱「玻黎」、「頗黎」，與今之工業製造玻璃不同。

琉璃之名，實與「玻璃」相同。一指天然有色寶石，又稱「流離」；漢代指的是玻璃的材料，唐代稱「流離」爲玻璃，宋元以來，稱寶石爲琉璃。

㈡中國琉璃發展的歷史過程

早在春秋末戰國初，即西元前六世紀或五世紀，就已經有了玻璃，可惜至今人們只見其工藝品，未見其當時的稱呼。而後琉璃便與中國三大工藝——青銅器、玉器、瓷器結合，成爲上流社會貴族人士的配飾、用具；以及受到佛教的影響，將舍利子供放在精美的琉璃瓶中。至今中國人似乎已將玻璃與琉璃作一區隔，以用途而言：凡是工業製造的器具，稱作玻璃；而經美術工藝製作成品，則稱爲琉璃。以成分而言：凡是加上氧化鉛成分的就是琉璃，或稱藝術琉璃、水晶琉璃。

㈢琉璃的象徵意義

中國琉璃是一種工藝，更是一種哲學和宗教。在中國的佛教世界裡，琉璃的地位非比尋常，《藥師琉璃光本願經》經文曰：「願我來世，得菩提時，身如琉璃，內外明澈，淨無瑕穢。」所以說琉璃在佛教的境界是一種潔淨人格、光明精神的象徵意義。

五、關於故鄉的詩詞

㈠月夜憶舍弟／杜　甫

戍鼓斷人行，邊秋一雁聲。
露從今夜白，月是故鄉明。
有弟皆分散，無家問死生。
寄書長不達，況乃未休兵。

㈡雜詩／王　維

君自故鄉來，應知故鄉事；
來日綺窗前，寒梅著花未？

㈢九月九日憶山東兄弟／王　維

獨在異鄉爲異客，每逢佳節倍思親；
遙知兄弟登高處，遍插茱萸少一人。

㈣回鄉偶書／賀知章

少小離家老大回，鄉音未改鬢毛催；
兒童相見不相識，笑問客從何處來？

㈤芙蓉樓送辛漸／王昌齡

寒雨連江夜入吳，平明送客楚山孤；
洛陽親友如相問，一片冰心在玉壺。

㈥除夜／高　適

旅館寒燈獨不眠，客心何事轉凄然？
故鄉今夜思千里，雲鬢明朝又一年。

㈦鄉愁／余光中

現代詩泰斗余光中，將鄉愁以各種不同的比喻，巧妙地述說鄉愁因年事的增長而轉變。然因版權問題，請老師自行找出，供學生賞讀。

肆、思考與練習

一、寫作教室

㈠除了「桂花雨」，請寫出兩種不是雨，卻可以用雨來形容的事物。

1、**流星雨**：比喻眾多流星飛逝，在夜空中有如一陣雨，燦爛輝煌。

2、**槍林彈雨**：敵方掃射過來的子彈，有如一場大雨。比喻戰爭非常激烈。

3、**淚如雨下**：比喻傷心過度，淚流滿面。

4、**法雨均霑**：人人得而受教，如春風化雨。比喻智慧開化之語。

㈡哥倆好，一對寶——「疊字詞」練習與應用同一個字詞句，接二連三反覆地使用，就像一對孿生兄弟，陸續走在面前；也像一列相同車廂的火車，駛入月台來。本課使用的疊字有：月月、指指點點、爺爺、漉漉、細細、淡淡、小小、軟軟、綿綿、常常、陣陣等。請將這疊字詞串連成一段短文。例：

「月月都有花開的院子裡，指指點點教我各式的花兒名稱的，是慈祥又博學多聞的爺爺。每當夏季午後雷雨下過，濕漉漉的花兒，花瓣更顯得細細嫩嫩，經陽光一照，淡淡的花香便會撲鼻而來。周邊的小小草兒在一場及時雨的滋潤之後，也變得柔柔軟軟、綿綿密密，常常有一陣陣的青草香味迎風飄送而來。」

㈢童年記趣

以兩人一組，彼此先交換童年的趣事，利用腦力激盪的方式，勾起童年最難忘的回憶。如：打彈珠、騎馬打仗、打水仗、捉迷藏、提燈籠、過新年、上小學、惡作劇、坐火車……等可令人引發興趣，又能回味無窮的往事。

㈣命題作文

1、小時候

2、我的第一次

3、永生難忘的一件事

二、發表教室

㈠詩情「花」意

在中國，每一個月份都有象徵的花，也是花神的生日，例如：正月梅花、二月杏花、三月桃花、四月薔薇、五月石榴花、六月荷花、七月鳳仙花、八月桂花、九月菊花、十月芙蓉、十一月茶花、十二月蠟梅。宋朝曾瑞伯以十種花卉作爲十種朋友：茶靡韻友、茉莉雅友、瑞香殊友、荷花淨友、巖桂仙友、芍藥豔友、梅花清友、梔子禪友。在西洋，每一種花都有一種專屬的花語，例如：玫瑰：愛情、櫻花：嫵媚、文竹：永恆、水仙：冷淡、百合：純潔、雛菊：靈巧、風信子：歡喜、白茶花：無瑕；向日葵：高傲、鬱金香：絕望等。年輕學子信仰的十二星座也各有專屬的花語，例如：水瓶座：蝴蝶蘭（智慧、理性、才華）；雙魚座：香水百合（浪漫、心細）；白羊座：鬱金香（熱心、有耐心）；金牛座：黃玫瑰（溫柔、含蓄、踏實）；雙子座：紫玫瑰（神祕、多變）；巨蟹座：百合（感性、柔和）；獅子座：粉玫瑰（高貴）；處女座：鈴蘭（脫俗）；天秤座：海芋（自由、爽朗）；天蠍座：嘉德利亞蘭（熱情、非凡）；射手座：馬格麗特（活潑、開朗、積極）；魔羯座：紫色鬱金香（堅強、積極）。

花，是最美麗的植物，它除了有亮眼的色彩，獨特的花形，更具有芳香迷人的花香。它可以用來禮佛、製作的花茶，也可以饋贈親友，不知同學們最喜歡的花是什麼花？不妨說出來與同學們共享。

1、劉文讚：蘭花的花期最長，氣味最淸香持久，有「王者之香」的美譽。

2、林芯安：水仙是賀新年的花卉，將它置在清水盆中，彷佛凌波微步的仙子。

3、葉芳如：欣賞在古樸牆角上，有著堅毅性格的幾朵杜鵑花。

4、潘玫璇：愛憐沙岸旁的小鳳仙花，不畏淒冷，以一股新生的熱情，映現在人間。

(二)經驗分享

不管曾從事什麼有關花的活動，如：吃花、賞花、種花、做花（紙花、押花）、畫花……等都可以將經驗所得，說出內心的感受。

實證美學——解語花

在中華文化「詩畫琴棋書酒花」中的「花」早有千年以上的歷史，它是一種象徵文人藝術情趣的休閒活動。陶淵明「採菊東籬下，悠然見南山」的自然野趣，令人神往；周敦頤獨愛出汚泥而不染，濯清漣而不妖，有君子之風的蓮，是千古佳話；在西湖畔以梅爲妻，以鶴爲子的林和靖，是絕俗的隱士；一般世人則偏愛富貴之氣的牡丹。所以中國人其實是個愛花的民族，可惜限於自我玩賞，多是文人雅士、貴族富豪的附庸風雅，或踏雪尋梅，或採菊品酒，不善以花表達的愛意，故只能孤芳自賞。現今最能品味於花的莫過於日本人，在每一個時節，都有專屬的「花祭」，尤其是以四月初的櫻花祭最爲熱烈，家家戶戶帶了小點心，鋪坐在櫻花樹下，那是多麼詩情畫意的情景！在日式傳統家庭，女子必須學會茶道、花道方能出嫁，可見他們不但愛花，還重視花道，值得我們深思。其實在《紅樓夢》裡大觀園中，常見眾家姊妹賞花、吟花，甚至有因身世之感而葬花的情形；在第三十八回描述賈母與眾人賞桂花、持螯（吃螃蟹）、詠菊的閒情逸致，如寶玉詩曰：「持螯更喜桂陰涼」，黛玉：「桂拂清風菊帶霜」，寶釵：「桂靄桐陰坐舉觴」，眞是個「賞心樂事誰家院，良辰美景奈何天」。在現今人們重視感官刺激的潮流中，何時才能去除情色之慾，回歸自然賞花之趣？

㈢選美比賽

孤絕挺拔、冰清玉潔的梅花是我國的國花，其實在台灣各縣市也有縣市花樹。例如台北市：杜鵑花、榕樹；高雄市：木棉花；宜蘭縣：國蘭、欒樹；基隆市：紫薇、楓香；台北縣：松樹；桃園縣：桃花；新竹縣：茶花、松樹；苗栗縣：樟樹；台中市：長壽花、黑板樹；台中縣：木棉花、榕樹；彰化縣：菊花、菩提樹；南投縣：梅花、樟樹；雲林縣：樟樹；嘉義縣：玉蘭花；嘉義市：豔紫荊；台南市：鳳凰木；台南縣：桂花、樟樹；高雄縣：朱槿；屏東縣：九重葛；台東縣：蝴蝶蘭、小葉欖仁樹；花蓮縣：蓮花；澎湖縣：天人菊、榕樹。

不知各位是否能瞭解自己所屬縣市花樹，所代表的意義？不妨師生一起研究，尤其是有些縣市的代表花樹尚未選出，班上同學可以舉行一次選拔，來票選心目中的花樹。

㈣秋天的代表事物

在古代，蕭瑟的秋天是悲傷的季節，因爲經過熱鬧繽紛的夏季，所有展現過風姿的花木，都將功成身退，請問在這樣一個季節裡是否仍有花木，以及自然景物，依然綻放美妙的風采，讓世人讚嘆不已？

1、八月桂花香：古人說：「金風送爽，玉露生香」—依琦君童年時期的解釋是：桂花是黃色的，在秋天裡西風一吹來，桂花自然把風染成黃色，所以叫金風。滴在桂花上的露珠，當然是香的，所以才叫玉露生香。小小年紀竟能將平日觀察所得，將古人的文句解釋得如此透徹，實屬天才。

2、霜葉紅於二月花：這是杜牧《山行》中的一句，原詩爲：「遠上寒山石徑斜，白雲生處有人家，停車坐愛楓林晚，霜葉紅於二月花。」這是一首記遊之作，寫的是作者登山時所見秀麗的秋色。

3、菊殘猶有傲霜枝，最是橙黃橘綠時：這是蘇軾的作品，原詩爲：「荷盡已無擎雨蓋，菊殘猶有傲霜枝，一年好景君須記，最是橙黃橘綠時。」這是蘇軾詠歎秋菊的傲立不屈，即使花謝了，但在惡劣的風霜中依然挺拔。

4、蒹葭蒼蒼，白露爲霜：這是《詩經》中一首思念佳人的情詩，藉由水邊盛開的芒花和秋霜爲襯景，道出「所謂伊人，在水一方」。

5、雁行千里：每至秋分雁行有序地南飛過冬，至次年春分才又北回。

6、月滿西樓：「但願人長久，千里共嬋娟」是千古膾炙人口的名句，尤其是「月到中秋分外明」，詩人便容易興起吟風弄月的雅興，異鄉遊子也會望月懷鄉。

三、遊戲教室

「寓教於樂」是學習最好的技巧，而遊戲往往是最能帶領學生進入學習的領域。本課既是回憶童年的樂趣，所以不妨改變刻板的教學形式，讓學生再一次回味歡樂童年。

1、場地：找一個風和日麗的天氣，在戶外實施活動，更能提高遊戲的興致；若遇雨天，則將教室預先佈置爲大遊戲場，讓學生能盡情玩耍。

2、主持：把主持的工作交由學生，可以不限一人，最好分組競賽，或分組主持、安排遊戲。

3、遊戲項目：大風吹、傳手帕、蘿蔔蹲、跳房子、踢毽子、丟沙包……等。

（林嫻雅）

七、文天祥從容就義

／胡廣

壹、作者參考資料

一、一代名臣胡廣

胡廣，字光大，號晃菴，明朝吉水（今江西吉水縣）人。生於明太祖洪武三年（西元一三七〇年）。胡廣的父親胡壽昌，字子祺，是明太祖洪武年間的名臣。當陳友諒攻陷吉安，戰火正熾時，明太祖立即派兵，收復吉安後，便要將投降於陳友諒約千餘人立即處斬。這是一場多麼大的血腥殺戮，爲了維護明太祖的聲威挽救那麼多條的人命，胡壽昌諷勸主帥，才免去一場殺戮。洪武三年，以胡壽昌被選爲御史，基於種種因素的考量，他上書請求將國都遷建於關中，明太祖認同他的建言，便派太子巡視陝西，籌辦相關事宜，但後因太子突然薨逝，這個建議案便擱置下來，直到明末都沒有建都關中。而後胡壽昌被任命爲廣西按察僉事，及彭州知府。在他任官期間冤獄得以平反，毀淫祠，導正善良風俗，修廢堰，整飭州內的水利，政績卓著，頗得當地老百姓的愛戴。最後在任延平知府任內去世。

胡廣是胡壽昌的次子，相貌長得文雅秀氣，明惠帝建文二年參加廷試時，本爲第二名，可是明惠帝不喜歡狀元王艮的長相，又加上胡廣在對策文中有「親藩陸梁，人心動搖」之句，陸梁是跳躍，不安本分的意思，那時正逢燕王朱棣起兵奪位，這些句子說到了明惠帝的心中事，因此明惠帝親點爲第一，但覺得他的姓名並不太好，因爲「胡」人是外患，怎可讓其擴大版圖呢？於是賜名靖，取意靖燕王之難，授翰林院修撰，希望胡廣能全心幫助他靖蕃。所以胡廣與文天祥一樣，也是狀元出身。只是明惠帝可能無法想像這位他最欣賞的狀元，日後會和解縉同時迎當時的燕王（明成祖）。

當燕王領軍南下時，胡廣還激昂地和解縉等七人約定，並指天爲誓說，要以自殺來證明自己是明惠帝的忠臣。然而解縉並不想死，便悄悄派人去胡廣家裡探查，來人回報說：胡大人上廁所時，問下人說豬吃了他的大便沒有？解縉聽了大笑說：「連大便都捨不得丟掉的人，那敢自殺。」果眞在燕王入南京即位爲帝，大肆誅殺建文舊臣之際，胡廣先復名，領先向明成祖宣誓效忠。明成祖便改胡廣的職位爲侍讀，和解縉、楊榮、黃淮、楊士奇、金幼孜、胡儼等七人當時政壇新秀，「入直文淵閣」成爲明成祖主要的政治班底，倚爲心腹。楊士奇曾在《御書閣頌序》一文記述說：「太宗皇帝入繼大統，首擢翰林編修，初建內閣於奉天門內，簡任翰林之臣七人其中，所職代言，屬時更新，凡制誥命令誡敕之文日夥，而禮典庶政之議，及事之關機密者，咸屬焉。」永樂二年，胡廣升爲右春坊右庶子（正五品）。永樂五年，升爲翰林學士兼左春坊大學士。他深受成祖推重，永樂十四年又升爲文淵閣大學士，是自朱元璋去世以後，明朝第一個文淵閣大學士。

這裡要附帶說明的是，內閣制度是在明成祖時開始形成的，但未曾用來控制六部的尚書，「其時章疏直達御前，多出宸斷。備顧問而已。」（《明史》卷七十三，〈內閣〉）。而提升其職權在六部尚書之上，是明仁宗以後的事。在明成祖一朝，閣臣只是「參預機務」而已，「每日百官奏事退，內閣臣造扆前密勿謨畫，率漏下數十刻，諸六部大政，咸共平章。」且「惟內閣獨得進密揭」，「外廷千言，不如禁密片語。」雖然閣臣受倚重的程度如此之高，但他們沒有「票擬」的權。票是籤條，擬是寫出「擬准、擬駁、擬如何如何」。而且當時閣臣的品秩尚低，事權尚微，官階最高的僅爲正五品，而六部尚書是正二品。

在所有的文臣，始終獲得明成祖眷寵的，只有胡廣、楊榮與金幼孜三人。永樂八年，明成祖親自北伐，胡廣、楊榮、金幼孜奉召隨行，隨時接受明成祖的諮詢，參與軍事的擘畫，他們常在軍帳中討論至深夜。行軍時，經過重要的軍事要道時，則停馬大家一起議論，該如何進行軍事行動。只要行進途中稍爲落後，明成祖會立即召侍衞四處找尋他們的行蹤，以便確定他們的安危。永樂十二年，明成祖再次北征瓦剌時，要皇太孫（也就是日後的明宣宗）隨行，以增加他在軍事方面的經驗，另一方面爲了不荒廢皇太孫的課業，明成祖命胡廣他們三人仍舊隨侍，在軍中向皇太孫講述經史。

胡廣寫了一手好字，每每要紀功敕石，都是由他來書寫的。又一次，禮部郎中周訥請求明成祖封禪，基於種種因素，胡廣上了一篇《卻封禪頌》給明成祖，建議不可封禪，結果明成祖接受他的建言。胡廣爲何得到明成祖如此眷寵呢？在於他的個性正直縝細，學問淵博，長於保密，從來不隨便與人談論皇帝所託付的事項及業務機密人。但耿介如他，在明成祖面前往往是知無不言，有一次，他奔母喪完畢，回朝復職時，明成祖問他目前老百姓的生活現狀，他回答說：「安樂。但郡縣窮治建文時姦黨。株及支親，為民厲。」明成祖欣納其言。明成祖以名不正的情況下取得天下，竟然有這麼多的讀書人，幫他「順守」，可謂奇蹟。可惜胡廣於永樂十六年（西元一四一八年）五月逝世，年僅四十九。贈禮部尚書，諡文穆。明朝文臣得諡號，自胡廣開始。他的靈柩運回江西原籍，經過南京時，太子還親自致祭。

胡廣曾奉詔纂修五經四書性理大全，著有《胡文穆集》。

貳、課文參考資料

一、《文天祥從容就義》賞析

本課書是一篇屬於「記人」的記敍文。記人的文章，如果目的不同，重點不同，在取材及寫法上就會有所差異。那就是有的只作片斷的記敍，有的則作全面性的記敍。

片斷的記敍，就是只記敍某人一生中的某一件事，其他的一概省略，如夏之蓉所寫的〈沈雲英傳〉，只記敍沈雲英率兵攻打賊兵，為父報仇，保衛地方這一件事；胡適的〈母親的教誨〉，只敍述他小時候母親苦心管教的種種情景，以及所給予他的深遠影響。

全面性的記敍，就是記敍某人一生的大事，其中比較不重要的只作簡略說明，比較重要的就作詳細介紹。如〈詹天佑〉這篇文章，全文分為四段，第一段記詹天佑留美回國以前的事。第二段記詹天佑回國後先後擔任教練、教習及工程師，擘畫建築國內鐵路，博得國際間的聲譽。第三段記詹天佑築成極為艱險的平綏鐵路，成為世界第一流的工程師。第四段記詹天佑因出席國際會議，積勞病歿，是我國工程界一大損失。當中只簡略的介紹了詹天佑的生辰、字號、籍貫，以及被選出國留學的情形，大部分的篇幅則用來介紹他在鐵路建設方面的才華和貢獻。

又片斷的記敍這類記敍文，也有用題目來限定的，如張蔭麟的〈孔子的人格〉，就只寫孔子的人格，吳敬梓的〈王冕的少年時代〉，就只寫王冕少年時代的一些事情。本課〈文天祥從容就義〉就是屬於這一類，文中只描寫文天祥忠君愛國、成仁取義的經過，其他的一概沒有提到。

全文共分爲四段：第一段寫文天祥被元世祖召到殿上時，不肯向元世祖行君臣之禮，並慷慨陳言，說：「宋無不道之君，無可弔之民」，元朝不應出兵攻宋。而宋朝所以亡國，乃是因爲「不幸母老子弱，權臣誤國，用舍失宜。」直指元朝「用其叛將、叛臣，入其國都，毀其宗社」，這是侵略掠奪。然後說他在危急存亡之時，受命擔任宰相的職務，爲的就是抵禦外侮，負有匡復失土，振興國家的重責大任。現在宋朝已亡，他沒有盡到保國衞民的責任，有負朝廷重託，只有一死來謝罪，實在沒有臉再活在這世上。義正而詞嚴，一片忠君愛國之心，躍然紙上，使人在千載之後讀了這段文字，仍不禁肅然起敬。

第二段以對話的方式，說明元世祖非常器重文天祥，極欲收買他，頻頻以利相誘。先是許以中書宰相，說要任命他爲管理政務的最高行政首長，接著說，如果文天祥不願意擔任這文職的官，也可以任命他擔任武職，讓他去做主持軍政的樞密使。但文天祥是始終「威武不能屈，富貴不能淫」，寧願一死以報國家，因此一口回絕，說除了死以外，別的什麼事他都不願做，即使給他高官厚爵，他也不會接受。這一段和前一段所寫的，主要在描述文天祥忠君愛國之心，是堅定不移的。

第三段承接第二段，說元朝有大臣，看到文天祥忠貞不二，始終不肯歸順，便在第二天上書，奏請處死文天祥。參知政事麥朮丁覺得勸降文天祥無望，也極力贊成這個建議。元世祖雖然愛才，但一來礙於情勢，二來也想成全文天祥忠貞之心，所以就批准所奏。這一段只有寥寥三兩句，輕描淡寫的說出文天祥被判極刑的經過，著墨不多，最主要的原因是一、二兩段已把文天祥的結局說得很清楚，那就是文天祥並沒有求生的意念，一心只想殉國。

第四段寫文天祥始終抱著必死的決心，早已寫下絕命詞，繫在衣帶間。對於死亡，他一點也不害怕，所謂求仁得仁，求義得義，他素願得償，心中已無遺憾，所以在赴刑場時，意氣揚揚自若。還有他忠心宋朝，不忘宋主，所以向宋朝所在地的南面再拜，然後赴死，充分表露出他忠君愛國的高尚情操。又這段的最後說：「俄有使止之，至則死矣。」這兩句話，除了表明元世祖的愛才憐才之心外，同時更透露出，元世祖對文天祥視死如歸的忠貞志節，是如何地敬重。文天祥這種從容就義的風範，已爲世人留下了一個不朽的典型。誠如他在〈正氣歌〉中所說的「哲人日已遠，典型在夙昔。」（古人雖遠去，但其模範事迹永留人間）今天我們讀了這課文章，也有一種「風簷展書讀，古道照顏色」（前哲道義風範，如在眼前，其光芒映照吾顏）的感覺。

二、正氣浩然的文天祥

文天祥，字履善，又字宋瑞，號文山，宋朝吉州廬陵（今江西省吉安縣）人。生於宋理宗端平三年丙申（西元一二三六年），卒於元世祖至元十九年壬午（西元一二八二年），享年四十七歲。著有《文山集》、《文山詩集》。

二十歲時舉進士，對策集英殿，皇帝親選爲第一，曾出知贛州。恭帝德祐元年乙亥（西元一二七五年），元兵入侵，文天祥盡散家財招募兵士，率領郡中豪傑和溪峒山蠻，應詔勤王，拜右丞相。次年正月，元兵圍攻臨安（今浙江省杭州市），宰相陳宜中和大將張世傑逃走，他奉命去到元軍中議和時被扣留，並押送北去，走到鎮江，利用夜晚逃跑，輾轉到了溫州。益王即位，以觀文殿學士侍講召他到福州，不久又任命他爲左丞相，因和陳宜中等意見不合，以同都督出江西，收兵入汀州，再轉進到漳州。明年，益王殂，衞王繼位，封他爲少保信國公，這年年底駐守潮陽，在五坡嶺（位於廣東省海豐縣北）受元將張弘範偷襲，來不及應戰就被俘，服毒自殺不成，被押送北上時，在路上絕食八天，又不死。到燕京（今北平）後囚禁了三年，始終不願意屈服投降，元世祖在不得已下旨殺了他後，還一直誇讚他是一位眞男子。

文天祥從鎮江夜逃的經過，有如小說中的情節，既緊張又刺激，看了眞叫人替他捏一把汗。那次逃亡，禮兵架閣（官名）杜滸和他帳前將官余元慶功勞最大，由於他們的策畫和照顧，文天祥才能化險爲夷，突破重重難關，逃離虎口。

那時，被元兵俘獲的宋朝宰執都安置在鎮江府，只有一位姓吳的丞相因病沒有離開船。文天祥住在府治，爲了方便逃跑，某個晚上，找了一個藉口，暗中跑回裡河船中，幸好元兵沒有起疑心。河的附近有戶叫沈頤的人家，和文天祥是舊識，文天祥和杜滸等常去他那裡聚會聊天。有天，一位元兵頭目忽然闖入沈頤家，文天祥問他是什麼人，說是劉百戶，問他什麼職務，說是管夜禁，問他打著官府燈籠出來做什麼，回答說是爲了往來方便。杜滸聽了，覺得那官燈簡直就是通行證，如果能弄到手，對逃亡大有幫助。於是在劉百戶離開沈頤家後，就暗中跟隨著，找機會和他接近，儘量去討好他。劉百戶被他盛情所動，兩人就結拜爲兄弟。爲了表示慶賀，杜滸把劉百戶拉到妓館喝酒，並強留他在那裡住宿。劉百戶希望杜滸也留下來同歡，杜滸故意騙他說：「留下來和你同樂是可以的，但是我隨侍丞相在這裡，晚上要把他安頓好才可以出來，有夜禁，恐怕不成。」劉百戶說：「沒關係，你先回去再來。我把官燈借你，再派一個小兵護送你，不妨事。」杜滸於是提了官燈，帶著小兵，直奔沈頤家。

爲了防止逃亡，宋朝被俘的宰執，元朝都派人各別監視，監視文天祥的是一位姓王的千戶，文天祥走到那裡，他就跟到那裡，片刻都不肯離開。那天文天祥在沈頤家，他也跟去，爲了方便文天祥逃走，沈頤設計用酒把那位王千戶灌醉，等他睡熟時，文天祥就改變裝扮，趕快跟著杜滸出門去。

杜滸提著劉百戶借給他的官燈，果然通行無阻，經過街巷，都沒有元兵查問。等走到住家漸少的地方，杜滸拿出了一些銀子送給護送他的元朝小兵，叫他先回去，說隔天在某處相見。那元兵才十五、六歲，沒有什麼心機，不知道杜滸在騙他，就自個兒回家。打發走小兵後，杜滸和文天祥便急忙地往河邊那裡走。元兵在臨近市街的郊外設有關隘，放了十多匹馬在那攔路，文天祥等人走到那裡，驚動了馬匹，心裡非常害怕，還好元兵都睡熟了，沒有發覺，不然就逃不成了。

從水路逃走，唯一的交通工具就是船，杜滸花了很大力氣找了一條船，事先派了兩名將士到船上去，文天祥和他們暗中約好在甘露寺下等他們。可是等文天祥一行人逃到那裡後，卻看不到船影，大家都很焦急，都說船已失約，不知該如何才好。起先，在他們計畫逃亡時，杜滸曾問文天祥說：「逃亡如果成功那是萬幸，萬一不幸消息洩露，大家都會死。丞相，死了您會不會有怨憾？」文天祥指心發誓說：「死了也沒有什麼怨悔。我會隨時帶一把匕首，事情不成功就自殺。」這時看不到船，文天祥摸了摸身上的匕首，心想：要是眞的走投無路，那就用匕首了結自己吧！如果下不了手，就跳水自殺吧！還好在慌亂中，余元慶捲起衣裳涉水去找船，走了一兩里多，總算把船找了來，大家才鬆了一口氣，慶幸第一步計畫的成功。

上船後，文天祥猜想，船隻溯流直上，應該不會再有事了吧！誰知道抬頭一望，那江岸都是元朝的船隻，連亘幾十里，敲梆唱更，氣勢很是驚人。文天祥坐的船又非得從那裡經過不可，只好硬著頭皮慢慢地從元兵船艦旁邊駛過，幸好元兵不注意，沒有加以查問。但到七里江，忽然遇到巡邏船，喝問他們是什麼船，船伕回答說是河沙船後，巡邏船上的元兵忽然大叫著：「歹船。」（元兵稱反側奸細叫歹），準備向他們這裡開過來，碰巧這時退潮，巡邏船擱淺不能走，才又逃過一劫，不過卻已把船上的人嚇得滿身大汗了。

驚魂稍定之後，忽然聽到一陣像人口哨的聲音，原來起風了，文天祥預計，順風而下，大概五更時可到達眞州城下，但天明時發現，離開眞州還有二十多哩，很怕元船從後追趕下來，又害怕淮岸有敵兵，一時憂迫眞是難以形容。船上的人這時都拿出全力搖槳撐篙，遇到水淺可以涉水拉纜的地方，就下船牽拉，儘管心急，可是力量不夠，也只有空著急了。好在吉人自有天助，再經過一番奮鬥，終於平安到達了眞州，受到州守苗再成及州民的熱烈歡迎。之後再由眞州到揚州、通州，歷盡千辛萬苦，於九死一生中輾轉到溫州。

文天祥在元世祖至元十五年（西元一二七八年）被俘，十六年三月押送北上，十一月初到達燕京，十九年壯烈成仁，在燕京被囚禁了三年。被囚禁的第二年（至元十八年）六月，在獄中作了一首《正氣歌》明志，就義那年春天，並預先作了一贊說：「孔曰成仁，孟云成義；惟其義盡，所以仁至。讀聖賢書，所學何事！而今而後，庶幾無愧。」準備在就義時寫在衣帶間。他的忠貞秉性，磅礡正氣，除可從此見出外，還有一些小事可以和它相輝映。如元將張弘範率兵打到厓山時，曾請文天祥寫一封信去勸張世傑投降，文天祥拒絕說：「我自己不能解救父母，卻教人背叛父母，可以嗎？」張弘範不管，一直逼他寫，被逼急了，文天祥就抄下他在鎭江南歸時寫的《過零丁洋》詩給他，詩的內容是這樣的：「辛苦遭逢起一經，干戈寥落四周星。山河破碎風拋絮，身世飄零雨打萍。皇恐灘頭說皇恐，零丁洋裡歎零丁。人生自古誰無死，留取丹心照汗青。」張弘範看後只一笑置之。二十多天後，厓山兵潰，宋朝滅亡，文天祥又被送回廣州。張弘範對他的忠君愛國，非常欽佩，不但優禮相待，而且還把從前服侍文天祥的妾婢僕役都找了來奉侍他。某天在海上擺設酒席犒賞部將，也請文天祥參加。席中舉杯向文天祥敬酒，並勸文天祥說：「宋朝已經滅亡了，忠孝的事也盡到了，就算你爲忠孝犧牲了性命，又會有誰幫你記載下來呢？你是不是可以考慮改變一下你的心意，用奉事大宋的心來奉事大元，大元的賢相，不是你還會有誰呢？」文天祥一聽，不禁淚下如雨，很傷心地說：「眼看著國家滅亡了，卻沒有辦法去拯救它，做人臣子的，就是死了也還有餘罪，何況是怕死偷生、改變心意去投降敵人呢？從前孤竹君的兒子伯夷、叔齊，在殷朝滅亡後不吃周粟，在首陽山採蕨而食，最後終於餓死，這是在盡義啊！從沒有聽說過因國家的存亡而改變心意的。」這番正氣凜然的話，使得張弘範大爲動容，就在當天（三月十三日）把文天祥不屈和所以不殺的情形奏告朝廷，元世祖被他的忠義所感動，不禁發出了「誰家無忠臣」的贊歎，並下旨叫張弘範好好對待文天祥。

又文天祥被押送到燕京後，他的弟弟文璧從惠州到燕京入覲元世祖，右丞相帖木耳不花奏說他是文天祥的弟弟，元世祖問說：「那個是文天祥？」博羅回答說：「就是文丞相。」元世祖嗟歎很久，說：「這是個好人。」還有文天祥被囚禁的第二年，臥病發熱，右臂長癰流膿，有一位叫王積翁的官員上奏說：「文天祥是宋朝宰相，忠於所事，如果釋放他不殺，並優禮相待，也可以作爲人臣的好榜樣。」元世祖沈默不語很久，隨後降下口諭說：「叫他們好好供給茶飯。」文天祥的忠義精神，連元朝君臣都很敬佩。

（李炳傑作，錄自《北市青年》）

三、正氣歌並序

◆文天祥

余囚北庭，坐一土室，室廣八尺，深可四尋，單扉低小，白間短窄，汙下而幽暗。當此夏日，諸氣萃然：雨潦四集，浮動牀几，時則爲水氣；塗泥半朝，蒸漚歷瀾，時則爲土氣。乍晴暴熱，風道四塞，時則爲日氣；簷陰薪爨，助長炎虐，時則爲大氣。倉腐寄頓，陳陳逼人，時則爲米氣。駢肩雜遝，腥臊汗垢，時則爲人氣。或圊溷、或毀屍、或腐鼠，惡氣雜出，時則爲穢氣。疊是數氣，當之者鮮不爲厲；而予以孱弱，俯仰其間，於茲二年矣，幸而無恙，是殆有養致然爾。然亦安知所養何哉？孟子曰：「吾善養吾浩然之氣。」彼氣有七，吾氣有一，以一敵七，吾何患焉！況浩然者，乃天地之正氣也，作《正氣歌》一首。

天地有正氣，雜然賦流形：下則爲河嶽，上則爲日星，
於人曰浩然，沛乎塞蒼冥。皇路當清夷，含和吐明庭；
時窮節乃見，一一垂丹青：在齊太史簡，在晉董狐筆，
在秦張良椎，在漢蘇武節；爲嚴將軍頭，爲嵇侍中血，

為張睢陽齒，為顏常山舌；或為遼東帽，清操厲冰雪；
或為出師表，鬼神泣壯烈；或為渡江楫，慷慨吞胡羯；
或為擊賊笏，逆豎頭破裂。是氣所磅礴，凜烈萬古存。
當其貫日月，生死安足論？地維賴以立，天柱賴以尊。
三綱實繫命，道義為之根。嗟予遘陽九，隸也實不力。
楚囚纓其冠，傳車送窮北。鼎鑊甘如飴，求之不可得。
陰房闃鬼火，春院閟天黑。牛驥同一皁，雞棲鳳凰食。
一朝蒙霧露，分作溝中瘠。如此再寒暑，百沴自辟易。
哀哉沮洳場，為我安樂國！豈有他繆巧？陰陽不能賊。
顧此耿耿在，仰視浮雲白，悠悠我心悲，蒼天曷有極！
哲人日已遠，典型在夙昔，風簷展書讀，古道照顏色。

四、「有使使止之」句法探討

舊版國中國文第五冊第十課〈文天祥從容就義〉文中「俄有使使止之」一句，課本注釋說：「俄，頃刻。上一個『使』字是名詞，下一個『使』字是動詞。止，制止。這句是說：不久，有位使者，前來傳達停止行刑的命令。」根據注釋，「有使使」三字的讀音為「ㄧㄡˇ ㄕˋ ㄕˇ」。唯坊間出版的參考書及部分國文老師卻認為應念做「ㄧㄡˇ ㄕˋ ㄕˇ」，說第一個「使」字是動詞，第二個「使」字是名詞。臺北市國民教育輔導團國文科輔導小組對北市國文教師的教材意見問卷調查中，也有一些老師提出這一點，並認為以念「ㄧㄡˇ ㄕˋ ㄕˇ」較妥當。從這裡可看出「有使使」這三字的讀音確引起了國文老師們的一陣困惑。有關這個問題，曾有人提出請教陳品卿教授，據陳教授說，「有」應念「ㄧㄡˇ」，不念「ㄧㄡˋ」，理由是本文第二段有「又使諭之曰」句，同一篇文章用字應該統一，不可能前面用「又」，後面用「有」。底下就是第二段的文字。

上使諭之曰：「汝以事宋者事我，即以汝為中書宰相。」天祥曰：「天祥為宋狀元宰相，宋亡惟可死，不可生，願一死足矣。」又使諭之曰：「汝不為宰相，則為樞密。」天祥對曰：「一死之外，無可為者。」遂命之退。

照一般的情形來說，一定是先前已派了一位使者，後來再派一位，才能用「又」字。本文第二段所記述的是元世祖連續兩次派人利誘文天祥，所以第二次用了一個「又」字。而最後這一段「有使使」的情形不同，在這位使者來前，元世祖並沒有派使者來，所以「有」不應念「ㄧㄡˋ」。「有」念「ㄧㄡˇ」從這裡可以得到斷定。

至於課本注釋說第一個「使」字是名詞，第二個

「使」字是動詞，這也有它的道理。《宋史·文天祥列傳》有「俄有詔使止之」句，這一句和課文的「俄有使使止之」同一句型，當中只有一個字不同，就是宋史用「詔」，課文用「使」。「詔」屬名詞，「使」字理應也是名詞才是。茲錄列藝文印書館印行的二十五史（35）宋史（六）卷四百十八〈文天祥列傳〉裡的最後一段文字如下，以與課文參照比較。

> 召入諭之曰：「汝何願？」天祥對曰：「天祥受宋恩為宰相，安事二姓。願賜之一死足矣。」然猶不忍，遽麾之退。言者力贊從天祥之請，從之。俄有詔使止之，天祥死矣。天祥臨刑殊從容，謂吏卒曰：「吾事畢矣。」南鄉拜而死。數日其妻歐陽氏收其屍，面如生。年四十七。其衣帶中有贊曰：「孔曰成仁，孟曰取義；惟其義盡，所以仁至。讀聖賢書，所學何事！而今而後，庶幾無媿。」

又《國文天地》第三卷第一期（76·6·1出刊），高雄師範學院何淑貞教授回答讀者甘澐這個問題，則從語法方面來解說，也認爲第一個「使」字是名詞，第二個「使」字是動詞。底下是何教授在《國文天地》中的一段文字。

> 「文天祥從容就義」一文中「俄有使使止之」是由「俄有使」及「使使止之」兩個句子遞繫而成，因上句的賓語及下句主語完全相同（同是「使」字），便合併凝縮成文中所見的句式，所以句中第一個「使」字身兼二職（對上為賓語，對下為主語，語法上稱為兼語。）這種職務在句中屬於名詞性單位，「使」字作名詞用時是「使者」之意；下句「（使）使止之」是致使繁句，第二個「使」字便是這個致使繁句的主要述語，是個動詞性的單位，「令」的意思。第一個「使」字位於述語「有」字之後，是「有」字的賓語，作名詞用；第二個「使」字在兼語「使」字之後，故知其為句中述語，作動詞用。

「有使使」三字的讀音，從上面的解說，念「ㄧㄡˇ ㄕˋ ㄕˇ」似應無問題。在這裡個人感到有一點疑惑的，乃是何教授對「俄有使使止之」句法的分析，願藉此提出來與大家切磋和就教。

何教授說：「（使）使止之」是致使繁句，據呂湘著《中國文法要略》（商務印書館）和許世瑛先生著《中國文法講話》（臺灣開明書店）的說法，「使」「令」這些動詞都可使止詞（賓語）有所動作或變化，後面不但跟一個止詞（賓語），還要在止詞（賓語）後面加一個動詞。如果說「使止之」是一致使繁句，那麼「使」與「止」之間應有一個止詞（賓語）。這個止詞（賓語）是什麼呢？那就是被省略掉了的「之」字。《論語．泰伯篇》有「民，可使由之，不可使知之」的句子，呂湘認爲這句中兩個「使」字下都被省略去了個「之」字，即這句應爲「民，可使之由之，不可使之知之。」「使止之」與「使由之」「使知之」的句型相同，所以「使止之」也應是「使之止之」的省略。那麼「使」字下被省略掉了的「之」又是指的誰呢？是行刑的人呢，還是監刑的人？照課本的注釋，「止」當「制止」講，此「之」字當然不可能是行刑人，因爲自己制止自己是講不通的。那麼是監刑人或主其事的人嗎？這有可能，使者傳達命令給他們，叫他們制止行刑人的行刑。不過如果依注釋中的譯文，「止」當「停止」講，那麼「之」字也可以代稱行刑的人了。如此說來，那麼使者究竟是使「誰」止之呢？眞叫人糊塗。

又何教授說「使止之」中的「使」字是這個致使繁句的主要述語，「令」的意思。「使」「令」是表示致使句子的標誌，目的在說明它使止詞（賓語）有所動作或變化，不應是句子的主要述語，句子的主要述語應該是這個句子「兼語」下的動詞。本句「使止之」的兼語「之」省略去了，兼語「之」字下的「止」字才是眞正的主要述語。爲什麼說「使」字不是句子的主要述語呢？因爲致使繁句有時也可以不用「使」「令」等字，直接把止詞（賓語）後面的動詞（述語）翻到前面，使它具有「致使」的意思。這就是一般所說的「致動用法」。如「進不滿千錢，坐之堂下。」（《史記．高祖本紀》）這一句中的「坐之堂下」就是「使之坐堂下」的致動用法。因不用「使」字，所以第二個動詞（述語）便提前到兼語「之」字上了。「使止之」這句話要說明的重點是「制止行刑」這件事，如果說本句的主要述語是「使」，就不能把這層意思表達出來。許世瑛先生《中國文法講話》第九章第四節「致使繁句和意謂繁句」中，舉了一個「我剛叫他買煙去了」的例句，我想這句話要表達的主要意思是「我買煙」，至於是自己去或叫別人去買，是不關重要的事，所以「買」應是這句話的主要述語，致使動詞「叫」應是次要述語。同樣的，「使止之」的句子也該是這樣。

還有「俄有使使止之」這個句子，如果撇開其他不談，純以語法方面來說，我認爲這也可能是個有無繁句。即「俄」是這個句子的時間副詞，「有」是這個句子的述語，「使使止之」是這個句子的賓語。賓語「使使止之」中上一個「使」字是這個謂語中的第一個述語，下一個

「使」字是這個謂語中的兼語，「止」是這個謂語中的第二個述語，「之」是這個謂語中的賓語。或許有人要問，如果這樣的話，整個句子的意思便變成了「不久有派遣一位使者來傳達停止行刑的命令。」用「有」字來做爲這個句子的主要說明，是不是有什麼特別的作用呢？答案是有的。就是用以表示「有這麼回事」，目的在强調說明曾經發生過這樣一件事。

如果照這樣解說，「使使止之」是「有」的賓語，那麼「使使」兩字便要念「ㄕˇ ㄕˋ」了，這和課本注釋中的解釋及何教授的看法便有了很大的出入。「使使」兩字的詞性及讀音究該如何，還是請教育先進們提供寶貴的卓見吧！

（錄自李炳傑《國語教學漫談》．學生出版社）

叁、文法修辭

一、漫談狀元

㈠狀元的由來

在本課中得知胡廣和文天祥都是狀元出身，狀元就類似今日高普考上的榜首。目前在史籍中留有名號的狀元約有七百多人左右，他們都是在苦讀之後，才一舉天下知，成爲當時科考上的佼佼者。因歷朝歷代多以文藝及哲理爲取才的標準，雖然這些狀元不乏政治家、史學家，但仍以文學家爲多。其中較爲人知的有，唐代的賀知章、王維、柳公權，宋代的張孝祥、文天祥、呂蒙，明代的胡廣、楊愼，清代的翁同和、張謇等。中狀元稱爲「大魁天下」，是讀書人的最高榮譽，但大多數的狀元，因爲個人的因素或當時環境的牽制，使其一生不能大伸手腳，有所作爲，而終至湮沒在歷史的洪流中。

狀元是中國科舉制度下的產物，要想了解狀元發展歷程，就必須從科舉制度爲綱來細談。

中國科舉取士之風，起源於隋，完備於唐代。因爲魏晉時九品中正制的流風，銓選政府官員例由貴胄子弟中挑選，布衣老百姓想一躍龍門做官，只有應科學一途。狀元起初稱爲「狀頭」，原來在唐朝參加考試的士子，經由各州貢送到京城，在應試前遞送需「投狀」，即類似今日考試報時填寫資料的情形一樣，將士子的基本資料及解狀送到「禮部」。考試結束之後，禮部需將錄取的相關資料及成績呈報給皇帝，稱爲「奏狀」，但當時只分甲乙等之分，所以將最高的成績放在最前面，就叫做「狀頭」。到了武則天在位時，首創殿試。趙翼《陔餘叢考》說：「自武后初試貢舉於殿前，別其等第，門下例有奏狀，其居首者因曰狀頭，亦曰狀元。」這說明在當時禮部在複試時，才將「狀頭」，又稱爲「狀元」。此時的狀元因爲並無特殊的禮遇，必須和同時錄取進士一樣等待吏部的選派爲官，所以並不受社會上人們的重視。

「狀元」一詞，在宋代建立殿試制度後才確定，而受到當朝者的重視，始於宋太祖、太宗兩朝。只要是榮獲狀元者，皇帝會特賜狀元袍笏、七名宮廷衞士護送回鄉，在其家鄉立上狀元坊等，進士殿試受官區分甲第，當時一甲（三名）賜進士及第，二甲賜進士出身，三甲賜同進士出身。隨著科舉制度的成熟，報考人數的增加，相對重要起要。宋太宗後，一甲三名，可以授爲將作監丞，比起二三甲的評事推官，要高出兩三階。雖授官不高，但對狀元的社會地位的確立，有莫大的影響力。

明清兩代，殿試一二三名確定其名稱爲「狀元」、「榜眼」、「探花」，合稱「三鼎甲」。狀元的地位日益特殊，新進狀元照例授六品的翰林院修撰。翰林素有「儲相」之名，因爲這個職位較接近皇帝，升遷的機會比同榜者快。

㈡狀元的故事

雖然科考制度比起以往的孝廉及九品中正制而言，在某些程度上是公開公正的，但因評閱考卷的畢竟是人，基於當時的環境因素，或迷信，或某些特殊目的發生，就難免會有應上榜者反而落榜的情事發生。

1、九分的努力，一分機遇

很多時候，考試是「九分努力，一分機遇。」而本課作者胡廣就是以其才學，及其一分的機遇，才當上狀元的。在歷來的狀元中也不乏這類型的，宋眞宗大中祥符五年時，考生徐奭在殿試文《鑄鼎象物賦》文中，適時的歌頌了宋眞宗，而被拔擢爲第一。

南宋孝宗曾受上皇高宗訓示——「天下事不必乘快，要在堅忍，終必有成而已。」孝宗謹記於心，還寫在衣帶上。這年殿試，進士黃由卷上寫著：「天下未嘗無難成之高，人生不可無堅忍之心。」正巧正中了皇帝的心坎裡，就做了狀元。

2、以貌取人

從唐代開始，爲了政府的形象，規定要檢查報考者的身相口齒。而這種以貌定名的作法，有不少案例在明朝發生。

明建文二年，本內定王艮爲狀元，可是明惠帝聽大臣說其貌不揚，後改以相貌堂堂的胡廣爲狀元。明英宗正統四年殿試，閱卷大臣擬定張和爲狀元，明英宗密派太監到張和寓所察看品貌，見張和有目疾，就改以施槃爲狀元。

3、以名字擇人

明成祖永樂二十二年殿試，孫日恭爲狀元。結果官員在謄抄名單上呈時，將「日恭」寫得太靠近了，明成祖嫌「曰恭」像個「暴」字，有些犯忌諱，於是將第三名的邢寬，欽點爲狀元，說是要以「以寬易暴」，而孫日恭則落爲第三。

明世宗嘉慶二十二年殿試，擬定吳情爲狀元。明世宗一聽，說：「無情之人，豈可做狀元。」，閱卷的大臣爲了替補的人選，大傷腦筋時，明世宗說他夢到西北方的天際有響雷，想必狀元應在西北。結果大臣們只好在錄取名單中，找相關的名字，最後找到近第三百名的秦鳴雷，因秦鳴雷爲陝西人，正處西北方，便定他爲狀元。

清朝的慈禧太后也喜歡以名取士。在清朝最後一次殿試時，狀元是朱汝珍。因爲她討厭「珍妃」，故凡是「珍」字，看了就討厭。而第二名是商衍鎏是廣東人，她也不喜歡，只因當時康有爲、梁啓超都是廣東人。最後只有第六名劉春霖合她的意，只因劉春霖是河北人，而且「春霖」之名，有吉兆，於是就定劉春霖爲狀元。

4、要寫得一手好字

在清朝的殿試主要以應考者的書法來定優劣，清朝政府原本只是要求試卷形式上的整齊，以利閱卷者評閱考卷。到了康熙年間，中年時的康熙對書法產生愛好之心，於是天下的士子在上行下效的流風下，紛紛勤練書法。而這個風潮對於狀元的擇取也有莫大的影響力，在康熙三十年，殿試初擬吳昺爲狀元，可是康熙喜歡第二名戴有祺的書法字，於是戴有祺便成爲欽點的狀元了。

二、與妻訣別書

林覺民

意映卿卿如晤：

吾今以此書與汝永別矣！吾作此書時，尚是世中一人；汝看此書時，吾已成陰間一鬼。吾作此書，淚珠和筆墨齊下，不能竟書而欲擱筆。又恐汝不察吾衷，謂吾忍捨汝而死，謂吾不知汝之不欲吾死也，故遂忍悲爲汝言之。

吾至愛汝，即此愛汝一念，使吾勇於就死也。吾自遇汝以來，常願天下有情人都成眷屬，然遍地腥雲，滿街狼犬，稱心快意，幾家能夠？司馬春衫，吾不能學太上之忘情也。語云：仁者「老吾老以及人之老，幼吾幼以及人之幼。」吾充吾愛汝之心，助天下人愛其所愛，所以敢先汝而死，不顧汝也。汝體吾此心，於啼泣之餘，亦以天下人爲念，當亦樂犧牲吾身與汝之福利，爲天下人謀永福也。汝其勿悲！

汝憶否？四五年前某夕，吾嘗語曰：「與使吾先死也，無寧汝先吾而死。」汝初聞言而怒，後經吾婉解，雖不謂吾言爲是，而亦無詞相答。吾之意蓋謂以汝之弱，必不能禁失吾之悲，吾先死留苦與汝，吾心不忍，故寧請汝先死，吾擔悲也。嗟夫！誰知吾卒先汝死乎？吾眞眞不能忘汝也！回憶後街之屋，入門穿廊，過前後廳，又三四折，有小廳，廳旁一室，爲吾與汝雙棲之所。初婚三四個月，適冬之望日前後，窗外疏梅篩月影，依稀掩映；吾與汝並肩攜手，低低切切，何事不語？何情不訴？及今思之，空餘淚痕。又回憶六七年前，吾之逃家復歸也，汝泣告我：「望今後有遠行，必以告妾，妾願隨君行。」吾亦許汝矣。前十餘日回家，即欲乘便以此行事語汝，及與汝相對，又不能啓口，且以汝之有身也，更恐不勝悲，故惟日日呼酒買醉。嗟夫！當時余心之悲，蓋不能以寸管形容之。

吾誠願與汝相守以死，第以今日事勢觀之，天災可以死，盜賊可以死，瓜分之日可以死，奸官汚吏虐民可以死，吾輩處今日之中國，國中無地無時不可以死，到那時使吾眼睜睜看汝死，或使汝看眼睜睜看吾死，吾能之乎？抑汝能之乎？即可不死，而離散不相見，徒使兩地眼成穿而骨化石，試問古來幾曾見破鏡能重圓？則較死爲苦也，將奈之何？今日吾與汝幸雙健，天下人之當死而死與不願離而離者，不可數計，鍾情如我輩者，能忍之乎？此吾所以敢率性就死不顧汝也。吾今死無餘憾，國事成不成，自有同志者在。依新已五歲，轉眼成人，汝其善撫之，使之肖我。汝腹中之物，吾疑其女也，女必像汝，吾心甚慰。或又是男，則亦教其以父志爲志，則我死後尚有二意洞在也。甚幸！甚幸！吾家日後當甚貧，貧無所苦，清靜過日而已。

吾今與汝無言矣。吾居九泉之下，遙聞汝哭聲，當哭相和也。吾平日不信有鬼，今則又望其眞有。今人又言心電應有道，吾亦望其言是實。則吾之死，吾靈尚依依旁汝也，汝不必以無侶悲。

吾平生未嘗以吾志語汝，是吾不是處；然語之，又恐汝日日爲吾擔憂。吾犧牲百死而辭，而使汝擔憂，的的非吾所忍。吾愛汝至，所以爲汝謀者惟恐未盡。汝幸而偶我，又何不幸而生今日之中國！吾幸而得汝，又何不幸而生今日之中國！卒不忍獨善其身。嗟夫！巾短情長，所未盡者，尚有萬千，汝可模擬得之。吾今不能見汝矣！汝不能舍吾，其時時於夢中得我乎！一慟！辛未三月廿六夜四鼓，意洞手書。

家中諸母皆通文，有不解處，望請其指教，當盡吾意爲幸。

說明：

這封信是林覺民（字意洞，號抖飛）寫給妻子陳意映的訣別信，時間是民國前一年陰曆三月二十六日深夜，離他奔赴黃花崗從容就義的日子沒有多少天。當時的清朝國勢疲弱，爲列強所魚肉，有志之士不堪爲人所欺侮，不願國家就此滅絕，於是便挺身而出，拋頭顱、灑熱血，以寶貴的生命，來喚醒一般人深潛在內心深處的民族意識。有句話說：「偉人都是站在世界的尖端」，由此可知改革的工作是多麼的艱鉅，尤其是清朝政府爲鞏固其政權，打壓反對勢力更是不餘遺力。因此，林覺民寫這封信時，內心已有赴死的決心，只是在大愛與個人情愛相衡量之下，他有千個萬個掛念，一聲：「意映卿卿如晤」，就代表他無盡的情意及歉意，只是紙短情長，他只能簡單的告訴妻子，爲何他要取大愛而捨個人情愛的理由：希望天下能愛其所愛。整封信雖是封訣別信，作者信筆寫來，筆墨酣暢，情意淋漓盡致，謀篇有序，可見作者深厚的古典文學的修養。

近來自殺事件頻傳，當事人所留下的絕筆信，內容大多是說明自己是勘不破情關所致，而這些又以中青年爲多。再回頭看林覺民的《與妻訣別書》及文天祥的《正氣歌》，在赴死的意義上竟差得如此之多，究竟生存的意義爲何？某年的青年節的特別節目上，有句口白是如此說：「黃花崗七十二烈士大多是十、二十多歲的青年人，而正當青少年時期的你，現在在做什麼？」是環境讓這一代的年輕人，口口聲聲說：「只要我喜歡，有什麼不可以。」一副叛逆的形象下，有著一顆不能承受挫折的心，問題的癥結在那裡？這或許是當下最值得討論的課題吧。

肆、思考與練習

一、文天祥不爲威迫，不爲利誘，從那裡可以看出來？他的這種志節可用孟子的那兩句話來形容？

答 (1)不爲威迫——長揖不拜，左右强之，堅立不爲動。

(2)不爲利誘——拒絕高官厚爵：中書宰相、樞密使的誘惑，以死相明志。

(3)孟子的話——威武不能屈，富貴不能淫。

二、文天祥從容就義，夙願得償，可用那一句話來形容他？

答 求仁得仁，求義得義。

三、文天祥「贊」詞中說「孔曰成仁」，你知道孔子說的這句話是什麼意思嗎？又它後來衍生了一句怎樣的成語？

答 (1)志士仁人，無求生以害仁，有殺身以成仁。（論語・衛靈公）

(2)殺身成仁：原指不惜捨棄自己的生命以成全仁德。後來用以泛指爲正義而犧牲自己的性命。

四、文天祥「贊」詞中說「孟云取義」，你知道孟子說的這句話是什麼意思嗎？又它後來衍生了一句怎樣的成語？

答 (1)生，亦我所欲也；義，亦我所欲也。二者不可得兼，舍生而取義者也。（孟子・告子上）

(2)捨生取義：原意是捨棄生命而選擇正義，後用來形容爲正義眞理，不惜犧牲自己的生命。

五、文天祥「贊」詞中的「意氣揚揚自若」，注釋說「意氣：氣概」，「揚揚自若：神色自然，態度從容的樣子」。如果不這樣斷句，則「意氣揚揚」是一句成語，你能說出這句成語的意思嗎？

答 意氣揚揚，也寫作「意氣洋洋」，形容得意的樣子。《史記・晏嬰傳》：「晏子爲齊相，出。其御之妻，從門閒而闚其夫，其夫爲相御，擁大蓋，策駟馬，意氣揚揚，甚自得也。」《列女傳・賢明傳》：「意氣洋洋」。

六、下面是《五忠集・文天祥傳》裡的一段文字，請以此爲引子，配合課文的一、二、三段，用自己的話，寫出一篇〈文天祥求仁得仁〉的文章。

元世祖嘗問羣臣曰：「南北宰相，孰賢？」羣臣皆曰：「北人莫如耶律楚材，南人莫如文天祥。」世祖將付以大任。王積翁、謝昌元相率作書以世祖意告天祥。天祥復書云：「諸君義同鮑叔，而天祥事異管仲。管仲不死，而功名顯於天下；天祥不死，而盡棄其平生，遺臭萬年，將焉用之。」

例文：

文天祥求仁得仁

元世祖有一次問他的臣下們說：「金國和宋國的宰相中，那一個比較賢能？」臣子們都說：「金國沒有一個能勝過耶律楚材，宋國要算文天祥第一。」元世祖聽了臣下的話，對文天祥頗爲心儀，準備要重用他。

至元十九年（西元一二八二年）二月初八，元世祖召見文天祥。文天祥到殿中時，只是長揖，不行拜稽首禮。雖然侍從强迫他下跪，但他堅持站著，一點都不屈服改變。同時慷慨陳詞，對元世祖說：「宋朝沒有不遵循正道而行的國君，百姓生活安定，沒有需要撫慰的。不幸的是謝太后年紀大了，恭帝還很幼小，弄權的臣子，貽誤了軍國大事，用人行政，措施不當。加上你們北朝利用宋朝的叛將、叛臣，所以才能進入我們的國都，滅亡我們的國家。這種侵略行爲，不是仁者所當爲。我文天祥在國家危急力圖恢復興盛時，接受任命爲宰相，負有光復失土，振興國家的重責大任。現在宋朝滅亡了，我沒有盡到責任，實在愧對國人。我文天祥應該快死，不應當苟活。」

元世祖早聞文天祥的名聲，原本打算重用他，現在看見他一片忠心赤膽，一副正氣凜然的樣子，更是萬分敬佩，極想收服文天祥，便對他說：「你如果肯歸順我朝，用奉事宋朝的心來奉事我，我就任命你做中書宰相。」文天祥一點也不動心，回答說：「我文天祥是宋朝的狀元宰相，宋朝滅亡了，只有一死，不可以苟且偷生。我只希望一死，這樣我就心滿意足了。」元世祖見文天祥不爲所動，還是不死心，又對他說：「如果你不願意做宰相，那麼就做樞密使好了。」文天祥還是無動於衷，堅決地拒絕說：「如果我文天祥動搖意志，變節投降，那就要遺臭萬年，這高官厚爵對我有什麼用呢？除了一死以外，我是不會再去做什麼的。」元世祖見勸不動他，只好叫他暫時退下。

第二天，有臣子上疏奏說，文天祥既然不願意歸附，這樣長期囚禁他也不是辦法，應當賜他死。參加政事麥朮丁極力贊成這個建議，元世祖為了順應臣下的意見，也為了成全文天祥的志節，雖然惜才，有點捨不得，也只好批准臣下所請。被囚禁了四年之久的文天祥，這時候才達成了他求仁得仁的心願。

（李炳傑・南飛）

八、失根的蘭花

／陳之藩

壹、作者參考資料

一、踩碎一地寂寞跫音的陳之藩

(一)前言

陳之藩，一個科學界中的文人，在六〇年代以簡潔的文字風格，沈鬱的悲壯情懷，寫國家、論教育，以哲人的睿智，科學家的犀利，以及詩人的敏銳、深情，發表了一連串異國懷鄉的作品：《在春風裡》、《劍河倒影》、《旅美小簡》，大噪一時，引起社會大衆的矚目。有人將他與羅家倫相提並論，認爲他的文章，頗富深省的意境。民國八十年初，《國文天地》雜誌調查現行教材課文中，最受學生歡迎的是那些文章，經票選《謝天》、《失根的蘭花》、《哲學家皇帝》都高票當選，由此可見陳之藩散文的魅力，影響層面的張力不容置疑。

(二)生平

1、陳之藩的求學過程

陳之藩，字範生，河北省霸縣人。民國十四年生。小時候的陳之藩，在父親嚴格的要求下，熟背古文、古詩詞，像《討武曌檄》、《過秦論》、《哀江南賦》等古文，沒有喜不喜歡的權利，在父親的嚴厲督導下，一律都要背，但是陳之藩自己說，往往他喜歡的，就背得朗朗上口；他不喜歡的，只好默默的接受父親的處罰了。陳之藩從小就有一手好文筆，在用字遣詞上清爽、簡潔，在文字的平仄、音律上講究、斟酌，或許與他有著深厚的文學底子不無關係吧！

十二歲那年，父親帶著陳之藩到北平考中學，在鄉下長大的他沒受過正統的學校教育，連算術基本的定義都搞不清楚，竟把雞兔同籠的算術當作問答題，大大的申論一番，但在這樣的情況下還是讓陳之藩以優異的成績考上了進德中學。初中時期的陳之藩，天資優異，加上他又非常用功，成績一直名列前矛，因此很順利的在初中畢業後，考上市立第五中學。陳之藩的高中時期，八年抗戰正如火如荼的開展開來，十七、八歲的他，熱血奔騰，不忍看見國家處於這樣的憂患亂象中，憑著一股年輕人愛國的熱情，在高中畢業後便和幾位同學到西安加入戰地，隨後又跟著部隊到了鳳翔，時爲民國三十三年年中。半年後，時局依舊混亂，陳之藩決定繼續升學，便赴西安考大學，原本以語文見長的陳之藩，礙於政府公費只撥給理工科的規定下，考上西北工學院——抗戰後的北洋大學，從此走上了科學的路程，步入了電子工程的世界。民國三十四年後，他隨校遷到了天津。民國三十七年大學畢業，當時烽火連天、血光四射，沒有畢業典禮，沒有驪歌聲起，陳之藩獨自一人，就在傳達室裡，領取他的畢業證書。背著背包，穿過層層的鐵絲網，走過風聲鶴唳，走過茫茫天際，走進了他寂寞人生旅途的漂流裡。年底，東北及北平淪陷，陳之藩來到了台灣。

初到台灣，陳之藩原本在高雄鹼廠工作，由於眼力受損，工作上頗爲吃力，他寫信給他所敬慕卻素昧平生的梁實秋。當時，梁實秋爲國立編譯館的館長，於是便安排他爲自然科學組的編審。陳之藩在編審之餘，也翻譯了一些英國的詩作，這樣過了四、五年，求知慾甚强的他辭去了編譯館的工作，毅然決然的排除萬難，遠赴異國去追尋他的夢想。雖然孑然一身，卻載著滿滿的感動與祝福，其中胡適給予他最多的幫助，也讓他得以實現他的夢想。就這樣的，像一朵雲般的，他飄到了美國的賓夕法尼亞州和英國，展開他的異國生涯。

2、遙寄漂泊情——旅美小簡、劍河倒影的心事

陳之藩在費城賓州大學過著簡單又規律的生活，有一點點寂寞，有一些些鄉愁，便在課業的空閒中，寫下一篇篇的札記，寄回國內的報章雜誌發表。五百多個日子的辛勤努力，他拿到了碩士學位，也留下了一頁頁的生活點滴。民國四十六年，陳之藩應聘到密西西比河畔——曼非斯的一所大學去任教，在這個如詩如畫的異國風光裡，品茗著寂寞的芬芳，吐露出縷縷愁絲，也對國家、教育和文化提出他的諫言與期許，一本《旅美小簡》就此誕生，書裡有許許多多遊子的心情寫眞，更是一代中國人流浪的悲歌。

民國五十八年，陳之藩進入夢寐以求的劍橋大學，雖然不是以教授的身份去訪問，而是當個劍橋的研究生，對他而言卻也是件很光榮的事。浸濡在這個名聞遐邇的學術殿堂中，劍橋大學的自由傳統與學習創新的精神，一直都是陳之藩這一生中最光鮮燦爛的回憶，眼睛看到的，耳朵聽到的，變化成文字，寫成了十篇《劍河倒影》寄回國內發

表。他以四、五個月的時間，寫了一本極富有創見的小書，獲得了劍橋大學的哲學博士學位。兩年後，陳之藩又回到了美國休士頓大學任教。民國六十六年離開美國，應香港中文大學之聘，在香港中文大學擔任講座教授，兼電子系主任。待在香港七年中，他寫了十三篇的隨筆與散文，集結出版成《一星如月》。民國七十四年，陳之藩又回到波士頓大學教書了。民國八十五年元月，好不容易又見到陳之藩的作品出現：《時空之海》，收錄的是他去美國之前，五〇年代的前半，與回國以後九〇年代前半的作品，舊愛新歡共盛一爐，在人生歷練的烘培下，愈加豐富芬芳。

㈢結語

陳之藩，有著光風霽月的情操，懷石飄雪的際遇，在回憶的思潮中寫下智慧，創造思考。從幼年的貧困到留學的艱辛，從牛郎織女的故事到哲學家的皇帝，緬懷過去，眺望遠方，陳之藩的生命裡，總是會在雨後的天空中，揮灑幾抹絢麗的虹霓，是一種美麗的哀愁，人生的謳歌，是平凡也是偉大。

斷斷續續中，二十幾年來，惜墨如金的他，到目前為止，只出版了六本散文集：《旅美小簡》、《在春風裡》、《劍河倒影》、《一星如月》、《蔚藍的天》、《時空之海》，實在讓喜愛他的散文迷，感到扼腕，不過，在最近一次的回國訪問裡，陳之藩說，我還要寫，現在雖然還沒談，日子總是都會有感想的，在法國、在巴黎、在義大利看到的，喬治桑、福婁拜、巴爾札克、屠格涅夫，寫出來的文字，就好像是一個個的雕刻，令人很喜歡，也許，在日起日落的起伏裡，花開花謝的悲歡中，春風會再吹起，我們期待能看到更美麗的倒影，更璀璨的星月，在時空之海的無邊無涯中閃閃發光。

二、陳之藩二、三事

㈠賣春聯的小孩

小時候的陳之藩家裡很窮困，他的父親不知道因為什麼原因，欠了人家不少的債務。一個春節的前夕，家家戶戶都高高興興的忙和著過年，只有陳之藩家有絡繹不絕的討債人。這會兒雜貨店的伙計才踏出前腳門；米店的老闆便跟進來嚷嚷兒，沒錢還債的大人不敢面對這一樁樁的困窘，便教小孩出去拖延時間。陳之藩身為長兄，這樣的工作便結結實實的落在他的肩上，他和弟妹商量出一個法子——小弟年紀小，就負責擋住那些債務人，因為年紀越小，債主就越拿他沒有辦法，他和大妹則負責尋求開源。在一番的左思右想下決定了這個本錢最少的事業——賣春聯。於是他抱起母親陪嫁來的毯子去典當，換得了本錢，買了些紙和墨水，扛著一張大木桌子，以王羲之自勉的給自己的攤名，取曰「換鵝」。就這麼樣的，熱鬧的街口，洋洋灑灑的賣起了春聯。天寒地凍，結凍的墨汁，點點石灰的磨磨寫寫中，寫一張賣一張的刻苦經營，生意不好時，為虧本而憂心忡忡；生意好時擔心會被地痞流氓威脅、恐嚇。就憑著這股咬牙堅持的毅力，換來一個平安的過年。

除夕那夜，頂著刺骨的寒風，抬著桌子，端著硯台，數著一張張賺來的鈔票。兩斤麵、一塊肉、一顆白菜再帶一斤糖果。糖果甜甜的，甜在弟弟的嘴裡，酬謝他應付債主的辛苦，白菜和肉是給母親的，撫慰著無怨無尤的她，那一夜的年夜飯，一家人吃起來，特別的香甜，總算這個年是熬過去了。

(二)老師的「過獎」

少年時期的陳之藩，據他自己說，國文比起數學而言，要好太多了。尤其是在作文上的表現更是卓越。但令人不解的是數學老師卻常常的誇獎他。在老師的這種「謬獎」下，讓陳之藩不好意思不作數學習題，在每日的勤作練習下，數學問題對他來說駕輕就熟。這也訓練出他具條理及邏輯性的思維模式。所以陳之藩說，如果，當時的他沒有受到老師的這種「過獎」，這種「造謠生事」，也許他就不會有優異的數學基礎。因此，陳之藩認為「鼓勵」確實是一帖學習的良藥，所以，他衷心的建議老師們「適時的」獎勵，必要時的「造謠」，或許會給學生另一個不同的人生之路。

(三)陳之藩的刷子

刷子呢？刷子到那裡去了？「刷子」指的就是陳之藩。人們戲稱他為「大刷子」，是因為他的頭髮又長又硬，加上他又不愛理頭髮，頭上就好像頂著一個大刷子。所以大家都把他叫作大刷子，叫久了，自動的去掉「大」字，只叫他「刷子」了。

頂著一個「大刷子」，陳之藩就是這樣去美國，開始他的流浪生涯的，漂泊了十餘載，再回來時頭上頂著的是兩個博士的頭銜：電子學博士、哲學博士，而那一頭又長又硬的「刷毛」，已經不見了。這些年來也很少有人再叫他「刷子」了，現在的他，濃稠的頭髮倒像美國的草皮，推得平平短短的，整齊俐落，大概是太座王節如的傑作吧。

(四)劍河倒影中的儷影雙雙——陳之藩的另一半

若你有看過《劍河倒影》，那一定有聽到「如姐」，如果也讀過《旅美小簡》，也會惦念著「如姐」，是的，如姐——就是陳之藩的夫人：王節如女士。

《竹枝調》的第一首，這樣說：

同林鳥　同林鳥
同林相知曉
情也多　愛不少
人間第一好

據說陳氏夫婦，便予人這樣美好的感覺。據說《劍河倒影》原本要有二十篇的，後來成書時卻只有十二篇，原來是：如姐到了劍橋後，劍橋再沒有「倒影」了，只有「儷影」雙雙了。如姐對陳之藩來說：「文章知己，勝於骨肉」，就如「謝天」般的，陳之藩感激「如姐」，這是他生命中的春風吧！

貳、課文參考資料

一、《失根的蘭花》賞析

陳之藩的文風明潔而流暢、俐落，常常能將身邊的瑣事，所見所聞，或者是心頭上偶然的浮光掠影，描繪得風采斐然，意趣盎然。內容溶理於情，抒情爲理，這就是許多人喜愛陳之藩的文章的理由。

本文《失根的蘭花》選自《旅美小簡》一書，文章分爲十小段，若以其文意歸類，可分爲三個層次發展，在佈局上以記敘、抒情、議論統合的方式，描繪出全文，文中有笑、有淚，有細膩的情感也展現了豪邁的思想，眞是一篇情文並茂的佳作，現以三大層次，十小段落，賞析如下：

㈠從費城某大學賞花開始，以花爲主軸，拉開童年往事回憶的序幕

第一小段：運用導入式法開頭，從顧先生約陳之藩去費城的大學裡賞花開始，看到校園的美麗，小樓、綠草、山坡地，覺得像夢一般。隱約的透露出自己像踩在夢境中一般的迷離、虛幻。

第二小段：再由「花」著筆，第一句便分辨出這些花是從中國來的。美國的花圃裡，種著中國來的花，就像美國的土裡，住著中國來的人一樣，以此鋪排下一段的回憶。

第三小段：從這些中國來的花中，看見了北平公園的花花朵朵，以反詰語氣，道出了自己心情的矛盾、惆悵，在時光的流逝中，時空的變化裡，怎樣也不能走回童年的情境，並不是回憶不起來，而是在情感上的一種傷痛，讓他覺得不能回憶，回憶到中國的那種意境裡，所以，他覺得難過，感覺到這些花不該出現在這裡。因此，陳之藩接著說：「這些花應該是在來今雨軒，應該是在諧趣園，應該是在故宮的石階，亭閣的柵欄」。在這段的結尾裡，他坦率的裸露出他的眞情，筆鋒也落入「情」的描摹中，不露痕迹的由景帶入情的層次裡，「花的顏色也褪了，人的情感也落了，淚，不知道爲什麼流下來」。就在「淚，不知道爲什麼流下來」的同時，感受到作者對時空的無奈，物是人非的痛楚，深入的刻畫異國遊子流落他鄉的思念情懷。

㈡情懷思中吐露浪子的心聲

第四小段：運用反襯法來接續第三小段的收尾，「淚，爲什麼會這樣的流下來，感情爲什麼會這樣的落下來。」不是從來沒有離開過家，而正是因爲從十幾歲就漂流在外地，在祖國的土地上，不管看到花也好，草也好，跟故鄉同也好，不同也好，陳之藩都沒有想過家，沒有過這樣的鄉愁。走過渭水濱，看過咸陽城，到過秦嶺，撿過與香山一樣紅的楓葉，四川與太廟的老古松，都不會讓他想家，甚至在這樣的流浪中，還可以讓他有驕傲的感覺。自己有著可以處處爲家的豪情壯志，此段寫來意興風發，筆調流利而明快，在長短句的交錯中，展現當時年少時遨遊四海五湖的英姿雄風。

第五小段：在一句「然而，自至美國情感突然變了」隱隱的，場景上由中國的山光水色，一變爲美國，筆鋒陡落，豪情壯志不再，一縷細細的、綿綿的牽掛，絲絲的盈繞在字裡行間，「夢境」再度出現，呼應到第一段的夢境

「安靜的夢」。故鄉的小屋搖晃坍塌在風雨中，母親一根一根白了的頭髮，這些情境寫出作者身在異國卻心繫故鄉、親人的苦悶，尤其是看到故鄉的東西時，心情上總是起起伏伏，矛盾不已，異國遊子的心聲，乍然的流瀉在這樣的心情中。在收尾時，作者領悟到爲什麼同樣是離開家鄉，同樣是漂流天涯，爲什麼以前的心境與現今的心境，落差如此不同，就如「蠶」沒有離開桑葉時，處處都是家，一離開桑葉後，便處處都不是家了。人也是如此，未曾離開國土時，就體會不出人對「國」對「家」眞正的依戀。

第六小段：承第五小段，說出在美國的中國花，在美國的中國人，因爲身處異地，更體會得到故鄉土地的芬芳，故鄉花草的美麗。不能忘的，永遠是在故鄉中鮮明的回憶——「這童年的彩色版畫，成了我一生中不朽的繪畫」。

第七小段：回憶的延伸中，想起一些中國的景色、中國的傳說，在牛郎織女的古老傳說裡、竹籬茅舍的純樸鄉鎮裡、老牛山河、詩歌、花木、兒童的喧嘩笑語、祖宗的靜肅墓廬中，勾勒出一幅懷念的畫面，也在這種美麗的畫面裡，蘊藏著苦澀痛苦的想念。

從第四小段到第七小段，所描繪的景物都在寫中國的景物，各段不同，其實一氣呵成，佈局在各段中，有高山峻嶺，有紅花綠葉，有古松老木，在作者的腦海中，歷歷在目，卻是遙遠不可期。情思的縈繞，鄉愁的苦痛難熬，陳之藩確實讓讀者看到了他的心，看到他的思念。

㈢點明題目——失根的蘭花，峯迴路轉，熱情再揚

第八小段：由「人生如萍」、「人生如絮」的比較中，看出陳之藩經由一番感情的折磨下，體會到離國之苦的浪子悲歌。人的一生中，和國家的生死存亡有著很密切的關係，就像萍尚有水流可以依靠，而絮卻是飄零在無垠的天地中。

第九小段：全文至此，都未出現「蘭花」的蹤影而題目卻爲《失根的蘭花》讓讀者有等待之興味，而此段中，道出定名的緣由——宋代畫家，宋思肖所繪的蘭花，絕不畫著土的樣子；宛若，沒有根的蘭花，也就像沒有國的人。尤其在末尾收束爲「不待風雨折磨，即行枯萎了」相當沈重的下筆，寫出國家對個人的重要性。

第十小段：結論中再重申，十幾歲就無家可歸的陳之藩，歷經過抗戰，身受過戰火的洗禮。此段中他再度燃起十七、八歲時曾有過的熾熱情操，筆鋒揚起，寫出：「身可辱，家可破，國不可亡。」強韌的力量，頗富激勵氣氛。

(四)結論

這篇血淚交織的文章中，有美麗的風景，有深摯的情感，也有痛切激昂的議論，使讀者隨著陳之藩的筆觸，上山下海，神遊中國山水，沐於美國風光，時而淚流，時而冥思。

最後揚起一片愛國熱情，化悲痛爲力量，激發成澎湃的國家情操，發揮出情感的韌力、張力，眞眞切切的表達出陳之藩文章的特色——抒情於理，又溶理於愛中。

二、本課文字風格析論

這篇《失根的蘭花》裡，讀者很容易就進入陳之藩的情感起落中，那是因爲陳之藩在用字遣詞，及文章的佈局上，都有他獨特的方式與味道。

本篇的情感流露自然而不凝重，就在於陳之藩常常是運用以景入情的方式，讓讀者在不知不覺中，進入一種想像的悲傷，再帶入回憶的畫面相烘托，自然而然的引發出懷念。例如：

由於這些花，我自然而然的想起北平公園裡的花花朵朵，然而，我怎樣也不能把童年的情感再回憶起來。**〔以景入情〕**

因爲背景變了，花的顏色也褪了，人的情感也落了，淚，不知道爲什麼流下來。**〔以景入情〕**

在夜裡的夢中，常常是家裡的小屋在風雨中坍塌了，或是母親的頭髮一根一根地白了，在白天的生活中，常常是不愛看與故鄉不同的東西，而又不敢看與故鄉相同的東西，我這時才恍然悟到我所謂的到處可以爲家，是因爲蠶未離開那片桑葉。**〔回憶中說理〕**

花搬到美國來，我們看著不順眼，人搬到美國來，也是同樣不安心，這時候才憶起，故鄉土地之芬芳，與故鄉花草的豔麗。**〔回憶中說理〕**

我十幾歲就無家可歸，並未覺其苦，十幾年後，祖國已破，卻深覺個中滋味了，不是有人說「頭可斷，血可流，身不可辱」嗎？我覺得應該是「身可辱，家可破，國不可亡」。**〔回憶中說理〕**

三、抒情文

㈠抒情文的認識

古今中外的文章裡，許多感人肺腑的好文章，莫不是蘊涵眞摯、濃厚的感情，這種抒寫感懷的文章，就稱作「抒情文」。許多散文、小品文，甚至議論文中都會帶有一些抒情的成分。所謂「動乎其情，而見乎其文」就是這樣的意義。

抒情文是由於情思的感觸而產生情緒的起伏，進而發洩於文字中，所以抒情文的內容有許多種類型，例如：懷念故鄉、回憶往事、雜緒閑愁、兒女私情，或者是哀悼親故，沈浸自然美景。所以在情感的表達上有憂傷哀怨、奔放熱情，或者溫柔敦厚、氣勢雄放的浪漫……等不同的表達方式。無論是何種方式的展現，只要是能由心裡頭主觀情意的表達，客觀情景的融合，運用平實、自然的語言流露於字裡行間，讓讀者能由視覺上的接收，感受到作者的情意表白，那就是一篇很成功的抒情文了。

抒情文是以「情意」的吐露爲主，重在產生「同理」、「同情」的作用，這也是所謂的起了「共鳴」情思。讓讀者隨著文字的表現，情感上有所起伏波動，並隨之悲哀喜怒，所以在抒情文中「感情」的注入，是最重要的因素。眞實的情愫，才會令人同悲共喜，吟賞不已，切忌只作文字上的堆砌，只求詞藻上的華美，無病呻吟，徒令人感到空洞、浮濫之弊。

㈡抒情文的分類

一般的抒情文，大致可分爲三類：1、是「情盡乎辭」；2、是「情溢乎辭」；3、是「辭溢乎情」。茲簡述如下：

1、情盡乎辭：心理感受到十分，隨之也能寫出十分，那便是「情盡乎辭」。

2、情溢乎辭：心裡只感受到十分，筆下卻只寫出七、八分，並未完全抒發，便是「情溢乎辭」。

3、辭溢乎情：心中只感受到七、八分，筆下卻寫了十分，那便是「辭溢乎情」了。

事實上，抒情文的方式中，並沒有哪一種方式的表達是最完善、最好的。或許在「情盡乎辭」的狀況下，可以讓人感受到表達的技巧、語言文字運用的得當，但是，情感的認知上，往往是很主觀的，並不一定能引起共鳴。也有很多人認爲「情溢乎辭」在抒情文的表現上也是很有價值的，因爲它留予讀者一個想像的空間，在「言有盡而意無窮」的留白裡，賦予抒情文更廣闊的天地。最需提醒的就是「辭溢乎情」的表達方式裡，往往因爲文字的描述重於感情的實質，反而容易失去了溫婉、敦厚的原意，造成文字上的張力過大，情過其言的狀態下，內容上流於生膩、厭煩的弊病，這是作抒情文時應該要特別注意的地方。故《文心雕龍》作者劉勰有謂：「繁采寡情，味之必厭。」

(三)結語

作抒情文時，一定要注意能「體會人情」且要能「情事兼備」。在抒寫情感時，要能深刻的描寫出人的眞情，不管是自己的感受，或是他人的情思，都要能以「人之常情」的方向去發揮，去體會其中的喜、怒、哀、樂，並不是完全皆在寫「情」，「情」必須蘊藏於「事」中或是「景」中，由「入景生情」或是「人事際遇」的觸動中，才會發展出情思的波動，情感的共鳴。所以創作「抒情文」時，一定要能「情事兼備」，在敍事的過程中，蘊含情感，或是描景，或是觀物，在不知不覺中將情意流瀉、吐露，使文章中的情思深邃、而引人感同深受，這就達到抒情文眞正的內涵與境界。

四、蘭花一族

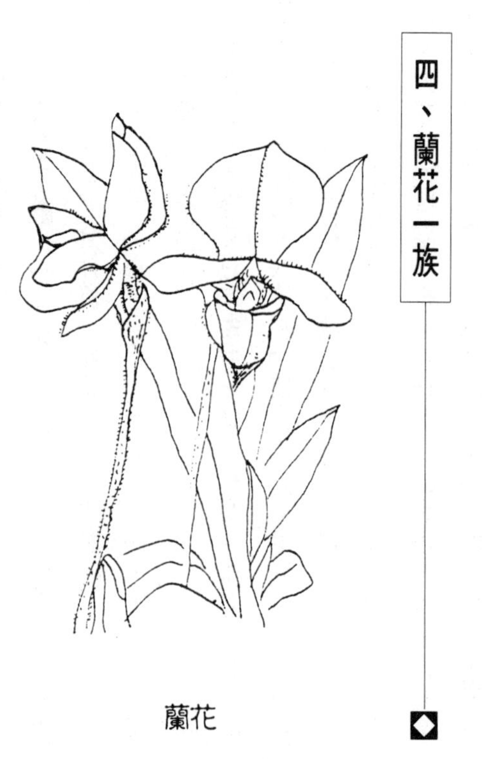

蘭花

(一)蘭花的身世介紹

蘭科植物在分類學上有六百多屬，約兩萬多種，是一種很進化的單子葉植物，爲多年生草本。它的根是有地上生、著生或是腐生，內部的構造十分的特別。莖有直立的，也有下垂的，還有膨脹成肉質狀的稱爲「假球莖」。蘭花葉片的排列方式是互生的，只有少數是對生或是輪生，是一種單葉植物。要開花時，花軸是從莖部或是假球莖中抽出，有的是單生，也有成穗狀、總狀、圓錐花序的長出。

蘭科植物的花大多是左右對稱的不整齊花，花被六片，分爲兩層，外層是三枚萼片，寬大，具有美麗的顏色，形狀像花瓣，在兩側的兩枚稱爲「側萼片」，中間的一枚稱爲「中央萼片」。內層也有三枚花瓣，上方的兩枚與萼片相似或稍大一些，稱爲「側瓣」，下方一枚是舌片狀，稱爲「唇瓣」，「唇瓣」往往是大而豔麗，本來應該在上方，因花梗轉了一百八十度，所以就成了在下方，有「全緣」或是「三裂」，表面上常常具有龍骨，基部如果有收縮或囊狀或是管狀時，就是所謂的「距」。

蘭的花柱、柱頭、雄蕊結合成「蕊柱」。花粉會聚合成花粉塊。種子很細小、脆弱，不容易自然生成，需要人工特別的培育，才能繁殖。

蘭花原產於熱帶或亞熱帶深山中，台灣地處亞熱帶，是一座天然的溫室，對於蘭花的培植是很得天時、地利之便的，因而台灣各地對於蘭花的栽培及新品種的培養，不遺餘力，並引進國外許多品種進行培育，所以種類越來越多。

㈡蘭花的地位

自古以來，蘭花一直是翩翩君子的象徵，爲文人所敬重與喜愛，有人稱蘭爲「王者之香」，清芬而悠遠，其姿態與顏色更是受到推崇，使人感到脫俗與忘憂。

㈢常見的蘭花

1、風情萬種的蝴蝶蘭

蝴蝶蘭的花形很像一隻蝴蝶，花色嬌豔而柔美，儀態萬千，花期頗長，從春天到秋天都能開花，是很常見的一種蘭花。

蝴蝶蘭原產在亞熱帶，品種非常多，台灣天然的原生種也不少，過去在台東大武山區、恆春、蘭嶼等地，都有野生的蝴蝶蘭，可是由於近年來濫採的結果，一度瀕臨絕種。現今，園藝的栽培上不僅有本地原生種和改良種，亦有國外引進品種。

2、搞怪可愛的拖鞋蘭

拖鞋蘭又名「熊谷蘭」，原產地在亞熱帶、澳洲及美洲等地。拖鞋蘭屬地生蘭，花姿特別，花瓣上不是有條紋狀，就是佈滿了小點點，唇瓣好像拖鞋的前端，所以名爲拖鞋蘭。花期短的約二十餘天，長的可達一個月以上。花色有黃、白、紅、褐、綠……等色。

因爲拖鞋蘭沒有貯藏養分和水分的假球莖，所以不耐乾旱，要經常保濕，且不能照太多陽光，因此，台灣南部的氣候不適合培植，所以拖鞋蘭在北部較常見。

3、搖曳生姿的石斛蘭

石斛蘭原產在亞洲、澳洲。石斛蘭屬於氣生種蘭，種類十分的繁多，各類的習性及型態皆不屬相同，或有細長莖者，或有圓球莖者，且高矮也不盡相同。石斛蘭的花色非常的豐富，桃紅、紫紅、白、黃、金黃，皆具特色，花朵微帶清香。石斛蘭有「春石斛」及「秋石斛」，此類蘭花極適合盆栽。

4、頗富盛名的一葉蘭

一葉蘭的種類約有二十餘種，其中以台灣原種之「台灣一葉蘭」，在世界上最富盛名。從溪頭到阿里山途中，及花蓮的山區均有其蹤迹，一葉蘭的花瓣是粉紅色或紫色，姿態極爲嬌柔，其特色就是在每一朵開花的球莖上，只有伸出一枝花軸，上端只開一或兩朵花，花朵下僅著生一片葉，因故得名。花期爲二至四月。

5、清香撲鼻的報歲蘭

報歲蘭統稱爲「國蘭」，原產地在中國大陸及台灣。國蘭是我國固有的園藝花卉之一，花朵秀麗而雅緻，氣味芬芳，葉姿也清高而脫俗，相當受到愛蘭人士的珍愛。若有變種或新品種出現，則價值非凡，一盆就可高達數十或數百萬元。園藝栽培上有觀花品種及葉藝品種，葉藝品種稱爲「線蘭」，在基葉面上鑲嵌上鵝黃色之斑紋或是其他的線紋，養蘭人均奉之爲瑰寶。

叁、課文補充資料

一、頤和園

頤和園原是皇家園林中最大規模的一處園子，全園共佔地二九〇點七公頃，包括萬壽山、昆明湖在內。此園共歷經了金、元、明、清，不斷的開鑿與擴建。在金朝時名爲「金山」、「金水池」。在元朝時，總稱爲「公瓦山」、「公瓦」、「山泊」。明朝時一度改名爲「金山」、「金海」，總稱爲「好山園」，俗稱「西湖景」。清朝時稱爲「萬壽山」、「昆明湖」，園子稱爲「清漪園」。西元一八六〇年英法聯軍焚毀清漪園，西元一八八五年慈禧太后動用軍費重整清漪園，並易名爲：「頤和園」。

頤和園可分爲勤政區、生活區和遊覽區。

㈠勤政區

進了頤和園的大門，也就是「東宮門」，是以「仁壽殿」爲主體的勤政區。其殿共有七間，是帝王召見羣臣的正殿。殿前有廣闊的庭院，院裡蒼松古木參天，奇石假山美景，相當宏觀。

㈡生活區

在仁壽殿後是慈禧太后和光緒皇帝居住過的「生活區」。主體建築爲慈禧的「樂壽堂」。該堂面對昆明湖，背倚萬壽山，東臨德和園的大劇院，西接被稱爲頤和園中名景的「長廊」。堂內佈滿許多珍貴用品，例如：寶座、御案、圍案、圍屏、宮扇等。堂前種有玉蘭、海棠、牡丹等奇花異景。

「玉瀾堂」是光緒的臥室，位於「樂壽堂」的右側。在玉瀾堂兩側配殿內有一道磚牆，是當時戊戌政變失敗後，光緒被慈禧幽禁之所在。玉瀾堂的後面是光緒的皇后居住的「宜藝館」。「樂壽堂」和「玉瀾堂」目前裡面的各種擺設，包括被褥、牀帳、寶座、御案都是原物、原狀。在「仁壽殿」的正北面——德和園裡，陳列著兩百多種工藝用品，其中有四扇玉石鑲嵌的四季花鳥大座屏，現仍原物呈列。園中有大戲樓，建築上非常的有特色，是慈禧當時看戲所用的。

㈢遊覽區

頤和園的遊覽區主要分爲「前山」、「後山後湖」、「昆明湖」三部分。

前山：以佛香閣爲中心，建設一系列的建築羣。從臨湖的「雲輝玉宇」牌樓開始，穿過「排雲門」、「德輝殿」、「佛香閣」，一直到山頂的「智慧海」，畫下了一線層層上升的軸線，極其的壯觀宏偉，是全園的精華景色。登上高聳的佛香閣，俯瞰昆明湖，山光水色亭閣殿堂，長廊小軒，美不勝收，令人驚嘆。另有長廊貫穿東西，宛如彩帶，長達七百二十八公尺、二百七十三間的曲折，串聯美景，人行其間，宛如幻夢。眺望遠山碧水，廣闊神怡，更是讓人流連忘返。

後山後湖：淙淙流水，古松參天，山水相接，幽幽情深，江南景色，盡在眼底。其中被譽爲「園中之園」的

「諸趣園」，具有「藏式」建築風格的四大部洲，看來自成一體，卻又融於其他，特色非凡。

昆明湖區：湖區的主要景物有「西堤」、「西堤六橋」、「東堤」、「南湖島」、「十七孔橋」等等。這些景物既仿有杭州西湖自然景觀之美，又兼帶自身的特色。南湖島與萬壽山隔水相望，島山之假山怪石，樓台亭閣是園中又一獨特之勝狀。十七孔橋，飛射於南湖島與東岸之間，白雪般的欄杆橋石，上有雕刻精美的大小石獅五百多個，個個神態不同，或蹲或臥，維妙維肖，令人嘆爲觀止。

二、香山

香山公園坐落在西山東麓，離城二十公里。全園最高峯爲海拔五百五十七公尺，因爲山頂有兩塊巨石形狀有如香爐，又因山高霧大，遠遠望去，宛如香煙裊繞，縷縷飄空，所以名爲「香爐山」。

香山在四時替換中，各有其面貌，展現在世人之前的是一季季的風情萬種。「鬼見愁」是香山著名的高峯，春天的踏青，夏日的避暑，秋高的賞楓，冬時的觀雪，都是他著名的節目。站在山頭眺望，永定河、頤和園和石景山皆在其腳下，一覽無遺。玉華山莊是賞紅葉最好的地方。香山公園上更有二十餘萬株的大樹，其中多半爲黃櫨樹。深秋時節，猩紅色的葉子，臨風搖曳，遍佈山巒，在浩瀚的藍空中，猶如鑲嵌的寶石畫屏，美麗極了。

三、咸陽城

咸陽市，是一座工業城，位於關中平原的中部，地處九嵕山之南，渭水之北，曾爲秦朝的首都。民國四十一年，咸陽縣的城區改爲咸陽市，市、縣並列。民國七十三年，咸陽地區改爲省轄市，實行市管縣，原咸陽市改名爲秦都區。其面積一萬二百一十三平方公里；總人口四千五百六十七萬人，是關中經濟區面積最大、人口密度最高、經濟最發達的地區。咸陽原只是個小城，在民國四十七至六十七年間，大力發展電子、電力及多項工業活動。目前咸陽已成爲中國大陸重要的紡織基地。民國六十八年以來，又大力的推展電子工業，特別是在彩色電視機工業——彩色映像管的製造。全市圍繞著彩電工業，建成配套的電子工業，形成一個現代化的電子城。所以咸陽現今已成爲一個以紡織工業和電子工業爲主的新型綜合型態之工業城市。

四、南宋遺民詩人鄭思肖

有懷常不釋，一語一酸辛。

此地暫胡馬，終身只宋民。

讀書成底事，報國是何人？

恥見干戈裡，荒城梅又春。

這首《德祐二年歲旦》詩是南宋遺民詩人鄭思肖的作品，在詩中我們可以深刻的感受到，鄭思肖爲宋亡的碎心之痛。鄭思肖（西元一二四一～一三一八年），原名某，宋亡之後改名爲思肖，字憶翁，號所南。在著述中，自署名爲「景定詩人二山所南鄭思肖憶翁」。其中「思肖」是懷念宋室趙氏；「所南」是表示所志在南，不肯北面臣事異族；「景定詩人」，表示不忘宋。

鄭思肖在南宋末年，以太學上舍生的資格，應博學鴻詞科，而當時正逢元兵南下攻宋，國家正在危急存亡之秋，他排除萬難叩闕上書，攻擊當政者。可是大宋江山仍斷送在奸臣賈似道這一幫人手裡，元人恣意入侵，奪去大好的江山。這些看在鄭思肖的眼裡，心中悲憤之情無以言喻，那年他三十五歲。

宋亡後，鄭思肖隱居在吳下，自稱「三外野人」。鄭思肖曾描述他的父親時說：「吾父氣如烈日秋霜，其嚴！行如積金粹玉，其潔！」從小父親就灌輸他忠君愛國的思想及民族意識，等他考取太學上舍生後曾表示：「每念蒼生愛辛苦，厥爲霖雨白雲中」。他這個强烈的民族意識，不僅表現在詩文中，也在日常生活中實踐。平日坐、臥絕不北向，所住廳堂的匾額題字曰：「本穴世界」。暗示以「本」字中的「十」置下文，則成「宋」字，表示仍在大宋世界中。鄭思肖擅長畫蘭花，可是宋亡之後，所畫的蘭花，都沒有根部。有人問起，他便回答：「土地已被元人奪去，你難道不知道嗎？」他常常朝著南邊哭，聽到別人說蒙古話，必掩著耳朵，趕快離去。

宋朝趙孟頫名冠羣倫，鄭思肖卻鄙棄他沒有士人的節操，在元朝爲官，便與他絕交。趙孟頫幾次造訪鄭思肖，皆被拒於門外，敗興而回。沒多久，鄭思肖便變賣了自己的田產，僅留數畝田地爲日常生活之所需。並對他的佃農說：「倘若我百年之後，這些田地就歸你所用。」他終身不娶，在各地浪遊而不定居；晚年得重病，臨終前，叮囑友人唐東嶼說：「我大去之日不遠矣，煩勞你替我在神主牌寫上『大宋不忠不孝鄭思肖』。」說完，人就也斷氣了。

國破家亡的悲痛，渴望光復河山和驅除胡虜的信念更爲强烈，蘊積在心中不得不發洩，所以他常藉著詩句，表達出他忠於趙宋的堅貞氣節，自稱：「非歌詩無以雪其憤，所以皆厄挫悲戀之辭。」（《中興集序》）

顧炎武曾作《井中心史歌》：「有宋遺臣鄭思肖，痛哭元人移九廟。著書一卷稱心史，萬古此心此理。忽見奇書出世間，又驚牧騎滿江山。天知世道將反覆，故出此書示臣鵠。……」據傳明崇禎時在蘇州乘天寺的井內發現，用鐵函封固的《井中心史》（或名爲《鐵函心史》），就是鄭思肖晚年的作品詩集：《心史》。內含有《咸淳集》、《中興集》等，以詩歌、記事相配合，記載宋朝亡國的經過，及元朝的蒙古人當時的强悍與惡霸侵凌。但經後人考證後發現，記事部分有些與史實不符，所以懷疑是後人僞託之作。

肆、思考與練習

一、老師可以引導學生去認識校園中的花朵三種，並請學生描述其特徵及顏色在校園中給人的感覺。

說明：

㈠**杜鵑花**：

三月，暮春時節所開的花，顏色有紅、白、桃紅，是屬於灌木叢，矮矮小小的，上面結滿了好多的花苞，給人的感覺好像是一羣青春洋溢的少女，擠在一起嘰嘰喳喳的喧鬧著，給人熱鬧、天眞的感覺。

㈡**玫瑰花**：

一年四季都可以開花，現在還有許多變種的品種，有大、有小，也有許多的顏色，如：黃玫瑰、紫玫瑰，甚至還有黑玫瑰，校園中看到的通常都是紅玫瑰。

玫瑰花給人很美、很高傲的感覺，就像是一位長得很漂亮的富家千金一樣，有著孤傲不可侵犯的氣質。

㈢**咸豐草**：

這是路邊常見的一種野花，雖名爲草，但卻是一種小小的野花，屬菊科。花瓣兒小小的、白白的，約有五瓣，很像小菊花，迎風搖曳，輕柔可愛，路邊、道旁、校園裡經常有它的蹤迹，感覺上就像鄰家的小女孩一樣。

二、老師可以安排校外教學的活動，參觀台北的故宮博物院，看看故宮前的花草、亭閣的柵欄，及故宮裡珍貴的文物，給予學生更開闊的視野。

三、本課文中以「絮」和「萍」來比喻「人生」，請學生練習寫出「人生如……」，舉出四個句子六十分，八個一百分。

說明：

請老師要先引導學生「人生」的定義，在時間上，在空間上，甚至在人事物的變動上，讓學生能更深一層的瞭解「人生」的意義。例：

㈠人生如煙

㈡人生如過眼雲煙

㈢人生如夢

㈣人生如曇花一現

㈤人生如戲

四、說話活動的設計：

讓學生說出一段小時候印象最深刻的回憶（可在課堂中進行，每個學生給予三分鐘，活動約莫十至十五分鐘）。

五、問學生最近有沒有看電影？情節、人物都需交代清楚（若課堂上時間不夠，可以在週記中，請學生寫出來，字數在三百字左右即可）。

說明：

㈠通常我們回憶一場電影的情節，在腦中大概只要一分鐘，因為口述時，限於說話的速度，所以會比較慢。

㈡要能在規定的時間或字數內，講述一個電影故事，也是不容易的，至少要能和記憶配合反應才行。

六、請學生對人民與國家之間的關係作一個簡述或是口述（簡述之字數在一百至二百字，口述限定三分鐘）。若課堂上時間不夠，可在日記上發表。

七、引導學生練習作「敍事兼抒情」的作文方式，可出題為：

㈠童年往事憶趣

㈡台灣風光三則

㈢校園的那個角落

㈣想起十歲那一年

㈤說起那個×××——我的故鄉

（游雅婷．南飛）

九、愚公移山

／列子

壹、作者參考資料

一、列子是否存在

(一)《莊子》一書的神化

《逍遙遊》云：「列子御風而行，泠然善也，旬有五日而後反。」

翻譯：列子能駕風行走，那樣子實在輕盈美好，而且十五天後方才返回。

(二)後人懷疑存在

1、《莊子・天下篇》評論先秦諸子多人，卻無涉及列子。

2、《荀子・非十二子篇》未提到列子。

3、《史記》也沒有提及列子。

4、高似孫《子略》，懷疑列子的存在。

(三)列子必有其人

1、《莊子・應帝王》云：「然後列子自以爲未始學而歸，三年不出。爲其妻爨，食豕如食人。於事無與親，彫琢復朴，塊然獨以其形立，紛而封哉，一以是終。無爲名尸，無爲謀府，無爲事任，無爲知主。體盡無窮，而遊無朕。盡其所受乎天，而無見得，亦虛而已。」

翻譯：這之後，列子深深感到像從不曾拜師學道似地回到自己的家裡，三年不出門。他幫助妻子燒火做飯，餵豬就像侍候人一樣。對於各種世事不分親疏沒有偏私，過去的雕琢和華飾，已恢復到原本的質樸和純真，像大地一樣木然忘情地將形骸留在世上。雖然涉入世間的紛擾，卻能固守本眞，並像這樣終生不渝。

2、楊伯峻《列子集釋》也主張列子確有其人，理由可歸納爲兩點：第一點：《莊子應帝王》中所敍以及《爾雅釋詁》邢昺疏引《尸子・廣澤篇》與《呂氏春秋・不二篇》都說「列子貴虛」和《莊子》所說相合。第二點：《戰國策・韓策二》說史疾治列子圉寇之言而「貴正」，則近於儒家的正名，不可能認爲是列子的正宗，只能推估爲戰國說客。因列子已不被人所眞知，故假借其名，以爲遊說的招牌而已。

二、《列子》一書的眞僞

從柳宗元以後，人們多懷疑是僞書，其理由有：

㈠馬敍倫《列子僞書考》云：「蓋列子晚出而早亡，魏、晉以來好事之徒聚斂管子、晏子、論語、山海經、墨子、莊子、尸佼、韓非、呂氏春秋、韓詩外傳、淮南、說苑、新序、新論之言，附益晚說，假爲向序以見重。」

㈡楊伯峻《列子集釋》云：「列子是部僞書，這已經爲一般學者所肯定，它是一部魏晉時代的僞書，也已經爲大多數學者所肯定……總結以上所論，第一，考察了『數十年來』這一說法，它不但和先秦的說法不合，也和兩漢的說法不合，卻和《世說新語》的某一說法相合。第二，又考察了『舞』字的兩種用法，一種用法和兩漢人的用法相同，一種用法甚至要和出現於西漢以後。第三，又考察了『都』字作爲副詞，只是魏晉六朝的常用詞。第四，又考察了『所以』的作爲連詞，絕不是先秦的『所以』的用法，而只是後漢以後的用法。第五，又考察了『不如』一語，也和先秦的『不如』不一樣。這種用法，也只是漢朝才有的……。」

貳、課文參考資料

一、《愚公移山》主旨的探討

㈠晉張湛《列子注》云：「夫期功於旦夕者，聞歲暮而致歎；取美於當年者，在身後面長悲。此故俗士之近心，一世之常情也。至於大人，以天地爲一朝，億代爲瞬息；忘懷以造事，無心而爲功；在我之與在彼，在身之與在人，弗覺其殊別，莫知其先後。故北山愚與嫠妻之孤，足以哂河曲之智，嗤一世之惑。悠悠之徒，可不察歟？」

㈡唐盧重玄《列子解》云：「此一章興也。俗安所習而隨於衆。衆所共者，則爲是焉。雖嗜慾所纏，從生至死，生既流蕩無已，死又不知所之；愚者營營於衣食以至終，君子營營於名色以至死，咸以爲樂天知命，自古而然。若夫至學之人，必至於求道忘生以契眞。聞斯行諸，不計老少，窮生不聞神，或感而自通。故《易》曰：『寂然不動，感而遂通』，然後形礙之可忘，至平之理暢矣。」

㈢陳師滿銘《國文教學論叢》云：「這是我國著名的一則寓言故事。在這則故事裡，作者寄寓了『人助天助』、『有志竟成』的道理於篇外，是非常耐人玩味的。文凡四段，作者首先在起段記敍愚公鑑於太行、王屋兩座大山阻礙了南北交通，便決意要剷平它們，並獲得家人贊可的情形；再在次段記敍愚公選定投置石土的地點，並率領子孫實際去從事移山工作的經過；然後在三段記敍智叟笑阻愚公，而愚公卻不爲所動，以爲只要堅定信心，努力不懈，便必能成功的一段對話；最後在末段記敍愚公的偉大精神，終於感動了天地，獲得神助，完成了移山願望的圓滿結局。顯而易見的，起、次、三段是針對著『有志』、『人助』來寫的，而末段則寫的是『天助』、『竟成』。作者就這樣用一個簡單的故事，使人在趣味盎然中領悟出見於篇外的做人、做事的道理，這可說是寓言故事的普遍特色，是其他的各類文體所無法趕上的。不過，這種寓言體的文章，也有將道理直接在篇內道破的，如柳宗元的《黔之驢》，便在末段透過『向不出其技，虎雖猛，疑畏卒不敢取。今若是焉，悲夫！』幾句話，將諷喻的意思表達出來，這樣，主旨即直接見於篇內，與正體的寓言故事將主旨置於篇外的，便兩樣了。」

二、〈愚公移山〉的提要分析

㈠敘述愚公移山的過程

1、地點：「太形、王屋二山。」

(1)面積：「方七百里。」（寫山的廣度）

(2)高度：「高萬仞。」（寫山的高度與前句暗示移山不容易。不僅爲下文「其妻獻疑」和「智叟笑而止之」設下伏筆，而且也爲愚公不怕困難的精神作鋪墊）

(3)原來的位置：「本在冀州之南、河陽之北。」（「本」字不僅使下文「寒暑易節，始一反焉」有了著落，同時也預示愚公移山的成果）

2、人物：「愚公者。」

(1)年齡：「年且九十。」（點出移山的意志堅定）

(2)居住：「面山而居。」

3、事情發生的原因：「懲山北之塞，出入之迂也。」（移山的動機）

4、事情發生的經過：

(1)商量：（表明愚公的移山並非一意孤行，是經過家人商量的結果）

①家人：「聚室而謀曰：『吾與汝畢力平險，指通豫南，達於漢陰，可乎？』」（「畢力平險」是線索，「指通豫南，達於漢陰」是移山的目的）

②結果：「雜然相許。」

(2)討論

①疑惑：「其妻獻疑曰：」

a體力：「以君之力，曾不能損魁父之丘，如太形、王屋何？」（主觀的困難）

b廢土：「且焉置土石？」（客觀的困難）

②結果：「雜曰：『投諸渤海之尾，隱土之北。』」（只解決「廢土」問題，「體力」問題並未解決，於是產生「懸念」，待下面再回答）

(3)行動：「寒暑易節，始一反焉。」（說明移山的時間花費很長，也襯托出愚公移山的決心與毅力）

①家人：「遂率子孫荷擔者三夫」

a方式：「叩石墾壤」

b安置：「箕畚運於渤海之尾」

②相助：「鄰人京城氏之孀妻有遺男」（愚公的精神感染到旁人，同時也爲下面嘲笑智叟，埋下伏筆）

a年齡：「始齔」

b方法：「跳往助之」

(4)質疑

①智叟：「河曲智叟笑而止之曰：」（顯露智叟自恃聰明的姿態）

a總評：「甚矣，汝之不慧！」

b體力：「以殘年餘力，曾不能毀山之一毛，其如土石何？」

②愚公：「北山愚公長息曰：」

a總評：「汝心之固，固不可徹；曾不若孀妻弱子。」

b反駁：「何苦而不平」

(a)人力：「雖我之死，有子存焉；子又生孫，孫又生子；子又有子，子又有孫；子子孫孫，無窮匱也；」（反駁智叟的疑惑，也回答前文「其妻」的主觀困難，呼應前文）

(b)兩山：「而山不加增」

③結果：「河曲智叟亡以應」（表明智叟理屈詞窮，

與前面的高姿態形成強烈的對比）

㈡敘述愚公移山的結果

1、感動天地

⑴「操蛇之神聞之，懼其不已也。」

⑵「告之於帝，帝感其誠，」

2、協助愚公：「命夸蛾氏二子負二山，一厝朔東，一厝雍南。」

3、結果：「自此冀之南，漢之陰，無隴斷焉。」（與前文，指通豫南，達於漢陰」互相呼應）

三、《愚公移山》賞析

在春秋戰國時期，充斥著大量的神話傳說，這些神話傳說在諸子百家及文人策士有心的運用下，成爲講學論道、抒情說理的最好素材，《愚公移山》一文，也是經由加工改造而成膾炙人口的寓言故事。

《愚公移山》一文出自《列子》一書，在這本書中有許多精彩的篇章，但大多有篇無標題，這篇《愚公移山》的標題就是後人所加上的，但這個標題很簡明的概括了故事的內容，文中的人名、事物、情節都經過作者匠心的設計，不僅趣味盎然，更能發人深省。寓言故事重在寓實於虛，因此故事的眞假並不重要，重要的是故事中透顯的道理，所以文中的太形、王屋、愚公、智叟等雖全屬虛構，但由於安排巧妙，使理趣突顯活潑。

第一段是說明「移山」的原因所在：太形、王屋兩座大山，方圓七百里，高萬仞，阻礙了南北交通。愚公得到全家人的認同，合力將山移除。

在這一段中，從作者設定的角色中，可知作者隱含的寓旨昭然若現。主角是「愚」公，與「年且九十」讓讀者首先識到主角是一位已屆風燭殘年的老人，而不是「烈士暮年，壯心不已」，如何能完成移山的任務？但作者的巧思也在這個愚公名字的設定上，他大可給故事中的主人翁一個名姓，何必曰「愚」，「愚」是笨的意思，相對的代表其人知其不可爲而爲之的癡，也就是有堅決不改的意志，更何況這股不尋常的意志力，是來自九十歲的老人？列子別出心裁，刻意以「愚」與「年且九十」來襯托這股超乎常人的決心與毅力。愚公的決心與毅力是不可小覷的，家人的「雜然相許」，更告訴讀者這件天大的難事，終有成功的契機存在。至於太形、王屋二山是否眞的方七百里，高萬仞，是否原在冀州之南、河陽之北都不重要，因爲這是個寓言故事，所謂的考證之說，在此是不重要的。

第二段承首段而來，寫出能相助愚公者的力量是如此薄弱。

正當全家人正信心十足的幫愚公移山之際，作者筆鋒一轉，寫出愚公妻子的疑惑：「以君之力，曾不能損魁父之丘，如太形、王屋何？且焉置土石？」，她爲愚公的能力持疑，這爲這個堅强的團體，投下一個不可知的變數。可是全家的信心，化解了這個疑惑。作者繼續描繪愚公的助力，只有「子孫荷擔者三人」及「始齔」的兒童一人。雖然是羣策羣力，勞苦奔忙的景象躍然眼前，但令人深入玩味的是：這股微小的力量，能否完成移山這般巨大的任務？

第三段是本文的高潮所在，列子安排一個河曲智叟出場，由他的嘲弄來製造波折的劇情。

文章一開始，就可以聽見河曲智叟的狂笑聲，他認爲愚公正如其名，眞是愚笨至極，自己已步入風燭殘年，連拔根草都成問題，那就別談是要移巨大的兩座山了。愚公面對世人再一次的質疑，信心不但沒有因此而有絲毫的動搖，反而更信心滿滿的回答：「雖我之死，有子存焉；子又生孫，孫又生子；子又有子，子又有孫；子子孫孫，無窮匱也。」這段話子子孫孫，文字重疊複遝，表面上是一種代代相傳的現象，實際上則是表現出「有志者事竟成」的力量所在。列子藉愚公之口，責罵智叟：「汝心之固，固不可徹；曾不若孀妻弱子。」言下之意，已將「聰明人」與「孩子」做了個比較，所謂的聰明人事事以眼前的利益爲衡量的標準，眼光容易短淺，而小孩子只知道對的事就要去做，不會給自我太多的設限，愚公也是抱持一個赤子之心，爲移山之事而努力著，智叟和愚公究竟是誰聰明呢？答案是昭然若揭，所以智叟無言以對。

最後一段寫精誠可以感天。

愚公的排除萬難，不達目的絕不罷休的精神，撼動了山神，使其懼怕而稟告天帝，天帝爲其精神所感動，於是命令二位大力神搬走兩座山，使愚公的決心與毅力終於有了圓滿的結局，並爲「天助自助者」的眞理做了最好的註腳。

這則家喻戶曉的寓言故事，其表現手法雖然是誇張的傳統神話，整篇文章充滿了理想主義色彩，但這則故事告訴我們，雖然人類的力量和大自然相較，是如此的微不足道，但結合羣體的力量之後，必定能夠勝天，只要有志者，事必能竟成。

四、漫談先秦寓言

㈠何謂寓言

「寓言」，又稱爲「偶言」、「隱言」、「諧語」，就是有寄意的文字，內容敍述往往藉由一個小故事，在鋪陳具體的情節中，運用帶雙關，託喻巧妙，表達出所隱含的哲理或是印證概念。由於以隱含的哲理爲重，因此人、物、情節的安排，全以配合哲理爲務，有時故事的內涵常與事實不切。所謂：「寓眞於誕，寓實於玄。」（劉熙載《藝概．文概》）。我國最早的寓言作品見於《莊子》的寓言篇。春秋戰國時期，《孟子》、《莊子》、《列子》、《戰國策》等著作都蘊藏有豐富的寓言故事，可是這個時期的寓言，多附屬在散文中，成爲據談雄辯說理的手段，闡發諸子的政治理念。而這些寓言故事在民間流行後，成爲小說的先河，戲劇改編的素材，諷刺小品文的借鑑，成語典故的來源，最後成爲常識，數千年來影響著中國人的思維模式。

㈡寓言在先秦的發展歷程

先秦寓言的發生，是爲政治服務下的產物，諸子爲發揚各派的思想理念，必須介紹自己的政治主張，或表示某一哲理，或譏諷某些社會現象，或抨擊時政，它具有故事情節又有生動的描繪，使人於幽默詼諧之中，受到很深的啓發和教育。

隨著諸子的頻繁活動，使寓言在先秦蓬勃發展起來，戰國時期是我國寓言創作的黃金時代。其中較爲知名的著作有：

《孟子》書中的寓言故事，雖只有十幾則，但篇篇精彩動人，有如一篇篇情節完整的小說，其中爲衆所熟知的《揠苗助長》，是介紹一個不按客觀規律辦事的人拔苗助長，以致苗槁禾枯的故事，主觀的原義是批評告子急於求仁義。今則藉以告誡人們：「欲速則不達」，一切還是要按部就班。被學者認定爲中國最早的短篇小說——《齊人》，則是藉齊人乞食墳間，歸後竟驕其妻妾的故事，用一種辛辣地且生動的方式，嘲諷社會上那些無品無格的市井無賴。

莊子是先秦諸子中的寓言大師，其所著的《莊子》一書中有近二百則的寓言故事，莊子寓言或借用動物，如鵾鵬、井蛙、海鱉，或借用神話中的神靈，如河伯、山神，充滿豐富的想像活動，及誇張細膩的描寫，來表現他任自然、齊生死、絕聖棄智的哲學思想。如《痀僂承蜩》、《梓慶爲鐻》便是闡明做事要凝神壹志，忘情專注的道理；《庖丁解牛》則是說明在錯綜複雜的矛盾中，應找出規律以與現實相適應，才能遊刃有餘，而不至受害。

《列子》一書約有一百則寓言故事，其荒誕怪異和《莊子》相近，但也有許多含義非常深刻者，如流傳很廣的《愚公移山》，用簡單的描寫語言及手法說明「有志者，事竟成」的道理；《杞人憂天》則是反映先對不可知的事物的恐慌心理。

《韓非子》一書有三百多則寓言，其寓言所寄寓的政治色彩非常濃厚，說明寓言發展到韓非的時代，荒誕的成份已逐漸減少，如《鄭人買履》、《楚人鬻珠》等，都是用來宣傳法家政治思想主張的。

先秦諸子之中成書較晚，相傳由呂不韋聚集門客集體編撰的《呂氏春秋》，書中載入大量的寓言。書中往往運用數篇寓言故事，來闡明一個共同的主題，如《刻舟求劍》、《循表夜涉》、《引嬰兒投江》等三則水上發生的故事，同用反面的事實，來說明察今變法的重要性。

《戰國策》是史傳文學中收錄的寓言故事最多者，在今本三十三篇中，首尾完整的寓言故事不下三四十篇。此書的寓言多半是講計謀策略之術，在謀篇用字沒有諸子寓言精彩，但在外交的實際效益上，往往是超乎人的想像，如季梁的《南轅北轍》及蘇代的《鷸蚌相爭》，各自消弭了一場即將發生的戰事。

㈢先秦寓言的特色

1、善用擬人化的手法，進行論辯和勸懲。

在先秦的寓言中，作者有意識的借由動植物、及無生物的基本特性，並賦予它們人的生命和性格，讀者在閱讀時通過自己生活經驗的解讀，而明白作者的寓意所在。如通過莊子書中觸蠻相爭中的觸、蠻和韓非子書中涸澤之蛇的形象，鞭撻了人類社會中的好戰份子、吹捧能手的醜態。

2、善用誇張的手法，隱寓哲理。

先秦寓言和神話及傳說一樣，在內容上多運用誇張的手法，而這種誇張的描繪，並不是如時下的科幻小說，只是想像而已，而是在衆人皆知的生活經驗上，加以誇大渲染，使讀者在閱讀時，有眞實新奇的感受。如《莊子・匠石運斤》把匠石和郢密切合作，運斤成風的絕技，描摹得動人心魄；《列子・餘音繞樑》中把韓娥歌喉婉轉、驅人啼笑的藝術天才，表現得淋漓盡致。

叁、語文天地

一、注釋

㈠曾不能損「魁父」之丘

「魁父」不是山名。

《太平御覽・地部》引《淮南子》：「牛蹄之涔，無徑尺之鯉；魁父之山，無丈林營宇。」而「魁父」在《淮南子・俶眞訓》作「塊阜」。馬宗霍說：「蓋以『塊阜』二字狀小山之形耳，與上文以『牛蹏』二字狀涔水之形同。『牛蹏』非水名，知『塊阜』亦非山名也。《列子釋文》云：「魁父，《淮南子》作塊阜，謂小山如堆阜。」因此，「魁父」即「堆阜」，土堆之意，並非山名。

㈡遺男

即遺腹子。《淮南子・說林訓》：「遺腹子不思其父，無貌於心也；不夢見像，無形於目也。」

翻譯：遺腹子不想念他的父親，在心裡沒有他父親的形貌；夢中未見的形象，是平時未曾看到過的，在眼中就沒有他的形體。

㈣始「齔」

「齔」是指兒童換齒，即脫去乳齒，長出恒齒。《白虎通・嫁娶》云：「男八歲毀齒，女七歲齠齒。」「齠」同「齔」，《韓詩外傳》卷一：「男八月生齒，八歲而齠齒，十六而精化小通。女七月生齒，七歲而齔齒，十四而精化小通。」「齔年」、「齠年」、「齠齔」、「髫齔」皆是童年的意思。

二、文法修辭

㈠文法

1、「懲山北之塞，出入之迂也。」

「懲」活用作意謂動詞，「以……爲懲」的意思。

2、「如」太形、王屋「何」？

「如……何」是固定句式，「把……怎麼樣」的意思，表示反詰的語氣。

另一句「其如土石何」也是相同的情形。

3、河曲智叟「亡以」應

「亡以」是固定句式，作副語，「沒有話可以」的意思。

4、且「焉」置土石？

「焉」位於述語「置」的前面，因此活用作副語，修飾「置」。

5、甚矣，汝之不慧！

該句是「汝之不慧，甚矣」的倒裝句。而「汝之不慧，甚矣」是由「汝甚不慧矣」轉變句式而來。

6、帝感其誠。

該句的「感」活用作意謂動詞，「以……可感」的意思。

7、「面」山而居

「面」活用作對動動詞，「對……面」的意思。

8、「跳往」助之

「跳往」作副詞，修飾述語「助」，「跳往」是造句結構，「跳」作副詞，修飾「往」。

9、「箕畚」運於渤海之尾

「箕畚」原爲名詞，由於位置述語「運」的前面，因此活用作副語，表示所用的工具，「使用畚箕的工具」的意思。

10、雜然「相」許

「相」作詞頭，具有稱代的作用，「相許」即是「許愚公」。

11、遂率子孫荷擔者「三夫」

「三夫」和「子孫荷擔者」是同位語。

12、曾不若「孀妻弱子」

「孀妻弱子」有兩種說法：一是主從結構，「寡婦的孩子」的意思；一是並列結構，「寡婦和孩子」的意思。

13、而山不「加」增

「加」作副詞，更加的意思，修飾述語「增」。

(二)修辭

全文善用「對比」，突顯言外之意。

1、山的高大與愚公的既老且弱作對比。「太形、王屋二山，方七百里，高萬仞」這巨大且高的山，即已經暗示移山的不易，而「愚者，年且九十」表面上年齡大不適做粗活，這客、主觀的條件都不利愚公移山，但是愚公卻決定要移山，因此在主、客觀不利的條件下形成強烈的對比，彰顯出愚公堅定不移的決定。

2、愚公與智叟的相對比。「智叟笑而止之曰：『甚矣，汝之不慧！以殘年餘力，曾不能毀山之一毛，其如土石何？』」智叟以現實的眼光來看愚公移山，不僅「笑而止之」，同時還嘲笑愚公，但是愚公認為「雖我之死，有子存焉；子又生孫，孫又生子；子又有子，子又有孫；子子孫孫，無窮匱也」是以長遠的眼光來看待移山，兩者對比，突顯智叟目光短淺，畏懼困難，缺乏理想，而愚公能深謀遠慮，不畏困難，有理想，有抱負。

3、孀妻弱子跟智叟形成對比。孀妻弱子與智叟對於愚公移山一事，有兩種截然不同的反應，孀妻弱子不僅對愚公移山表示贊同，同時也付諸行動來協助愚公；反觀智叟不僅反對愚公移山，並且還譏笑愚公，兩者對比，形成強烈的暗示：智叟鄙陋，連孀妻弱小都比不上。

4、「子子孫孫無窮匱」與「山不加增」形成對比。「子子孫孫無窮匱」是人類改造自然的無限原動力，「山不加增」是代表自然的有限，以無限的動力當然可以改有限的自然，兩者對比，形成愚公移山的強烈的信心與決心。

5、「懲山北之塞，出入之迂也」與「自此冀之南，漢之陰，無隴斷焉」形成對比。「懲山北之塞，出入之迂也」是愚公移山的原因，因此「冀之南，漢之陰，無隴斷焉」是愚公移山成功，兩者形成對比，顯示愚公移山獲得最終的勝利與成功。

（錄自劉崇義《試賞《列子》的〈愚公移山〉》一文）

肆、課文補充資料

一、「寡」的相關的稱呼

㈠寡的本義

寡是家中獨身一人，因此古代婦人喪夫，男子無妻或喪偶，都叫做「寡」。例如，《左傳．襄公二十七年》云：「齊崔杼生成及强而寡」，就是指寡男。只不過以「寡」來稱女性較多，因此用於喪偶者的情況下，寡就逐漸變成專指女性。例如：《管子．入國》云：「婦人無夫『寡』。」、《孟子．梁惠王下》云：「老而無妻曰鰥，老而無夫曰寡。」

㈡寡婦的另外稱呼

1、「未亡人」：例如：《左傳．莊公二十八年》：「夫人聞之泣曰……而於未亡人之側，不亦異乎？」

2、「孀」：例如：《淮南子．修務》：「弔死問疾，以養孤孀。」高誘注：「孀，寡婦也。」

3、「嫠婦」，例如：《左傳．襄公二十五年》：「嫠也何害。」杜預注：「寡婦曰嫠」。

二、對老年人的稱語

㈠「叟」：也作「假」。《說文解字》云：「老也。」、《韻會》：「尊老之稱。」

㈡「公」：除表爵位名、表公正等義外，它也是對長者的尊稱。《漢書．田叔傳》：「學黃老術於樂鉅公。」顏師古注：「公者，老人之稱。」

㈢「翁」：《玉篇》：「老稱。」

㈣「丈人」：即「杖人」，也是老人的通稱。

㈤對老者的稱呼因地而異：《方言．六》：「叟、艾，長老也。東齊魯魏之間，凡尊老謂之叟，或謂之艾；周晉秦隴謂之公，或謂之翁；南楚謂之父，或謂之父老。」

三、與《列子》相關的成語、典故

㈠海翁失鷗（鷗鷺忘機）：本義記述海邊有人日常和鷗鳥戲遊，既而有心要鷗，鷗鳥便不再落下來了。後以「海翁失鷗」比喻人懷私心，便失掉友好。以「鷗鷺忘機」表示忘懷世事紛擾，心歸恬靜。

㈡舊鹿之夢：本義記述一個打柴人，打死一隻鹿，把鹿藏進壕溝裡，蓋上柴草，後來去取鹿時，卻忘了藏放的地方，竟認爲是做了一個夢。後比喻夢幻，或眞假莫辨。

㈢鰲戴（無底壑）：本義是一則神話故事，原是反映古代人民對自然現象的探討。說渤海之東有大壑，其下無底，名爲歸墟。當中有五座大山，由十五個大鰲擧首戴負。後以「鰲戴」比喻負荷重任，或以表示感恩戴德。以「無底壑」借喻貪得無厭。

㈣響遏行雲：本義記述秦國薛譚向秦青學習歌唱，當初認爲已學到了老師全部的本領，辭師回家。秦青並不留他，於是在送別的大道上，按著節拍歌唱，歌聲的嘹亮，使天上行雲都停止了飄動。後形容歌聲高亢。

㈤巧同造化（千變萬化）：本義記述周穆王時一個巧匠名偃師，製造木偶，千變萬化，無異眞人。穆王稱讚他的技藝能與造化同功。後以「巧同造化」或「巧奪天工」比喻技藝工巧。以「千變萬化」形容變化多樣。

㈥獻芹（獻曝）：本義記述一個窮苦的農民，覺得沒有比曬太陽更舒服的，打算把曬太陽的這件事獻給君主享受一下。有個富人告訴他不必自己去多事，打了個比方說：「有人對富人稱道芹菜最好吃，富人嘗了一下，嘴上像挨了毒蜇一樣。」其中所說話的「獻曝」、「獻芹」，引申爲饋送禮品時自謙禮薄之辭。

㈦牝牡驪黃：本義記述春秋時善於相馬的伯樂，介紹九方皋爲秦穆公相馬，費了三個月的工夫，才訪求到一匹好馬，報告穆公說馬是「牝而黃」。穆公差人去取，原來的「牡而驪」。穆公責問伯樂，伯樂回答說九方皋的相馬，重在「天機」、「得其內，而忘其外」。等到馬被牽來，果然是天下稀有的好馬。後以「牝牡驪黃」比喻事物的表面現象，或比喻不識眞才。

㈧竊斧之疑：本義記述一個人丟失了斧頭，疑心是被鄰人的兒子偷去，察看那人的一擧一動，無不像偷斧頭的樣子。後以「竊斧」比喻人先有成見在心，不能客觀地分析事物。

㈨攫金不見人：本義記述有個想弄到金子的人，走到賣金的地方，拿起金子來就走，被人捉住，問他怎麼敢當著衆人面前搶金子，他說：「我只看見了金子，沒有看見人。」後來以「攫金不見人」諷刺那些爲了滿足個人慾望而不顧一切的人。

四、杞人憂天

◆《列子．天瑞篇》

杞國有人憂天地崩墜，身亡所寄，廢寢食者。又有憂彼之所憂者，因往曉之，曰：「天，積氣耳，亡處亡氣。若屈伸呼吸，終日在天中行止，奈何憂崩墜乎？」其人曰：「天果積氣，日月星宿不當墜耶？」曉之者曰：「日月星宿，亦積氣中之有光耀者，只使墜，亦不能有所中傷。」其人曰：「奈地壞何？」曉者曰：「地，積塊耳，充塞四虛，亡處亡塊。若躇步跐蹈，終日在地上行止，奈何憂其壞？」其人舍然大喜，曉之者亦舍然大喜。

翻譯：

杞國有人整天擔心天會塌下來，地會陷下去，自己沒有了安身之地，以至憂愁得吃不下飯，睡不著覺。又有一個爲杞人的憂慮擔憂的人，到杞人那裡去開導他說：「天，不過是聚積起來的氣，沒有地方沒有氣。你的一舉一動，一呼一吸，整天都在天裡活動，爲什麼要擔憂天會崩塌呢？」那個杞國人說：「天如果眞是聚集起來的氣體，那麼，日、月、星辰豈不應當掉下來嗎？」開導他的人說：「日、月、星辰，不過也是聚積起來的氣體中能夠發光閃亮的，假使掉下來，也不會打傷人。」杞人又說：「地陷下去了又怎麼辦呢？」開導他的人說：「地，是聚積起來的土。土充塞滿了四方，沒有地方沒有土，你踐踏行走，整天都在地上活動，爲什麼要擔心地會陷落下去呢？」杞人消除了心中的疑慮，十分高興，那個開導他的人，也消除了憂慮，非常高興。

說明：

本義是說有個杞國人，他總是擔心天會塌下來，以至於寢食不安。後比喻爲不必要的，或無根據的憂慮和擔心。

五、朝三暮四

◆《列子．黃帝篇》

宋有狙公者，愛狙，養之成羣，能解狙之意，狙亦得公之心。損其家口，充狙之欲，俄而匱焉。將限其食，恐衆狙之不馴於己也，先誑之曰：「與若芧，朝三而暮四，足乎？」衆狙皆起而怒。俄而曰：「與若芧，朝四而暮三，足乎？」衆狙皆伏而喜。

翻譯：

宋國有一個養猴的老人，非常喜歡猴子，以至於養了一大羣，他能理解猴子的意思，猴子也能懂得老人的心思。老人用自己家人的食物，來餵養猴子。很快地家裡缺糧了，老人打算限制猴子的食糧，但又擔心羣猴不服從自己，先哄騙牠們說：「給你們吃橡子，早晨三個，晚上四個，夠嗎？」羣猴聽了，都跳起來，非常憤怒。過一會兒，老人又說：「給你們吃橡子，早晨四個，晚上三個，夠嗎？」羣猴都趴在地上，十分高興。

說明：

本義是說狙公以欺騙手法，騙猴子接受自己的安排。引申爲心志不一，主張不定。

伍、思考與練習

一、《愚公移山》的問答教學

(一)範文理解

1、第一段

(1)太形、王屋二山的面積、高度是多少？

(2)太形、王屋二山原本在何處？

(3)愚公年齡多大？住在何處？

(4)愚公移山的動機何在？

(5)愚公移山的目的何在？

(6)經愚公家人商量的結果如何？

2、第二段

(1)愚公的妻子提出那些疑惑呢？家人如何解決困難？

(2)幫助愚公移山的鄰人是誰？多大年齡？幫忙的方式爲何？

(3)愚公帶著家人移山，從挖土到運往渤海之尾，往來一次需要多少時間？

3、第三段

(1)河曲智叟譏笑愚公事情的有那些？

(2)愚公評論智叟有什麼特質？又反駁智叟那些事情？

(3)智叟在愚公反駁後，他的反應如何？

4、第四段

(1)愚公的精神感動天地，天帝如何協助愚公？

(2)天帝協助愚公結果如何？

(二)形式鑑賞

1、全文

(1)本文的文體是什麼？

(2)本文的主旨爲何？線索又是什麼？

2、第一段

(1)太形、王屋二山，「方七百里，高萬仞」有什麼暗示？爲下文那些地方埋下伏筆？

(2)「本在冀州之南、河陽之北」的「本」字，有什麼特別含義？

(3)愚公「年且九十」側面點出什麼？

(4)愚公「聚室而謀」，顯示什麼道理？

3、第二段

(1)愚公的妻子獻疑，提到愚公體力、廢土的安置，而結果只回答處理廢土的問題，作者爲什麼會如此的安排，有什麼道理？

(2)鄰人京城氏的遺男願意幫助愚公，顯示什麼道理？另在文章上爲下文什麼地方埋下伏筆？

4、第三段

(1)河曲智叟所提的問題與愚公的妻子所提的相同，這兩者的心態有什麼差異？

(2)「智叟」的「智」、「愚公」的「愚」在修辭上，達到什麼效果？

5、第四段

(1)「自此冀之南，漢之陰，無隴斷焉」呼應前文那一些話？

二、從《愚公移山》談作文教學

㈠**題目**

1、從《伊索寓言》擇取一題

2、自編故事爲題

㈡**結構**

1、詳述情節

2、有敍事、有評論

㈢**字數**

以六百字爲限。

（劉崇義・南飛）

十、享福與吃苦

／何仲英

壹、作者參考資料

何仲英，筆名種因，浙江紹興人。生卒年不詳，只知他終身從事教育工作，曾做過紹興《國民日報》編輯。

本課作者的背景資料，可查考的不多。但他的家鄉浙江省紹興縣，是一個人文薈萃，曾孕育了許多傑出人物的靈秀之地，值得介紹。

紹興是江南水鄉，也是一座歷史文化古城。遠在上古時代，大禹治水曾二次至紹興，因此留有舜王廟、大禹陵等建築。越王句踐曾建都紹興，縱橫江淮，逐鹿中原，稱霸江南，因而有越王台、文種墓、西施浣紗石等名勝。東晉時，王羲之在聚友雅集的蘭亭之中，寫下了天下第一行書——《蘭亭集序》，更使此地成爲書法聖地。

南宋時的陸游在「沈園」寫下他和唐琬的淒美愛情故事；明代書畫大家徐渭在「青藤書屋」成就不朽的繪畫藝術；晚清的革命志士秋瑾、徐錫麟也是紹興人士，柔情俠骨，譜成一段偉烈的歷史；民初偉大的教育家蔡元培、《阿Q正傳》的作者魯迅……都爲這個錢塘江畔的城鎮，添增許多瑰麗的光采，無怪乎紹興能躋身中國二十四個歷史文化名城之一。

貳、課文參考資料

一、《享福與吃苦》賞析

「享福」和「吃苦」是截然相反，但又互爲因果的兩件事，因此本文作者就以兩兩互相映照的寫作方式，使讀者能體會兩者之間密不可分、互爲表裡的關係，藉以改正一般人「只圖享福，不願吃苦」以及「吃得苦中苦，方爲人上人」的虛懸口號，而要激勵讀者能體會到「吃得苦中苦」是要「做得人中人」的眞義。

全文共分九段，我們可將全文分成四部分來看：

㈠起——第一段，泛論國人只求享福是錯誤的觀念。

㈡承——第二、三段，提出「人中人」的論點。

㈢轉——第四、五、六段，以例證來落實作者的看法。

㈣合——第七、八、九段，結論。

首段以破題法起，直述中國人貪圖享受，不願吃苦的觀念。再以二分法一網打盡，說明不論是老年人、青年人，人人都希望「坐享其福」，卻不願耕耘努力的錯誤；尤其提出年輕人只知追逐功名利祿，只知「做人上人」，是非常要不得的。

第二段就首段揭示的弊病加以論述分析，並明確提出要做「人中人」的見解。何以要做「人中人」呢？因爲我們生活之所需、能力之所及，無一不來自別人的服務貢獻，才得以充實華美。「一日之所需，百工斯爲備」，一生之所求，又是多少人的勞心勞力呢？因此作者用反詰的語氣來提醒讀者，這一連串的問句，如排山倒海般起伏洶湧，讓人不斷地在心中詢問自己、反省自己又爲他人貢獻多少心力？又爲團體、爲社會吃了多少苦？

第三段將第二段所揭櫫的論點進一步地引申；全段站在反面立論，以正反相對的筆法，首先將「特殊階級的人」和勤懇努力的「平民」兩相比較，映襯出不同價值觀呈現的不同的生命價值，你是要成爲社會的寄生蟲呢？還是要自力更生，使生命閃爍著輝煌的色彩呢？其次又用正反映襯法指出「吃苦的人多，享福的人少，國家自然富强」而「吃苦的人少，享福的人多，國家自然衰弱」，然後才下了結論：若人人只知享福，不願吃苦，必然國亡家傾，那個人又有何福可享？這眞是一針見血的讜論，强勁地指出一般人思考的盲點啊！

第四、五段將文章帶入具體明確的層次，在前三段抽象的泛論之後，第四段明確地以四個例證，提出客觀的證據來充實文章的內涵。文中簡要地陳述釋迦牟尼、孔子、陶侃、格蘭斯頓四位「重量級」的人物的吃苦精神，來點明作者的論點：「偉人也是由吃苦中鍛鍊而來」「成功不是一蹴可幾的」。尤其值得注意的是作者在舉例技巧上給予我們絕佳的示範，不但涵蓋古今中外，而且四位中，一是宗教家，一是哲學家、教育家，陶侃是一代名將，格蘭斯頓是一代賢相。以不同的身分背景、不同的時代的人物都因能吃苦而成就個人不朽事業，留名千古，印證了：「只有吃苦的人，才能成就一番功業」的論點。

接著在第五段中又以言證來開拓文意，但作者用心地舉用了《論語》、《大學》及王陽明的看法，這三句話都由反面切入，舉出只能享福，不知吃苦的人，是亡國奴罷了，在內容上和第三段前後相承，遙相呼應。

第六段，可說是轉筆部分的小結，將「享福」和「吃苦」二者的關係綜合起來做明確的剖析，文中的三排句「以吃苦始者，多以享福終；吃一己之苦者，享一己之福；吃衆人之苦者，享衆人之福」氣勢渾厚，語賅意盡。再加上孟子的二段話，更明確地指陳：唯有能忍受吃大苦者才能享大福，唯有苦盡，才有甘享。

文章的七、八、九三段，可說是全文的結論。

第七段作者別出心裁地提出一連串問句，這些彷彿都是現代青年掛在口邊的抱怨。我們在這段文句中，彷彿就活生生地看到了現代年輕人的通病：對己不知珍愛，對人不能尊重，對物不知愛惜，對事不能盡力，成天只知怨天尤人的嘴臉，的確，若只知要求他人，不能整肅自己，又有什麼前途可言呢？

第八段語重心長的以孟子和宋儒的名言，來勸誡年輕的朋友們：「享福不爲福，吃苦不爲苦」，眼光要放遠，胸懷要放寬，不以眼前得意爲幸，不以現今憂苦爲愁。

第九段更進一層期勉大家：要有憂以天下，樂以天下的服務人生觀。能有此一念頭，縱使無法有先憂後樂的偉大抱負，最少也要能革除現今青年的弊病，能以勤懇不懈的奮鬥精神，實現「吃得苦中苦，做得人中人」的理想。

末段以簡潔的筆力回應第二段及第四段，使前後相互映照，一氣呵成。

這篇論說文，作者在事證、言證的運用上，豐富而又多元；在文氣的舒展上，急緩互現，節奏明快；而且主題明確，論點圓融周到，可作爲同學習作論說文的示範佳作。

二、言例典故出處

㈠

《論語．陽貨》：子曰：「飽食終日，無所用心，難矣哉，不有博奕者乎？爲之猶賢乎已！」

注釋：

博，局戲，即骰子。奕，圍棋。古人用六箸十二棋，先擲采後行棋，但後人只擲采，而不行棋，於是變成了賭博，已非博奕之原貌了。

翻譯：

孔子說：「整天吃飽了飯，對什麼事都不肯用心，這些人要學好是很難呀！不是有擲采下棋的遊戲嗎？玩玩這些也比閒著好太多了。」

說明：

這章孔子並非教人博奕，而是看不慣吃得飽飽，閒來無事，而又不肯學習的人；這些人整日遊手好閒，必招惹是非，因此勸他們不如從事有益的休閒活動，總比無所事事來得有益多了。

(二)

《論語・衛靈公》：子曰：「羣居終日，言不及義，好行小慧，難矣哉！」

翻譯：

大家整天在一起，談論的內容沒有正經的事體，又喜歡賣弄小聰明，這種人是很難加以教誨呀！

說明：

明末顧亭林在《日知錄》中引用這段話，來批評明末的知識分子，他說北方的士人是「飽食終日，無所用心」；南方的士人是「羣居終日，言不及義」；前者病在「懶」，後者病在「躁」，因此明朝之亡，就亡在當時的社會風氣，人人只想享福，只會批評，耍弄小聰明，這不就是亡國的禍根嗎？

(三)

「先天下之憂而憂，後天下之樂而樂」

出處：

范仲淹《岳陽樓記》（此節錄三、四、五段）

若夫霪雨霏霏，連月不開，陰風怒號，濁浪排空，日星隱耀，山岳潛形；商旅不行，檣傾楫摧；薄暮冥冥，虎嘯猿啼。登斯樓也，則有去國懷鄉，憂讒畏譏，滿目蕭然，感極而悲者矣。

至若春和景明，波瀾不驚，上下天光，一碧萬頃；沙鷗翔集，錦鱗游泳，岸芷汀蘭，郁郁青青。而或長煙一空，皓月千里，浮光耀金，靜影沈璧；漁歌互答，此樂何極！登斯樓也，則有心曠神怡，寵辱偕忘，把酒臨風，其喜洋洋者矣。

嗟夫！予嘗求古仁人之心，或異二者之爲，何哉？不以物喜，不以己悲。居廟堂之高，則憂其民；處江湖之遠，則憂其君。是進亦憂，退亦憂。然則何時而樂耶？其必曰：「先天下之憂而憂，後天下之樂而樂歟！」噫！微斯人，吾誰與歸？

說明：

本文是范仲淹在慶曆四年被罷去參政知事，離開京師出任地方官的第三年所作。寫作動機是受摯友滕宗諒之託，爲重修後的岳陽樓作記。

文章的一、二段，作者簡要的敍述了洞庭湖氣勢開闊、水勢浩淼，朝暉夕陰，氣象萬千。

接下來的三段，才是本文寫作的重心，作者用二段景色對比的描述以衍生截然不同的情感，寫天色，是「天雨霏霏」、「碧空萬里」相對；寫湖光，是「濁浪排空」對映「一碧萬頃」；寫人物動作，是「商旅不行，檣傾楫摧」對「漁歌互答，此樂何極」。在截然不同的氛圍中，情感上也必定是悲喜相映。見春和景明，必定是「其喜洋洋者矣」；見淒涼滿目，必定是觸景情傷，「感極而悲者矣」。這般牽動興起的情感，是我們平凡人必然的心理境界。但第五段，作者以「嗟夫！」一聲長嘆，開啟本文的主旨，抒發他的感悟：「吾嘗求古仁人之心，或異二者之爲」，一個能洞燭機先的領導者是超脫物外的，是不受外界情感所累的。

古仁人志士不因環境的改易而放棄理想，不以個人的得失窮通而喜怒悲欣。入朝爲官，則心在黎民百姓福祉；下野失勢，仍然關心君王朝政，「身處江湖，心存魏闕」。得志之時，身負重任，爲國計而憂；失意之時，矢志不渝，爲生民而憂；那什麼時候才會快樂呢？范仲淹提出了「先天下之憂而憂，後天下之樂而樂」，憂在天下人之先，樂在天下人之後。范仲淹本人爲官清廉、生活簡樸，處處躬行實踐此一理想，而這也是中國讀書人的崇高人格的展現。范仲淹在此運用對比手法，將一「憂」一「樂」，一「先」一「後」，形成鮮明對比，表達出憂國憂民，以天下爲己任的仁愛胸襟，吃苦在先，享樂在後的崇高情懷。

叁、課文補充資料

一、佛世尊——釋迦牟尼小傳

釋迦牟尼是佛教的創始人。本名悉達多，意爲「義成就者」，姓喬答摩（瞿曇）。其父爲釋迦族，成道後被尊稱爲釋迦牟尼，意爲「釋迦族的聖人」，其他稱號有：佛陀（覺者）、世尊、釋尊等。約生於西元前五六五年，卒於西元前四八六年，與孔子同時，而比孔子早逝七年。

㈠家世

相傳釋迦牟尼是古印度吠陀時期著名的懿師摩王（義鳩王），即漢譯「甘蔗王」的後裔，中天竺迦毗羅國的太子，屬「剎帝利」種姓；當時印度的種姓制度將人分成四等階級，即：「婆羅門」：是握有祭祀文教大權的僧侶階級、「剎帝利」：是領導政治軍事的國王和武士階級、「毗舍」：是商人及自由職業者、「首陀羅」：是最下等的僕役四姓。他的父親是名首馱那，漢譯「淨飯王」，母親名摩訶摩耶，是鄰城天臂城善覺王的長女。據當時風俗，摩耶夫人回娘家生產，途經藍毗尼花園（今尼泊爾南部波陀利耶村），生下釋迦牟尼。他出生後第七天，母親就去世了。幼年時代是由姨母波闍波提養育的，從小就學習當時敎養王族應具備的一切學問和技藝，十六歲時，娶表妹耶輸陀羅爲妃，生下兒子羅睺羅。

㈡出家

釋迦年幼時非常聰穎，他的父親曾請仙人阿私陀爲釋迦相命，仙人預言釋迦成年之後可以出世證道，普濟衆生。他的父親惟恐釋迦產生厭世的念頭，就建造了適合不同季節居住的宮殿（三時殿），有冬天禦寒的、夏天避暑的、雨季防潮的；釋迦衣著華麗、飲食豐盛，歌舞宴會，極盡享受，目的在使他沒有多餘的時間思考。但釋迦的內心仍常懷疑人生的眞正意義爲何，後來又有四門出遊之事，種下了出家的動機。

有一天，釋迦出了迦毗羅城的東門，看見一位老人，白髮蒼蒼，滿臉皺紋，佝僂著身體拄著拐杖踽踽而行；他上前詢問老人，何以致此？老人說：這是年老體衰之故，是人人都不可避免的。他聽了內心感到很難過，就悶悶地回城了。不久，他又由南門出遊，途中遇見一病中將死的人，蜷曲著身體倒臥在泥濘中，又牽動了釋迦悲世的念頭，一路嘆息而歸。後來他由西門出遊，看見一死者橫躺在路旁，恐懼籠罩心頭，悒悒而返。最後一次，他由北門出遊，遇見一名沙門（修行者）手中捧著缽，釋迦問駕車者，那是什麼人？駕車的人向他解釋之後，釋迦便下車親自向沙門致禮。從沙門那裡得知出家可解脫生、老、病、死的循環，更下定決心要做一名沙門，以求涅槃（解脫）之道。

佛陀所處的時代正是古印度各國之間互相討伐、併吞之際，他所屬的釋迦族，受到鄰國強權的威脅，朝不保夕；此外，他又目睹了人自有生以來，老、病、死接踵而至的煩惱，而當時婆羅門教的思想又無法使他在精神上得到解脫，於是二十九歲時他毅然捨棄了王位，出家修行。

㈢得道

出家後，他先到苦行林中尋訪明師，日食一麻一麥，生活艱困，但他堅持不懈，身體雖疲憊困頓，意志卻愈加堅強。如此苦修了六年，一無所獲；於是他決定拋棄絕食和苦行，到尼蓮河去沐浴，洗淨了六年的積垢，然後到菩提樹（pippala）下打坐，決意用明智的方法尋求眞理。在暮色清風之中，他結伽盤腿而坐，並立下誓言：「我今若不證無上大菩提，寧可碎此身，終不起此座。」日升月落，相傳經過四十九天（或說七日七夜）的苦思苦想；一個星光燦耀的深夜，他在精神境界上感受到過去、現在、未來的時空障礙已不復存在，貪、嗔、癡、煩惱也一掃而清，豁然開朗，如實知見諸法實相而證成無上正等正覺，時年三十五歲。

㈣傳教

釋迦成道後，仍在樹下端坐三十七日，進入海印三昧說華嚴法中，此法深幽微妙，一般人無法輕易體會，因此他用應對時機來說法，以針砭世人之病。其後四十五年中，他席不暇暖，四處奔走，足迹踏遍恆河二岸。他傳教對象，包含社會的各種姓和各階層：有婆羅門、沙門、國王、大臣、商人、漁民以至於妓女、盜賊等。當時的富商須達多及太子祇陀還捐贈祇園精舍，供佛陀說法傳教；他傳教的方式不拘一格，隨機而定，或用偈頌、散文，或以故事、譬、直敍、問答各種方式，在不同的場合，針對不同的對象，宣說不同的內容。對僧衆談講出離生死，證得無上正覺，對俗人談論道德和行善，因此他的思想學說在社會上得到廣泛的傳播，凡是同他接觸過的無不受感化而衷心信仰。

八十歲那年，佛陀帶領弟子遊化，在雨季中，染上重病，又因中毒腹瀉，病情轉重，在拘尸那迦城（今印度聯合邦迦夏城）城外的娑羅林，在二棵沙羅樹之間，右脅而臥，半夜入滅（逝世）。儘管他去世了，但他一生慈悲救世的精神卻永遠烙印在人們心中，每逢農曆四月初八佛誕日、十二月初八佛成道日，二月十五佛涅槃日，各地佛教徒都要舉行法會來紀念、緬懷佛教先祖。

二、孔子受天下揶揄

孔子為實現理想，曾在周遊列國時，受到許多隱者，如接輿、長沮、桀溺、荷蓧丈人等人的嘲弄訕笑。《論語．微子》載：楚狂接輿走過孔子車前，故意唱：「鳳凰啊，鳳凰！你為什麼搞得如此之慘呢？過去的已不可補救了；將來的還是不要管它，不要奔涉，還是可以歸隱的了。完了啊！完了啊！天下烏鴉一般黑，現在這些從政者都是危險份子呀！」鳳凰這種鳥，人世罕見，必在祥瑞之時才出現，是禽中的聖鳥，此用以喻孔子。「今之從政者殆而」，是喻一般從政者，不但不能用孔子，而且對於孔子的生命造成危難，此章是極力勸孔子歸隱。

另外長沮、桀溺二位隱者，一位反嘲孔子，認為他「早該知道渡口在哪兒了」，的確，孔子宣稱要救世，怎可連方向都不清楚呢？另一位隱者桀溺，則反過來勸告子路：「現在天下混亂不堪，誰能來改革呢？但真給你官做，孔子每每嫌人不對而不肯任職。你與其追隨孔子那種避世的人士，不如改而追隨我們這些避世的隱士吧！」說完，仍舊自顧自地下種覆土，未曾停下手邊的工作。子路問不出所以然，只好回來報告給孔子聽，孔子面露悵然之色，說：「人不能與鳥獸長期共同生活，人是不能離羣而居的，如果不與人羣來往，我要和誰來往呢？如果天下太平，我也不會來參與改革的工作了。」孔子在這段話中說出了他的救世之心，說出他為了實踐自我的理想所做的抉擇與堅持；因此在周遊列國期間處處碰壁，仍不計成敗。無怪乎晨地的司門者聽說孔子的作為，就說他是個「知其不可而為之」的人，儀封人與孔子長談之後，宣稱「天將以夫子為木鐸」啊！（參見《論語．微子》五、六、七章）

三、英國名相格蘭斯頓

格蘭斯頓（William Ewart Gladstone. 1809～1898）英國自由黨領袖，曾任四屆首相，是十九世紀英國最偉大的政治家。

格蘭斯頓曾就學於伊頓公學和牛津大學。西元一八三二年，他二十二歲時，當選為國會議員，西元一八四五年加入皮爾內閣，任殖民地大臣和貿易大臣，支持稅法及穀物法的改革，並立法使全國人民都能享受鐵路及電報的普及和低廉價格。西元一八五三年進入阿伯丁伯爵G．H戈登內閣，任財務大臣，提出削減稅收的計畫，並主張英國加入克里米亞戰爭，以警告俄羅斯不可輕舉妄動。但在西元一八五五年阿伯丁內閣因克里米亞戰爭死傷慘重，而且徒勞無功黯然下台，格蘭斯頓的職業生涯也暫時停頓下來。他在哈瓦登沈寂了四年，大部分時間是沈浸在他的嗜好：砍樹劈柴，以及寫作《荷馬及其時代的研究》之中。

西元一八五九年，他加入自由黨，在H．J帕默斯頓的內閣中任財政大臣，制定自由貿易預算法案，取消保護關稅制度，受到工業資產階級的青睞。西元一八六七年被選爲自由黨領袖，西元一八六八～一八七四年第一次組閣，當維多利亞女王要求格蘭斯頓組閣時，他正揮舞著斧頭在劈柴，但這位年屆六十的政治領袖，以他多年彙集的智慧和經驗組織成的內閣，被認爲是十九世紀最佳的內閣，他改革教育法，使教育普及；實施法院組織法，使司法程序現代化；通過祕密投票法、將工會合法化、實行陸軍改革及推行短期兵役制，諸多法案使他贏得「人民的格蘭斯頓」的美名。

西元一八八〇至一八八五年是格蘭斯頓第二次組閣，同時兼任財政大臣，這段執政期間他進行議會改革，使英國可投票人數多出一倍，並以海軍威脅土耳其，迫使其將塞薩利割給希臘。

西元一八八六年六月他第三次組閣，但因提出「愛爾蘭自治法案」遭否決而在七月辭職下台。西元一八九二至一八九四年他第四次組閣，雖已八十二歲，半聾、半盲，走路還須拄著拐杖，但卻迫使下議院通過「愛爾蘭自治案」，但上議院的貴族們卻在不到一星期之後駁斥此案，此外他又因反對大量增加海軍經費，引起閣員的不滿，而在西元一八九四年被迫辭職。四年之後（西元一八九八年），因癌症去世於哈瓦登，葬於倫敦西敏寺教堂墓地。

格蘭斯頓主要著作有《國家及其與教會的關係》（西元一八三八年）、《荷馬及其時代的研究》（西元一八五八年）英國政治家兼首相皮爾曾說：「不論格蘭斯頓擺在任何地方，他必然是最出色的一個。」英國的政治家邱吉爾稱他是「十九世紀最具爭議性的人物」。馬格納斯（英國歷史學家）評論格蘭斯頓：「他高聳於道德的光輝中，超越其當代的人，屹立於世界之前，是十九世紀自由實驗的有靈感的先知。」他何以會如此備受稱揚呢？因爲格蘭斯頓以純眞的信念推動他的理想，他永遠以「爲平凡百姓贏得權利」，以及將「受貴族利益及帝國主義野心主宰的英國」轉化成現代民主國家，爲一生奮鬥的目標。

四、知行合一的王陽明

明代大思想家王陽明，名守仁，字伯安，因曾築室於浙江四明山的陽明洞（今浙江紹興東南的會稽山上），自號陽明子，故學者稱之爲陽明先生，是浙江省餘姚縣人，生於憲宗成化八年（西元一四七二年），卒於嘉靖七年（西元一五二八年），享年五十七歲，贈新建侯，諡文成。

他自幼聰穎，氣宇不凡。五歲前，還不會說話，但開口說話後不久，突然朗誦祖父竹軒公所讀的書，衆人驚問他，他說：「聽祖父讀書時，已默記在心中了。」由此可見他頗有「過耳成誦」的夙慧。

廿一歲時擧浙江鄉試後，隨父親龍山公至京師。在京師讀了不少朱熹的著作，對格物工夫產生了興趣。但因興趣廣泛，又恃才傲物，以致功名不成，武事也無所成，直至讀到朱熹奏疏中的「居敬持志，爲讀書之本；循序致精，爲讀書之法」時，才深自悔悟，致力讀書，在二十八歲那年，考取進士。

武宗正德元年間，因仗義上書救戴銑，忤怒了當權的宦官劉瑾，遭廷杖四十，又被貶至貴州龍場驛驛丞，時年三十五。居貴州三年之中，他超脫了心靈的蔽障，徹悟了格物致知的眞旨、知行合一的學理，磨鍊出動心忍性的意志，這三年可說是他一生思想學問上最寶貴的轉機。

正德五年，劉瑾伏誅，移廬陵知縣，累官至右僉御史，四十五歲，巡撫南贛、汀州、漳州，二年之內，平定了東南四省的頑寇。四十八歲，平定了寧王宸濠的叛亂，使東南半壁江山生民得免於塗炭。最後在他五十六、七歲時，又征服了思田（今廣西省）的土酋，開拓明朝西南的版圖，也安定了邊陲的局勢，也在此一長途跋涉之中，多年肺癆加重，又染上咳嗽及瀉痢，以致一病不起，卒於江西南安。

王陽明學說綱要有三：

㈠心即理

㈡致良知

㈢知行合一

王陽明的思想與陸九淵接近，二人都强調心與理合一，但他本著陸九淵的「理心一元」說，進一步演發其他二說，完成了自我的心學體系。他提出「心外無物，心外無理」，他認爲身之主宰便是心，心之本體便是理，心外無理；心之所發便是意，意之所在便是物，心外無物。換句話說，心的靈明便是天地萬物的主宰，如果天沒有我的靈明，誰去仰其高？地沒有我的靈明，誰去俯其低？鬼神沒有我的靈明，誰去辨其吉凶。因此，沒有我的靈明，便沒有天地萬物；離開了天地萬物，也就沒有我的靈明。

王陽明心學的特點即是「良知說」。「良知」來自孟子「人之所不學而能者，其良能也；所不慮而知者，其良知也。」大學云：「致知在格物」，朱熹以爲「欲致吾之知，在即物而窮其理也」即須向外窮理以求得知識。而王陽明不同意朱熹之見，他將大學的「致知」與孟子的「良知」二相結合，說「致知」是致吾心內在的良知。

良知是先天的，爲萬人所固有，他說：「良知之在人心，無間於聖愚，天下古今之所同也。」良知人人皆有，不假外求，雖有時爲私欲所蔽，只要一旦自覺，任何邪思妄想，都能消弭，猶如「靈丹一粒，點鐵成金」。良知亦即天理，致良知就是將良知推廣擴充到事事物物。「良知」是知是知非的知，「致」是在事上磨鍊，見諸客觀實際。致良知是在實際行動中實現良知，知行合一。

爲了反對程朱理學「將知行分做兩件去做，以爲必先知了然後能行」的「知先行後」及「徒懸空口耳講說」的學風。王陽明强調知行的統一，强調「眞知即所以爲行，不行不足謂之知」。他提出「知是行的主意，行是知的功夫；知是行之始，行是知之成。若會得時只說一個知，已自有行在，只說一個行，已自有知在」。他主張爲學之道，在即知即行，從實際上督勵人們。他的「致良知」即知行合一，就是「去惡爲善」、「去人欲，存天理」的工夫。

五、什麼是八旗？

八旗制度是清代滿清的社會組織形式。滿旗的先世女眞人以射獵爲業，每年到了出獵季節，以氏族或村寨爲單位，每十人爲一單位，由有名望的人任首領，各出一支箭，其首領叫做「牛彔額眞」。（「牛彔」意即大箭，額眞，亦稱厄眞，意即頭目）

㈠八旗的建立

清太祖努爾哈赤時代，國勢日强，勢力擴大，人口增多，在萬曆二十九年（西元一六〇一年）定戰士三百人爲一牛彔，又在牛彔之上設四個固山（旗），以黃、白、紅、藍四旗為標幟。萬曆四十三年（西元一六五一年），努爾哈赤積極布置，準備稱汗，與明朝脫離臣屬關係，在原有牛彔制基礎上，創建了八旗制度，即在原有四旗之外，增編鑲黃、鑲白、鑲紅、鑲藍四旗。旗幟除正四色旗外，黃、白、藍均鑲以紅，紅則鑲以白。把後金管轄的所有人均納入在旗內。其制規定：每三百人為一牛彔，五牛彔為一甲喇，設甲喇額眞一人，五甲喇為一固山，設固山額眞一人。此一制度建立後，雖然牛彔數或牛彔下的丁數或有變化，但旗制終清未改。

㈡八旗制度的特點

八旗制度是以旗統人，以旗統兵。每牛彔除戰士三百名外，還包括其家屬。平日從事耕獵，遇事則應旗主的徵調，或服力役，或出戰從征。在八旗內部，旗主擁有絕對的權力。努爾哈赤的命令，只有通過旗主才能對各旗發生效力。部落大事須由八旗共同商議，財務收支也須平均分擔。八旗制因而兼具了軍事、經濟、政治三方面的功能。

清入關後，逐漸走向中央集權，為加強對各族人的控制，也為解除八旗官兵的後顧之憂，建立了八旗常備兵制和兵餉制度，與綠營共同構成國家的軍事武力，八旗兵也從此成了職業兵。後來八旗弟子養尊處優，戰鬥力日衰，而八旗兵人數日多，坐領乾餉者，不可勝數，造成國家財政的沈重負擔，束縛了滿清的發展，八旗制度的精神及功用，也全然消失了。

六、一代名相——范仲淹

范仲淹，是北宋著名的政治家、軍事家，也是傑出的文學家和教育家。他領導慶曆年間的革新運動，他在軍事戰略上的措施，對北宋的政局影響極大。他所提拔的學者，也為宋代學術開啓璨盛的局面，他倡導的「先憂後樂」的思想，更是中國文人志士嚮往的情操，無怪乎朱熹贊頌他為天地間第一流人物。

范仲淹，字希文，蘇州吳縣人（今江蘇蘇州）。父親范墉曾做過寧武軍節度掌書記（徐州軍事長官的祕書），但范仲淹二歲時，父親因病去世，母親帶著他改嫁山東淄洲長山縣的朱文翰，因此改姓朱。

青少年時期的范仲淹好學不倦，二十一歲在長白山醴泉寺僧舍苦讀，日夜不息。三年之中，每天只吃粥一碗，分成四塊，早晚各吃二分，再配上少許青菜裹腹。苦學數年，二十七歲進士及第，才正式恢復范姓，也開始近四十年的政治生涯。

以下簡要將范仲淹政績條列於後，以一窺一代功臣的偉業：

㈠二十七歲時，任廣德軍的司理參軍（今安徽廣德），負責處理獄案。任節度推官，即長安從事。在職期間將陳年法案，一一清理複審。每一案必明究是非，加以糾雪昭直。

㈡三十三歲時，任泰州海陵鹽倉監官（今江蘇東台縣附近），負責監督淮鹽的貯運轉銷。爲百姓修復海堤，使數千民戶免受災流離之苦，於是人們將海堰稱爲「范公堤」，甚至有災民跟著他姓了范。

㈢三十八歲時，母親謝氏病故，回南京守喪。當時南京留守官晏殊風聞范仲淹通曉經學，邀請他協助主持應天府學的教務。對於提拔後進，振興學風，卓有貢獻。范仲淹每到一處總是先興學聘師，提倡教育。後來任宰相時，更下令所有州縣一律辦學，對當時的學術風氣，也有相當大的影響。

㈣四十歲時，守母喪結束。升任祕閣校理：負責皇家圖書典籍的校勘和整理，實際上是皇上的文學侍從，因此得以了解許多朝廷內幕。他因上書請劉太后撤簾罷政，還政於已二十歲的宋仁宗，而被貶至河中府任通判（今山西永濟）。一年後，又調任陳州通判。（今河南淮陽）

㈤四十三歲時，雖劉太后死去，但在朝廷的政治鬥爭中，范仲淹仍不免被波及，先後曾被貶至睦州知州（今浙江桐廬）、饒州知府（今江西鄱陽），後來又幾乎貶死在嶺南。五十歲前後，范仲淹又先後被調至潤州（今江蘇鎮江）、越州（今浙江紹興）作知州。仕途乖舛，但他仍堅持自我的理想，在答梅堯臣的《靈烏賦》中還說：不管別人如何厭惡烏鴉的啞啞叫聲，他卻寧鳴而死，不默而生。

㈥五十二歲時，因西夏入侵，主將韓琦極力推薦范仲淹爲副帥，由他出任陝西經略安撫招討副使。他在陝甘邊境三年，號令嚴明，愛撫士兵，一方面拔擢猛將，選用民兵，並施以嚴格的軍事訓練。一方面又在延北築城，在宋夏交戰之地構築堡寨。因此當時邊境有歌謠稱揚他：

「軍中有一韓，西賊聞之膽寒！
軍中有一范，西賊聞之驚破膽！」

㈦五十五歲時，平定西夏後，范仲淹回朝拜爲樞密副使（掌管軍事，權同宰相），韓琦亦同爲樞密副使。不久，又升任爲參知政事（宋以同平章事爲正宰相，參知政事爲副相）。仁宗對他非常器重，曾賜坐商議國事。范仲淹避席而退，回家列奏十項應興應革的大事，條條均切中時弊。但他希望以嚴明吏治、選賢任能、減徭役、厚農桑、修武備等富强宋朝的作法，招來許多既得利益者的批評及打擊，新法實施不到一年，范仲淹即被撤去軍政要職，他革除弊政的苦心擘畫，也付諸流水。范仲淹晚年又先後被徙知邠州（陝西邠縣）、鄧州（河南鄧縣）、杭州、青州（山東歷城）。

(八)慶曆六年，范仲淹已五十八歲，范仲淹從邠州移調至鄧州。滕宗諒（子京）派人送來一幅岳陽樓圖，告訴他已將該樓修葺完成，並將歷代有關的讚揚詩賦，刻石附立，希望范仲淹寫一篇《岳陽樓記》。

范仲淹早年曾隨繼父在澧州安鄉（今湖南安鄉）讀書，曾到過岳陽一帶。但是他不願如一般人觸景抒情而已，因此他在勾勒洞庭秀色與前人情致之後，提出深邃的人生哲理，自我對生命的崇高追求，藉以勉勵自己和友人，也用來啓發和教育後代之人。於是他乘興揮毫，寫下了《岳陽樓記》一文，送到岳州後，滕宗諒大爲感動，立刻命人刻石，文中那二句名言「先天下之憂而憂，後天下之樂而樂」更是不脛而走，人人傳誦，連宋仁宗聞之，也不禁慨然稱揚。

范仲淹不僅提出「先憂後樂」的觀念，而且在記文末尾說：這正是他多年的理想和追求；當小官時，薪水微薄，他曾盡力幫助許多寒士；做將帥時，收入豐裕，他便盡力照顧部將及親友。如今尚有一筆積蓄，打算做一番義舉。這就是後來的「義莊」。他買了一千多畝好地，由族人中品格高尚之人管理土地的收入。這些收入是公積金，凡族人的後代子孫，都可按月得到口糧，婚嫁喪娶者，另有福利補助（但居官有俸祿者除外）。此一義行，迅速轟動各地，人人把范仲淹視爲大慈善家，全國姓范的人，更把他奉爲聖賢。

(九)六十三歲時，范仲淹移任青州時，此地的冬寒，加重了他的宿疾，第二年又調往潁州，他堅持帶病上任，但只趕到徐州便溘然長逝，享年六十四。此時范氏一家人貧病交困，只得暫借官屋棲身。

范仲淹的死訊傳開，朝野上下一致哀慟，朝廷封諡爲「文正」，並追贈他爲兵部尚書。各地百姓成千成百地掛孝致哀，連日齋戒。即使是陝甘之地羌夷之人，也爲他傷心落淚，畫像立祠來哀悼。

七、摩頂放踵

把頭頂磨禿了，把腳跟擦破了。這句話是形容爲了公衆利益，不辭勞苦的樣子。此句話出自於《孟子．盡心》：「楊朱取爲我，拔一毛而利天下，不爲也。墨子兼愛，摩頂放踵利天下爲之。子莫執中，執中爲近之；執中無權，猶執一也。所惡執一者，爲其賊道也，舉一而廢百也。」

楊朱是秉持「爲我自己」的念頭，因此即使只要他拔一毛可利天下，他也不肯做。墨子之徒則正相反，即使磨禿了頭頂，擦破了腳跟，只要對大衆有利，他必定四處奔走。子莫則是從楊墨二人之道中，取其中庸，看起來似乎近道了，但孟子以爲只知執中，而不知權衡情勢，仍是固執一偏。其所以令人嫌惡，是因爲他們戕害正道，舉用一事而廢罷百事，卻仍自以爲是個執中不偏的人。

從這段批判中，吾人可體現到墨家之徒捨身以救世，不惜犧牲自我的精神。除此之外，用來形容聖賢救世的熱忱還有下列成語：

㈠一饋十起：形容爲政者勤勞不息，連吃一頓飯也要起來多次。

㈡吐哺握髮：形容爲政者愛賢之切。《史記．魯世家》：「然我一沐三握髮，一飯三吐哺，起以待士，猶恐失天下之賢人。」此言周公聞賢士至，立刻出迎，不待食飽或沐畢。

㈢席不暇暖：席位沒有時間坐暖，是說沒有時間長久休息。

㈣突不得黔：煙囪還沒有燻黑，就要離去了。意指不得久息。

㈤過門不入：經過自己的家門，也無暇進入。本指禹、稷勤治的忙碌。《孟子．離婁》：「禹、稷當平世，三過其門而不入，孔子賢之。」

八、生活中常見的佛家用語

㈠不二法門

「法」梵語「達摩」，指一切事物的眞理法則。凡佛所證知的眞理法則，謂之佛法。法門，本指入法之門，此引申爲路徑訣竅。所謂「不二」就是一切平等，沒有彼此你我的分別。佛家修道能了悟衆生平等的不二之理，便是

「入不二法門」。由於「不二」是一切平等，無彼此之別。於是一般人將「不二法門」解釋爲「唯一的途徑」。

㈡極樂世界

也稱淨土、樂邦。佛教徒所信仰的沒有苦難的理想境界，是相對於世俗衆生所居的「穢土」而言。人們只要通過念佛、修觀的方法，就可以在生命終止時往生極樂世界。在極樂世界中，無量功德莊嚴，國中菩薩無數，講堂、精舍、宮殿、樓觀、寶樹、寶池皆以七寶莊嚴，微妙嚴淨；百味飲食隨意而至，自然演出萬種技樂，皆是法音。國中之人智慧高明，顏貌端正，但享受諸多快樂，全無痛苦。

㈢涅槃

又譯爲泥日、泥洹。意爲滅、滅度、寂滅、安樂、不生、解脫、圓寂。涅槃原意是火的熄滅或風的吹散狀態，佛教用以作爲修習所要達到的最高理想境界。含意很多：息除煩惱業因，滅掉生死苦果，生死因果都滅，而人得度，故稱滅或滅度。衆生流轉生死，都由煩惱業因，若熄滅了煩惱業因，則生死苦果自息，所以名爲寂滅或解脫。永不再受三界生死輪迴，故名不生。惑無不盡，德無不圓，故又稱圓寂。達到安樂無爲，解脫自在的境界，稱爲涅槃。

㈣剎那、彈指

在佛家都用以指極短暫的時間。一念中有九十剎那，一彈指有六十剎那。

九、苦樂

明．袁宏道

世上未有一人不居苦境者。其境年變而月不同，苦亦因①之。故作官則有官之苦，作神仙則有神仙之苦，作佛則有佛之苦，作樂則有樂之苦，作達則有達之苦。世安得有徹底甜者？唯孔方兄②庶幾近之。而此物偏與世之勞薪③爲侶；有稍知自逸者，便掉臂不顧④，去之惟恐不遠。然則人無如苦何⑤耶？亦有說焉：人至苦莫令若⑥矣！當其奔走塵沙，不異牛馬，何苦如之！少焉，入衙齋，脫冠解帶，又不知痛快將何如者。何也？眼不暇求色即此色，耳不暇求音即此音，口不暇求味即此味，鼻不暇求香即此香，身不暇求佚即此佚，心不暇求雲搜天想⑦即此想。當此之時，百骸俱適，萬念盡銷，焉知其他！始知人有眞苦，雖至樂不能使之不苦；人有眞樂，雖至苦亦不能使之不樂。故人有苦必有樂，有極苦必有極樂。知苦之必有樂，故不求樂；知樂之生於苦，故不畏苦。故知苦樂之說者，可以常貧，可以常賤，可以長不死矣！中郎近日受用如此，敢以聞之有道⑨，幸敎我！

注釋：

①因：跟著。

②孔方兄：錢的別稱。

③勞薪：勞苦用腳力者。

④掉臂不顧：揮手不顧，轉身而去。

⑤無如苦何：於苦無可奈何。

⑥人至苦莫令若：人至苦莫若縣令。

⑦雲搜天想：即搜雲想天，海闊天空的幻想。

⑧中郎：袁宏道字中郎。

⑨有道：此指他的老師王以明。有道，是舊時寫信對人的敬稱。

賞析：

本文選自《袁中郎尺牘》，是作者寫給他的老師王以明的信。全篇旨在勸人作事不要怕吃苦，有苦才有樂，有大苦才能有大樂；「知苦之必有樂，故不求樂；知樂之生於苦，故不畏苦。」如此才能坦然面對人生的挫折與困阨，無畏艱難，挺立於風雨之中，因此「可以常貧，可以長賤，可以長不死矣！」不論處在何種境地，都能怡然自得啊！

十、樂與苦

明．劉基

樂與苦，相爲倚伏者也。人知樂之爲樂，而不知苦之爲樂；人知樂其樂，而不知苦生於樂。則樂與苦相去能幾何哉？今夫膏粱之子①，燕坐於華堂之上，口不嘗荼蓼②之味，身不歷農畝之勞，寢必重褥，食必珍美，出入必輿隸③，是人之所謂樂也。一旦運窮福艾，顚沛生於不測而不知，醉醇飫肥之腸，不可以實疏糲④；藉柔覆溫之軀，不可以御蓬藋⑤；雖欲效野夫賤隸，跼跳竄伏，偸性命於榛莽⑥而不可得；庸非昔日之樂，爲今日之苦也耶？故孟子曰：「天之將降大任於是人也，必先苦其心志，勞其筋骨，餓其體膚。」孔子曰：「良藥苦口利於病，忠言逆耳利於行。」彼之苦，吾之樂；而彼之樂，吾之苦也。吾聞井以甘竭，李以苦存；夫差以酣酒亡，而句踐以嘗膽興，

無亦猶是也夫？（79年北聯試題）

註釋：

①膏粱之子：謂富貴人家的子弟。膏粱，指肥肉和美穀，指甘美的食物。

②荼蓼：荼，陸草。蓼，水草。或用以毒溪取魚，即所謂荼毒。

③輿隸：賤役。

④糲：ㄌㄧˋ，粗米。疏糲是指粗糙的食物。

⑤蓬藋：蓬草和藋草。此指牀榻。

⑥榛莽：ㄓㄣ ㄇㄤˇ，指草木叢生。

賞析：

本文也是以「耐得住苦，才有樂可享」爲主旨來論說。首先批判「人知樂其樂，而不知苦生於樂」、「人之樂之爲樂，而不知苦之爲樂」來說明苦樂乃相倚相生的。其次舉富家之子，平日坐享其成，茶來張口，飯來伸手，錦衣玉食，僕從相隨，何等氣派？何等享受？一旦福盡運窮，怎能忍受粗糙的食物，又那堪簡陋的衣被牀榻？兩相對比，襯顯昔日之樂，正是今日苦之根源。最後再引用孔子、孟子之言以强化論點。文末的四個例證——二個物證，二個史證——又是兩兩映襯，一甘一苦，一亡一興，更有力地爲文章作了結語。

肆、思考與練習

一、本文的篇幅很長，請將它濃縮爲四大段，以簡潔的文字，完整地表達作者的論說要旨。

二、本文第四段中，作者融合了四則史證，來說明古今中外聖賢豪傑，都是由吃苦中磨鍊出來的。請你仿用本文筆法，換用其他四個例證寫一段文字。（題目可自訂）

例文：

我們翻開歷史來看，古今中外，幾多聖賢豪傑，那一個不是在「忍人所不能忍」中，成就一番功業的？管仲要是不能忍世人的批評嘲笑，那能使齊桓公成爲一方霸主？玄奘西天取經，若不能經歷種種磨難，那能求得佛陀智慧，使佛教傳布中國？居禮夫人要是不能忍受喪夫之痛，忍受工作的壓力，承擔千斤的重擔，就不會得到諾貝爾獎的殊榮；愛迪生若是忍受不了一千多次的打擊和考驗，世界不知何日才能大放光明。這裡堅百忍以圖成的精神，正是他們成大功、立大業的基石。

三、本文第五、六段中，作者都援引二則言證以強化文意，請你也仿作一段。（題目可自訂）

例文：

子在川上曰：「逝者如斯夫，不舍晝夜」，時光如流水源源混混、奔流不止，難怪陸游要感嘆：「燕去燕來還過日，花開花落即經春。」人生有多少個日子，可供恣意地揮霍呢？

四、文中第七段，作者運用連續的九個設問，提出青年常引以爲苦的事，使人印象深刻。請你設計一則廣告詞，也要用連續問句，來引發人的購買慾。（產品可自訂）

例文：

各位青年朋友們！你擔心找不到工作嗎？你害怕失業嗎？你是電腦文盲嗎？你想改行，投入尖端資訊行業嗎？你想找一分錢多、事少，又不必出門的工作嗎？不必懷疑，不必猶豫，只要到××電腦資訊中心，一切沒問題。

五、宋儒說「少年得志大不幸」，爲什麼？試將此句引言擴寫成一百五十字左右的短文。

例文：

年紀輕輕就一切順心遂意，功名、財富、地位……一切如水到渠成，不費力氣的話，不免目空一切，不能虛心求進，甚至志得意滿，不願再吃苦，不能再吃苦。古語說：「小時了了，大未必佳」，少年得志的人，缺少磨鍊，一旦失志，一旦遇到打擊，必定是一蹶不振，禁不起考驗的，於是甘盡苦來，這樣的人生際遇又有何幸福可言呢？

六、爲形容詞找畫面：

說明：

請將下列「抽象」的情感，以「具象」的手法描繪出來，文中不可出現該形容詞：

㈠熱情：

1、一踏進這陌生的小村莊，還來不及探問，年輕的小姑娘漾著可人的笑容，親切的向你介紹本地的名勝和小吃。

㈡美麗：

1、夕陽西下，灑下滿天的彩霞，有如打翻的顏料，將這塊藍白相間的花布，染得五彩繽紛、淺黃、嫩橘、深紫、瑰紅……。

2、清亮的眸子、穠纖合度的身材、白皙柔軟的玉指，隨風飄逸的長髮，總是衆人目光聚集的焦點。

㈢煩惱：

1、望著聯絡本上的紅字，他低垂著頭，絞弄著雙手，啃咬著指甲，不知如何回去向父母交代。

㈣興奮

1、第一次看到雪，是在合歡山上，極目四望，四處都是人，跳著、跑著、叫著，打著雪仗，丟起雪球，叫鬧和歡笑瀰漫在三千公尺的山嶺間。

2、要去旅行的前一晚，他躺在牀上翻覆輾轉；看著牆上的鐘滴答滴答指向十二點，腦海裡卻還是盈滿許多的期待。不知道明天會是晴天？還是雨天，不知道……

七、審題思考練習：

請辨別下列題目，是屬於論說文雙項式題型的那一類型？

1、新與舊（相反）
2、讚美與批評（相反）
3、情與理（並重）
4、忍耐與溝通（並重）
5、平凡與偉大（因果）
6、自由與守法（因果）
7、光明與黑暗（相反）
8、羣與己（並重）
9、公德與私德（並重）
10、學與思（並重）
11、自大和自信（相反）
12、接受與回饋（相反）
13、求人與求己（相反）
14、擁有與享有（並重）
15、信心和耐心（並重）

八、作文參考題：

1、我的快樂和煩惱
2、苦與樂
3、順境與逆境
4、得與失
5、笑與淚
6、耕耘與收穫

（江艾倫）

十一、詞選

／辛棄疾
／周邦彥

壹、作者參考資料

一、詞家正宗周邦彥

(一)生平

周邦彥，字美成，自號清眞居士，生於北宋仁宗嘉祐元年（西元一〇五六年），浙江錢塘（杭州一帶）人，宋徽宗宣和三年（西元一一二一年）卒於南京，享年六十六歲。他是典型江南風流才子，也是宋詞第三期——格律詞派的傑出詞家。（第一期——花間餘風。第二期——雕飾期）他從小個性浪漫，行爲粗放不太檢點，同鄉里的人都很瞧不起他，在道學家眼中，是個放蕩的狂徒。但是他飽讀百家之書，學問根柢深厚，能寫出一手好文章。

周邦彥少年時期，正是宋神宗任用王安石變法，實施新政的時期，他的家鄉是首先推行新法的地區之一。王安石雷厲風行的革新政策，給因循保守、貧弱不振的宋室王朝造成一大衝擊，年少而疏放的周邦彥，對此運動留下深刻的印象。

二十四歲那年，周邦彥北上國都汴京（開封）遊歷，在太學（國立大學）讀了四、五年書。宋神宗元豐七年，二十九歲的他，以太學生身分獻了長篇：《汴都賦》。當時獻賦頌揚時政的太學生不計其數，惟獨他的文采出類拔萃，得到宋神宗的青睞，並被召爲太學正，而這篇長賦一時間聲名大噪。

由上可得知，周邦彥的政治立場是傾向新黨的，雖未曾成爲中堅人物，但爾後的宦海浮沈，皆與新、舊黨爭脫不了關係。

元豐九年（西元一〇八五年），宋神宗駕崩，年僅十歲的宋哲宗即位，由宋神宗母親高太后垂簾聽政，她向來不滿王安石的變法，因此掌權後立刻廢除新政，起用以司馬光爲首的舊黨主政，而新黨多被貶逐。當時周邦彥只是個小小的太學正，在政治上根本是個沒有分量的人物，但他當初是因獻賦歌頌新法而受提拔的，難免受到牽連、排斥。從宋哲宗元祐三年（西元一〇八八年）後的十年間，他離開京師，出任過廬州教授，外放州縣令，由於這番經歷的變化，使得他的詞風變得更加沈鬱、淒婉。

宋徽宗即位，建立宮廷音樂機構——大晟府，專門整理古樂、創作新調。由於周邦彥精通音律，具有文學、音樂方面的專業知識，因此授命主管大晟府。在這段期間，他一方面整理當時流行而未定型的古調，一方面也創作不少新曲，無論新、舊曲調，都成了後代詞人的典範。他的詞能協律，不只平仄吻合，連上、去、入聲都很講究，他本來就天賦過人，再加上後天博學多識，因此能集諸家所長，對後世影響很大，南宋大詞家如姜白石、史達祖、吳文英、張炎等，皆奉周詞爲圭臬。陳庾評他的作品道：「美成自號清眞，二百年來，以樂府獨步。貴人、學士、市儈、妓女，皆知美成詞爲可愛。」可見其影響層面之廣。

在主管大晟府期間，宋徽宗曾派蔡京示意周邦彥，要他填詞歌頌聖上恩德，但他斷然拒絕，說道：「我已老了，現在想起年輕時候的無知妄作（獻《汴都賦》），眞是後悔啊！」言下之意，他認爲宋神宗變法的魄力，是值得讚頌的，而眼前這位胡作非爲，終日玩物喪志的宋徽宗根本沒資格和當年的神宗相提並論。我們在周邦彥詞集中的確找不到歌功頌德一類的作品，而與他同時擔任大晟府制撰的万俟（ㄇㄛˋ ㄑㄧˊ）《詠詞集》裡，這類作品就比比皆是了。

自王安石罷相後，經呂惠卿、章惇至蔡京，新黨的精神早已全然變質，逐漸淪爲結黨營私、惡意攻訐異己的工具；而北宋在徽宗昏庸荒淫的統治之下，敗亡之象已日漸顯露。晚年的周邦彥自號清眞居士，取「清眞寡慾，萬物不能移」之意，但求獨善其身，不理會紅塵俗務。靖康之變的前五年，他在南京（河南商丘）鴻慶宮齋所去世，歸葬杭州南蕩山。身後留下一百九十餘闋詞，集爲《清眞詞》。後來陳元龍爲其詞作注釋，更名爲《片玉詞》，劉肅云：「猶獲崑山之片珍，琢其質而彰其文也，因命之曰：『片玉』。」

㈡周邦彥詞的特色及代表性作品賞析

周濟說：「《清眞集》詞之大成。」所謂「集大成」，包括柳永慢詞的鋪敘，賀鑄的豔麗，秦觀的柔媚，兼採「花間派」晏殊、歐陽修的精髓，幾經鎔鑄錘鍊，形成圓融美豔的個人風格。他之所以能有如此成就，是因爲本身富於文學天賦，又博涉百家之書，遣詞造句中能融入唐五代以來詩歌的本質；加上本人精通音律，善自度曲；後來學爲大晟樂正，如虎添翼，以政府的力量，供他考證、製作有關詞曲方面的事項，成爲受人景仰的大作家。他的詞有以下幾點特色：

1、善融詩句入詞，妙在自然。

例《玉樓春》：

桃溪不作從容任，秋藕絕來無續處。當時相候赤闌橋，今日獨尋黃葉路。　煙中列岫青無數，雁背夕陽紅欲暮。人如風後入江雲，情似雨餘黏地絮。

說明：

這首詞是一個失戀的人重遊舊地，憶昔傷今，滿懷惆悵。埋怨載著桃花的溪流不停地奔逝，猶如人生的春天一去不復返，昔日良辰美景已不再。往日的戀情，就像斷絕的秋藕一樣，無法再連屬了，即使舊地重遊，徒剩回憶而已。從前兩人在赤欄橋相會，滿懷濃情蜜意，如今一個人孤伶伶步行在從前並肩攜手走過的路上，只見滿地的黃葉，說不盡的淒涼。遠處一列列的峯巒矗立在煙霧瀰漫中，歸雁馱載火紅的夕陽，暮色已漸凝聚。此時的心境，就像風吹雲散，布滿江面；心中也是層層濃霧，揮之不去的感傷。逝去的愛情就像雨後黏在地上的飛絮，再也風流、蕭灑不起來了。

2、善於描寫景物，工巧精細。

例《蘇幕遮》（上闋）：

燎沈香，消溽暑，鳥雀呼晴，侵曉窺簷語。葉上初陽乾宿雨，水面清圓，一一風荷舉。

說明：

這首詞上闋是描繪雨後風荷的神態，富豔而精工。點燃了沈水香，解這悶熱的暑氣，因爲天氣晴朗，鳥雀正高興的呼叫著，天才剛亮就伸出頭來，在屋簷邊上吱吱喳喳叫不停。旭日曬乾了荷葉上昨夜所留下的雨珠，片片浮在水面上的荷葉，是那麼的清麗圓潤，晨風吹來，朵朵荷花迎風招展，亭亭玉立。

3、想像力豐富圓融，善於從虛幻處著筆。

例《鎖窗寒》（上闋）：

暗柳啼鴉，單衣竚立，小簾朱戶。桐花半畝，靜鎖一庭愁雨。灑空階，夜闌未休，故人剪燭西窗語。似楚江暝宿，風燈零亂，少年羈旅。

說明：

本闋詞寫暮春時分，旅人觸景生情而興思歸之念。暗柳啼鴉，點出蕭瑟的暮春時令，而旅人披著單衣，佇立於秀雅的簾幕朱戶前，撩起一腔愁緒。院中桐花正開，春雨鎖住了庭院、鎖住人的活動、也鎖住了心緒——滿是沈沈的愁。雨灑空階上，一夜不停。接著由眼前實景入虛，聯想李商隱詩：「何當共翦西窗燭，卻話巴山夜雨時」的期盼，更進一步想起過去也曾遊歷楚江，當時也正下著雨，如風中凌亂的燈火。與今日情形相比，同一羈旅，一實一虛，有少年與遲暮之別，更是愁上加愁。

4、長調善於鋪敘，筆力雄渾，更勝柳永一籌。

例《西河．金陵懷古》：

佳麗地，南朝盛事誰記？山圍故國，繞清江，髻鬟對起。怒濤寂寞打孤城，風檣遙度天際。　斷崖樹，猶倒倚，莫愁艇子曾繫。空餘舊迹，鬱蒼蒼，霧沈半壘。夜深月過女牆來，傷心東望淮水。　酒旗戲鼓甚處市？想依稀，王謝鄰里。燕子不知何世，向尋常、巷陌人家，相對如說興亡，斜陽裡。

說明：

首段談金陵形勢，尤重在景物的摹寫，摻雜著歷史興衰，轉眼成空的寂寞之感。南朝曾定都於此，而今「南朝盛事」無人念及，已成歷史陳迹；但金陵佳麗地仍在，卻也是盛景不再，給人的感受是「寂寞」的氣象，顯出古城的一片荒涼。

中段寫歷史上的舊事，曾繫過莫愁遊艇的斷崖上那棵樹，還是倒掛在那兒。而空餘舊迹，在蒼茫江霧中供人憑弔。昔時明月，依然高懸「寂寞孤城」上空，怎不教人望無盡淮水而悲歎呢？

末段問過去充滿酒樓戲台的鬧市那兒去了呢？昔日東晉王公貴族的子孫已淪爲尋常百姓，加入街頭巷尾中的談論，訴說著歷史興亡的悲劇。

5、小令清麗動人

例《浣溪沙》（見課文賞析）

㈢周邦彥二、三事

1、周郎顧曲

傳說三國時代東吳周瑜音樂造詣極高，若奏樂有誤，就算他已喝得酩酊大醉，也能立刻察覺並糾正，所以有歌謠道：「曲有誤，周郎顧。」而唐詩中也有「欲得周郎顧，時時誤拂絃」的詩句。周邦彥在詞壇中，也常自比爲周瑜，所以將家中廳堂命爲「顧曲堂」，以表明自己對音樂的愛好和自負。

2、風流豔史

周邦彥的詞，有很多專寫纏綿的閨情，因此當時一般名妓都愛唱他所塡的詞。青樓酒肆間，他更加疏放不羈，和柳永一樣，經常流連在脂粉堆裡。在宋人筆記中，記載一則他和名妓李師師的風流軼事。

李師師是汴京的名妓，據說周邦彥和她打得火熱。有一天那位「寡人有疾」的宋徽宗微服出遊，到宮外找樂子，來到李師師家裡，而此時周邦彥正在房中，一聽到天子駕臨，趕快躲到牀下。宋徽宗帶來了江南剛進貢的新橙給李師師，兩人一面吃，一面調笑，牀底下的周邦彥聽得一淸二楚，寫成了《少年遊》一詞：

「并刀如水，吳鹽勝雪，纖指破新橙。錦幄初溫，獸香不斷，相對坐調笙。低聲問：向誰行宿？城上已三更。馬滑霜濃，不如休去，直是少人行。」

這首詞寫盡這位風流皇帝的嘴臉，所以當這詞流傳開來後，龍顏大怒。於是交代丞相蔡京，隨便用一個周邦彥徵稅不力的藉口，把他撤職並下令離京。離京之日，李師師戀戀不捨，特地去爲他餞行，周邦彥即席做了一首悲痛詩《蘭陵王》：

「柳蔭直，煙裡絲絲弄碧。隋堤上曾見幾番，拂水飄綿送行色。登臨望故國，誰識京華倦客？長亭路年去歲來，應折柔條過千尺。　閒尋舊蹤迹，又酒趁哀絃，燈照離席，梨花榆火催寒食。愁一箭風快，半篙波暖，回頭迢遞便數驛，望人在天北。　悽惻，恨堆積。漸別浦縈迴，津堠岑寂，斜陽冉冉春無極。念月榭攜手，露橋聞笛。沈思前事似夢裡，淚暗滴。」

結果那天宋徽宗又到李師師家，等了半天，才見她紅著雙眼回來，詢問之下，李師師以實情告知，並將這首詞唱給皇帝聽，宋徽宗聽了後很感動，便又赦回他，官復原職。

根據考證，這首詞的可信度幾乎等於零。《少年遊》一詞會被人穿鑿附會，與他在詞中加强「敍事性」不無關係，因此留給人們廣大的想像空間。

二、愛國詞人辛棄疾

(一)生平

辛棄疾原字坦夫，後改爲幼安，號稼軒。南宋高宗紹興十年（西元一一四〇年）出生於山東歷城縣的四風閘。宋寧宗開僖三年（西元一二〇七年）九月十六日，卒於江西鉛山，葬於鉛山縣南方的陽原山中，享年六十八歲。辛棄疾體格壯碩，紅頰青眼，目光犀利，是宋朝著名的政治家、軍事家、文學家。

他出生時，距宋室南渡已十五年，他是在金族的統治下長大的。由於父親辛文郁早逝，因此祖父辛贊把他一手帶大。辛贊曾任北宋軍官，濟南淪陷時，因爲受家族牽累無法脫身南渡，不得已而仕於金朝，擔任過亳州譙縣縣令、開封知府等職，雖然侍奉異族，但心中仍念念不忘祖國，辛棄疾受到他的影響，從小就充滿忠君愛國的赤忱。他曾兩度跟隨金國官員到燕山窺探金國虛實，所以後來被譽爲「深曉敵國形勢及兵家利害」。他自幼聰敏好學，追隨亳州劉瞻求學，劉瞻在金世宗時任職史館編修，才高望眾，門徒頗多，其中以黨懷英、辛棄疾最優秀，時人並稱「辛、黨」，但二人才力相當，志趣卻截然不同，黨懷英後來做了金朝大官，而辛棄疾南下歸宋，成了享譽千古的愛國詞人。

宋高宗紹興三十一年（西元一一六一年），金主完顏亮背信違約，大舉南侵，當時中原遺民羣起抗金，山東成了大本營，其中以耿京所率領的二十五萬忠義軍聲勢最爲浩大，成了金兵的頭號勁敵。當年辛棄疾二十二歲，亦響應羣豪，揭竿起義，召集二千多人抗金。爲了集中義軍的抗金力量，辛棄疾率眾投耿京門下，並遊說故交義端和尚，也率領了一千多位民兵歸附，耿京很賞識他的才幹，派任「掌書記」，掌管文書工作，時時共商抗金對策。後來義端意志不堅，趁夜間偷印信叛逃，耿京大爲震怒，欲追究介紹人的責任，打算殺了辛棄疾，而辛棄疾亦氣憤莫名，請求耿京允許三天內捉回義端論罪。他沿著往金營方向追捕，認爲義端必投金，果然料事如神，如期活捉義端處斬，從此更受耿京的器重。

在耿京與辛棄疾的領導下，義軍的抗敵嚴重打擊金軍的士氣，也引發了金國內部的政爭。就在南侵的金軍奉命由揚州渡江南下時，金主完顏亮被軍中將吏共同謀弒，以致金軍不得已向南宋議和並引軍北還。辛棄疾看到這情形，於是向耿京建議，主動與南宋政府聯繫，一南一北配合，給予金國致命痛擊。於是耿京授命辛棄疾、賈瑞等人代表中原義軍，於紹興三十二年正月，南下健康，奉表歸宋。當時宋高宗正於此犒師，親自接見辛棄疾，高興地將耿京及其部將一一封官。辛棄疾完成任務後，即刻北返，途中傳來耿京的部將張安國叛亂弒耿，並劫掠部分軍隊降金。辛氏率領五十餘人，追捕叛逆，到了海州，邀海州統制王世隆相助，直奔金營。當時張安國正和金將在營中慶功飲宴，辛棄疾當場將他活捉，綁在馬上，且號召營中耿京舊部反正，約有上萬人與他同回。等金將從驚慌中回神過來，已追趕不及，辛棄疾馬不停蹄地連奔數晝夜，將張安國押回南方處死。此事震驚南宋朝野，當時豪氣蓋世的辛棄疾只有二十三歲。

辛棄疾南歸後，展開了四十餘年的南方生涯，前二十年（西元一一六二～一一八二年，二十二～四十一歲）是官場生涯時期，後二十年（西元一一八二～一二〇二年，四十二～六十二歲）是退隱時期。官宦時期，歷任湖北、湖南、江西、福建、浙東等地，多爲地方官，無論行政、治軍，俱負聲望。雖然未得重用，但始終保持高昂的愛國熱情。

宋孝宗即位後，意圖恢復中原，一雪祖宗之恥。於隆興元年，派張浚率兵伐金，後因部將內訌而大敗，而宋朝廷不得不屈辱求和。二十六歲的辛棄疾看了求和的條約不禁義憤塡膺，向孝宗獻出「收復失地計畫」，全書洋洋數千言，計畫詳備，即史上著名的《美芹十論》。無奈當時朝廷但求偷安旦夕，孝宗並未重視痛砭時弊的《美芹十論》，只給了他江陰僉判的小官職。在二年多的僉判任職中，他又寫成了九篇論文，獻給宰相虞允文，深刻分析敵我情勢，極斥主和之不可恃，應積極圖謀恢復大計，這就是著名的《九議》。虞允文看完後，召見了他，只封了他司農寺主簿職位，並未實施《九議》。司農寺是管理皇家的供田及祭祀等事，是一個清閒的職位，許多人都替他叫屈，認爲這是大材小用，但是此時他仍是滿腔熱血未減。

孝宗乾道七年，虞允文派他任滁州知州。滁州是鄰金軍事重地，屢受戰禍之災，居民苦不堪言。辛棄疾一到任，便下令免除人民積欠官府的稅錢，共五百八十多萬；又用屯田的收入，訓練民兵，加強南宋邊防；城中興建商賈寄寓的邸舍，以恢復商業活動。一年後，經濟逐漸復甦、繁榮，民生日趨安定。滁州在他的整頓下，百廢俱興，政通人和，呈現一片新氣象。但在胸懷大志的辛棄疾眼中，只不過小試身手而已。

孝宗淳熙六年，他在任湖南轉運副使時，湖南安撫使王佐，嚴刑酷法治民，有失南宋重儒家的精神，孝宗下令辛棄疾就近接任湖南安撫使兼潭州（湖南長沙）知州。接任之際逢災荒，他下令開放官倉發放，使貧苦百姓免於飢餓死亡；又募集工人疏濬修築陂塘、興修水利，對於農民生活大有助益。另外還設學校，將五代時楚王馬殷的舊壘改名爲「飛虎營」，購置大批戰馬鐵甲，訓練新軍準備反攻中原。當建築兵營的工程進行時，正逢秋日霪雨霏霏，建材所需的二十萬瓦片無法燒製，於是下令長沙城內外居民，每家籌瓦二十片，付一百元酬勞，兩天內即湊足了數目，但所費不貲，樞密院大臣藉機彈劾他聚斂民財，揮霍公款，結果孝宗動用金牌召他即刻入京。此舉令他聯想到當年秦檜以金牌召岳飛之事，不禁觸目驚心，於是覆文有要事在身，請求延緩入京朝聖。這一奏疏引起了孝宗猜忌，更不放心他長期統領這支精銳的飛虎軍，馬上調任他赴漢中鎮守史，他在離開前曾填詞以表示內心對調職的不滿，並對朝廷略含諷刺之意。

淳熙七年（西元一一八〇年），辛棄疾四十一歲，由湖南調到江西任隆興府知府兼江西安撫使。這年江西發生嚴重旱災，朝廷命他「任責荒政」。他一到任就採取了緊急的嚴厲措施，禁止糧商囤積居奇的投機行爲，穩定了糧價，也穩定了社會秩序。他在治理江西期間，作風一如往昔，大膽有爲，剛正不阿，雖然得到許多人士讚賞，卻也引起官僚派的忌恨。監察御史王藺彈劾他「用錢如泥沙，殺人如草芥。」結果朝廷未經調查就據以定罪，辛棄疾因救荒而受到免職罷官的處分。

辛棄疾南歸後的前二十年，長期仕宦奔波，很少定居，而在政治上又不斷受到主和派的掣肘、打壓，因此漸感失望而萌生隱退之意。淳熙八年春天，他在信州上饒郡城（江西上饒市）外購買一塊土地，位於信江上游，依山傍水，風光秀麗。城北有個狹長形狀湖泊，辛棄疾爲它取名「帶湖」。他在此建了幾十間平房，屋前的低地開闢成稻田，認爲「人生在勤，當以力田爲先」，因此把所居之處取名「稼軒」，並以此作爲自己的別號。他希望自己從此作一個高蹈山林、怡情風月，忘卻政治恩怨，返璞歸眞的隱士。在這種閒適的隱居生活下過了十年，此時期的作品，多爲田園之樂的產物。

淳熙十六年，光宗即位，紹熙二年（西元一一九一年）適逢福建亂民暴動，光宗起用辛棄疾做福建提刑，他到任後，很快的平定了閩亂。接著又審理汀州一件拖延已久的懸案，查出實情後，嚴懲凶犯，閩中人民無不感其威德。光宗又加封他爲集英殿修撰，知福州，兼福建安撫使，他也大刀闊斧的整頓福建的財政、軍政，他的聲名遠播，而政敵們卻危懼不安，於是再串通諫官彈劾他圖謀造反，他被迫提出辭呈，重返帶湖閒居。

在以後八年的退隱生活中，表面上似較前次隱居放逸，其實內心的苦悶日益加深。「卻將萬字平戎策，換得東家種樹書」，流露了他眞摯的心聲。萬般無奈下，酒成了他常用的解愁工具，長年放懷痛飲的結果，使他的健康日漸受損，但孤單寂寞中，自傷身世之餘，仍是念念不忘國家。內心的苦悶無法排解，他只有寄情於田園山水，以求片刻的慰藉和解脫。

宋寧宗嘉泰三年（西元一二〇三年）韓俯胄當權，爲提高自身威望，起用一些負有聲譽的主戰派人物，準備對金用兵，建立一番功業，於是啓用辛棄疾爲浙江東路安撫使。次年皇帝召見他，改命鎮江知府。當時他已六十四歲，身體狀況也欠佳，但仍賣力爲國效勞。後來因爲他向朝廷建議把抗金的大事交給元老重臣，引起韓俯胄等人猜忌不滿，於是隨便找個藉口將他革職，不准他參與北伐大計，他只好回到鉛山瓢泉閒居。

開禧三年秋，金人對宋朝廷提出：以索取韓俯胄首級爲議和條件，韓俯胄大怒，想再請辛棄疾出來爲他聲援，起用他爲樞密院都承旨。當詔命傳到鉛山時，辛棄疾已病情沈重，一代愛國詞人在大呼「殺賊」數聲後，便含恨離世。雖然壯志未酬身先死，但這一生中也建立不少事業，他那雄偉的氣魄、忠烈的精神，隨著激昂的歌賦，萬世長存。

㈡辛詞的特色

辛棄疾著有《稼軒詞》四卷。由於他生活體驗豐富，創作力強盛，學問廣博，才力過人，在六百多首詞中，無論內容、形式、風格，幾乎無所不包。他用長調抒發慷慨激昂的情懷，藉小令寫溫柔優美的情致。有時寫山水之趣，有時寫纏綿之情，內容風格都能雅潔有韻，而無鄙俗淫豔之詞。蘇軾塡詞的精神和開拓的境界，到了辛棄疾有了更進一步的發展。辛棄疾的詞，具有以下幾個特徵：

1、形式自由：

辛棄疾打破詩、詞的界限，並達到詩、詞、散文合流的境界，他的學問廣博，常將《詩經》、《楚辭》、《莊子》、《論語》及古詩詞句融化在他的詞中，形成散文化的歌詞。後人譏諷他「掉書袋」，就是這個原因。例⑴「人不堪憂，一瓢自樂，賢哉回也。料當年曾問，飯疏飲水，何爲是棲棲者？」（《水龍吟》）。例⑵「盃汝來前，老子今朝，點檢形骸。甚長年抱渴，咽如焦釜，於今喜睡，深似奔雷。汝說劉伶，古今達者，醉後何妨死便埋，渾如許，歎汝於知己，眞少恩哉！」（《沁園春》）

2、內容廣泛：

在辛棄疾的筆下，嬉笑怒罵，皆成文章，無論傷時懷古、論政治、談禪說理、寫山水、講軍事，甚至發牢騷，無所不寫。他的詞政治性很强，充滿愛國濟世的熱忱，對積弱不振的朝政，也時表强烈的不滿和諷刺。歸隱系列的作品，又流露出對田園山水和農村生活的熱愛。

3、風格多樣化：

辛棄疾的詞有雄偉的氣魄，及纏綿細膩的情感，加上過人的才氣和深厚的文學修養，造就了多樣性的風格。

辛棄疾在創作上的成就，不但是蘇軾的繼承人，也是南宋詞人的代表，他提高了詞的表現藝術，充分發揮了詞的各種功能，形成了獨樹一幟的風貌。

㈢辛詞名作賞析

1、菩薩蠻　（書江西造口壁）

鬱孤臺下清江水，中間多少行人淚。西北望長安，可憐無數山。青山遮不住，畢竟東流去。江晚正愁予，山深聞鷓鴣。

說明：

宋孝宗淳熙三年（西元一一七六年），作者任江西提點刑獄（掌管刑法獄訟）、駐節贛州，在造口所寫的懷古作品。

宋高宗建炎三年（西元一一二九年）金兵南侵，分二路渡江，一路陷南京後直逼臨安（杭州），追宋高宗，擾亂浙東。另一路從湖北進軍江西，追隆祐太后，太后南逃到贛州才獲得安全，但贛西一帶受金兵侵擾，劫掠燒殺慘重。鬱姑臺在贛州西南，唐宋時是名勝區。贛江經過臺下向北流去，和袁江合流處稱爲清江。作者由眼前臺下江水，憑弔當年歷史的悲痛，想到江中載流多少當日受難人們的血淚？想到此處，也不由得悲從中來，滴下行人之淚，更遙想起金人荼毒下的大好河山，於是眺望西北方的古代帝都長安，可歎視野卻被無數山峯阻斷（此處長安可視爲中原淪陷區的借代）。但是青山遮得住視野，卻遮不斷滔滔江流，而不盡的江水正是剪不斷、理還亂愁緒的化身。暮色中佇立江畔的行人正滿懷國愁家恨，青山深處卻傳來鷓鴣鳥「行不得也哥哥」的叫聲，襯托出作者心中無限的淒苦、悲涼。

2、摸魚兒　（暮春　淳熙己亥自湖北漕移湖南，同官王正之置酒小山亭，爲賦。）

更能消幾番風雨，匆匆春又歸去。惜春長怕花開早，何況落紅無數。春且住，見說道、天涯芳草無歸路。怨春不語，算只有殷勤，畫簷蛛網，盡日惹飛絮。　長門事，準擬佳期又誤。蛾眉曾有人妒。千金縱買相如賦，脈脈此情誰訴？君莫舞，君不見、玉環飛燕皆塵土。閒愁最苦，休去倚危欄，斜陽正在，煙柳斷腸處。

說明：

這首詞作於辛棄疾四十歲時，他正由湖北轉調湖南任財糧官。了解的人都說他有才略，無奈朝廷對他的一片赤忱，卻是冷漠回應，因此心中充滿苦悶，彷彿失意而陷入漫無止境期待中的怨婦。本詞表面寫失寵女子的苦悶，實際是抒寫對國事的憤慨。

3、醜奴兒　書博山道中壁

少年不識愁滋味，愛上層樓，愛上層樓，爲賦新詞強說愁。　而今識盡愁滋味，欲說還休，欲說還休，卻道天涼好個秋。

說明：

此詞寫出年少和年紀漸長後對「愁」的不同體認，道出許多人都曾有過的人生經驗。前者指的是傷春悲秋、無故尋愁覓恨的閒愁；後者是在飽經滄桑後，由關懷國事、懷才不遇所引起的國愁家恨。等到嚐盡憂患後，一切的愁苦，已是不足爲外人道了，所以只說些「天涼好個秋」無關痛癢的話來打發。

4、青玉案　元夕

東風夜放花千樹，更吹落，星如雨。寶馬雕車香滿路。鳳簫聲動，玉壺光轉，一夜魚龍舞。　蛾兒雪柳黃金縷，笑話盈盈暗香去。衆裡尋他千百度，驀然回首，那人卻在，燈火闌珊處。

說明：

這首詞運用分段描寫，逐層襯托的方式，描繪元宵夜（農曆正月十五日）的熱鬧情景，主角在繁華的人叢中，尋找一位他所鍾情的女子。作者所追慕的是一個不同凡俗，自甘寂寞的女子，他人追尋繁華熱鬧，她卻獨立在燈火闌珊處。這正好反映辛棄疾在政治失意後，寧願閒居也不肯同流合污的人品。

5、西江月　遣興

醉裡且貪歡笑，要愁那得工夫。近來始覺古人書，信著全無是處。　昨夜松邊醉倒，問松：「我醉何如？」只疑松動要來扶，以手推松曰：「去！」

說明：

上闋說醉中尋得樂趣，忘記現實的煩愁。「近來」二字，意思不是菲薄聖賢，而是針對當時政治上沒有是非，和罔顧聖賢訓誨的現狀，發出憤懣之詞。詞中寫醉態、狂學，都是對現實不滿的一種表示，也由醉中的倔強，顯出辛棄疾狂狷不阿的性格。

貳、課文參考資料

一、《浣溪沙》賞析

浣溪沙是一首小令，分上下兩闋，是一首雙片詞，各以三句七言詩組合而成，形式整齊，有和諧對稱之美。上闋句句入韻：「垂」、「涯」、「梯」屬平聲韻，下闋首句不用押韻，「泥」、「啼」叶韻，整首詞一韻到底。此外，下闋一、二句爲對仗句。

作者在離鄉背景的情形下，登樓遠眺，時值春夏之交，氣候晴朗、景致宜人，正是賞心遊樂的季節。然而作者卻著眼於春天的逝去，觸景生情，眼前的麗景反襯出心中濃得化不開的思鄉愁緒，正是傷心人別有懷抱。有道是男兒有淚不輕彈，因此發展出「長歌當泣，遠望當歸」的抒解方式，但我們從文人的作品中發現，效果似乎是恰得其反。唐朝詩人崔顥《登黃鶴樓題詩》：「日暮鄉關何處是？煙波江上使人愁。」李白《登金陵鳳凰台》看到的是：「總謂浮雲能蔽日，長安不見使人愁」。無論思家或憂國憂時，登高臨遠，望盡天涯路的結果，只有增加迷惘，令人「愁更愁」，所以李後主早一步警覺了：「獨自莫憑欄，無限江山，別時容易見時難。」多愁善感的人，常「不愛看與故鄉不同的東西，又不敢看與故鄉相同的東西」（陳之藩），所以相見爭如不見，不見卻又牽腸掛肚，只因自古多情傷別離啊！

上闋從登樓遠望寫起，濃厚的鄉愁之情隱藏於字裡行間，首句「樓上」寫出他所在的定點，也發展出底下視野範圍的景致。往上看，是萬里晴空；往前看，無邊無際的芳草綿延到天涯，兩句都是寫大自然景色，表面上空闊開朗，生機盎然，而事實上作者的心情卻是無比的黯淡，了無生趣。「碧」字點出天氣的明朗，「四垂」塑造出畫面的立體效果，碧色垂至地面連接上綠草無邊，放眼望去，應是令人愉悅的鮮麗色澤，然而關鍵就在「芳草」的象徵意象上。古詩中有「青青河畔草，綿綿思遠道」之句，芳草在詩詞歌賦中已成離愁的化身了。這離愁、春草由眼前延伸到天涯，茂盛的生命力，正如愁緒一樣頑强——「此情無計可消除，才下眉頭，卻上心頭」，芳草在大地上幾乎是無處不在，就像陰魂不散的愁緊纏著人一般。范仲淹鎮守邊關，賦詞曰：「山映斜陽天接水，芳草無情，更在斜陽外。」芳草果眞是無情物？是人太多情了，此恨不關風與月。在這種心情下體悟了登樓的不智，所以發出「勸君莫上最高梯」之語，此語並不表示他對於此舉的後悔，而是更加凸顯出他的情不自禁——「分明一見怕消魂，卻愁不到消魂處。」

下闋也是觸目所及之景，題材著眼於反應季節變化的景致。新筍已成堂下竹，「新筍」點春，「竹」點夏，由植物的成長顯現季節的推移。暮春也是萬紫千紅零落成泥的時刻，除了化作春泥更護花外，還有一項實用功能，作爲燕子築巢的天然接著劑，但也粉碎了落花「眼穿仍欲歸」的癡心。兩句都有一共同特色，綠竹無法還原爲新筍，燕巢之泥也無法重返枝頭，一切都「回不去」，就像人一樣。末句藉杜鵑啼聲再次寓記思鄉之情，「忍聽」其實就是「不忍聽」，以語促而省掉「不」字。花落春逝，杜鵑啼血，點出時令，也叫出作者心聲：「不如歸去！不如歸去！」因啼聲哀怨，近似泣血，遊子更興起思鄉思人之念——「等是有家歸不得，杜鵑休向耳邊啼」。

二、《清平樂》賞析

這首小令也是雙片詞，上片「小」、「草」、「好」、「媼」，押仄聲韻；下片「東」、「籠」、「蓬」轉平聲韻。本詞是作者晚年遭受主和派排斥、攻擊，有志難伸，歸隱江西上饒時閒居農村的作品。詞中純用白描手法，描繪一戶農村人家的環境和老小五口的生活畫面。

上片點出農戶所在，和一對白頭夫婦和諧的生活。低小的茅簷傍著清澈的小溪，溪畔滿是綿綿青草。淡淡的兩筆，只是尋常農村、農戶景觀，勾勒出一派清新秀麗的世外環境。三、四兩句，描寫一對滿頭白髮的老夫、老妻親親熱熱的喝酒、聊天的安閒自得情態。有人說「酒後失態」，又有人說「酒後吐眞言」，這對喝醉酒的夫妻，應是兼而有之吧。此刻正是眞性情的流露，沒有矜持、沒有客套，好像返老還童的赤子，童言童語，毫無忌諱。「吳音」在此是借代修辭法，泛指南方話，作者所居的上饒，春秋時代屬吳國，這一帶人講話常帶「儂」字，所以有

「吳儂軟語」之稱。南方人講話語調柔媚，加上老夫老妻趁著醉意逗趣，讓人感到無比的親熱和睦！

下片四句用白描法直陳其事，寫出三個兒子不同的形象，長子是主要的勞力角色，從事著溪東田地裡鋤草的重擔。「鋤豆」是鋤掉豆田裡的雜草，用法和「鋤禾日當午」中的「鋤禾」一樣，指除掉禾田中的雜草。二兒子年紀半大不小，做的是輔助勞動，在家裡編織雞籠。這工作不需太多的勞力，但需要技巧，可見農村長大的小孩自有一套適應環境的技能。養雞在農家是常見的，「雞籠」的編織也成了必備的能力，所以稍大的孩子，就挑起分擔家務的工作。三兒子還未解世事，幫不了什麼忙，成日閒來無聊，任意地調皮玩耍，此時正躺臥在溪邊剝著蓮蓬吃，這蓮蓬大概是取諸身邊的溪中吧！「最喜」二字看出老夫婦對小兒子的鍾愛，「臥」字點出他的天眞爛漫，神態動人。

全詞分爲寫景、寫人兩部分，以「小溪」爲主軸，鋪展畫面和人物活動。茅檐是靠近小溪的，「溪上青青草」，「大兒鋤豆溪東」，「溪頭臥剝蓮蓬」，連用三「溪」字，而二兒子和老夫婦的活動也是在茅簷附近，整個畫面的布局相當集中、緊湊。從作者對農村清新秀麗、樸素雅靜的環境描寫，及對翁媼、三子形象的刻畫，流露出詞人對和平寧靜農村生活的喜愛和審美觀點。全文沒有使用一句濃筆豔墨，而詩中充滿畫意，色彩鮮明和諧，令讀者不禁興起山林之思，不如歸去……。

叁、課文資料補充

一、詞

㈠詞的起源和發展

關於詞的起源，古人說法紛云，其中以詞出於樂府和由唐代的近體詩變化而來之說，最爲有力，而外來音樂的傳入，亦產生重大影響，王應麟《困學紀聞》說：「古樂府者，詩之旁行也；詞曲者，古樂府之末造也。」王國維也說：「詩餘之興，齊、梁小樂府先之。」他們都認同詞和樂府的共同性。初期的詞只是音樂的附庸，與樂府詩很相近。不過古樂府多爲徒歌（民間歌謠，沒有曲譜），後由知音者作曲入樂；而詞是以曲譜爲主，先有聲而後有歌詞。由這一點可見，詞的音樂性，更重於樂府詩。所以歐陽炯稱詞爲「曲子詞」（簡稱爲「詞」），王灼稱爲「今曲子」，又稱「倚聲」（倚聲塡詞）或「樂府」，這些名稱，都可以看出詞和音樂結合的關係。

詞在盛唐以後，迅速成長起來，一方面是唐代胡樂大量流入，一方面是商業城市基層人民心聲的反映。中國音樂，自西晉外族到隋、唐統一，是一個劇變的時代。原有的音樂漸次淪亡，樂府舊譜失傳，此時西域音樂因軍事、通商、傳教等各種關係，大量輸入。這些外樂不僅聲調與原有音樂不同，就是所用的樂器，也不一樣（今日國樂樂器有許多都是從西域傳入）。外來的樂調曲折多變化，令人耳目一新，於是外樂盛行於朝廷，廣佈於民間，稱爲「新樂」。音樂起這麼大的變化，與音樂關係密切的詞，就在這種環境下滋長起來。胡夷的外樂大量流行，加上原來里巷流傳的民間歌曲，音樂性變得更爲繁複了，外樂和民樂，便是詞調的兩大來源。如漁歌體的《漁歌子》，船夫曲的《欸乃曲》，民間情歌體的《竹枝詞》、《楊柳枝詞》諸調，都是當時里巷中最流行的。這些里巷樂曲雖動聽，但詞句卻很粗野，於是文人產生了改作或仿作新詞的動機，文人的加入，對詞的成長，有很大的影響。

詞起於民間，到中晚唐才興盛起來，商業、經濟和城市生活具關鍵性的作用。上層社會利用新興歌曲，作爲享樂生活的工具，民間用它來反映各種社會性題材。

詞的發展，自唐朝經五代到了宋朝，更爲普遍和發達，最後終於取代了詩，成爲韻文主流，究其原因，大致可歸納爲三方面：

1、社會環境的需要

詞的用處是廣泛的，朝廷盛典，士大夫的宴會，長亭離人的送別，歌樓藝人的賣唱，大多都要用到詞。

2、詞體本身的歷史發展

盛唐是中國詩史上的黃金時代，到唐末已精華盡出，後人難以突破。而詞是一種新形式文體，在宋代由小令到中調、長調的發展，正是一塊新天地，作者比較容易顯出才情，創出新意境、風格。

3、政治力量的影響

所謂上行下效，在古代政治環境下，君主貴族的好惡，對於文學的發展有相當的影響。宋代詞是流行的新體，君主貴族，競趨風尚，士人以此求得官祿或詞人以作品獻媚者，不在少數。這種現實條件，對於宋詞發展的推動，也有相當的影響。

㈡詞的單位及篇幅

詞的單位是「闋」。從音樂來分段，一段落也叫「一闋」，或「一片」。一首詞含兩段音樂叫「雙片詞」，一首詞最多是「四片」。五十八字以內是「小令」，又稱「令」；五十九～九十字是「中調」，又稱「引」、「近」；九十一字以上爲長調，又稱「慢詞」。

㈢詞的名稱

1、與音樂性有關的有：曲子詞、樂府、倚聲樂章……。如蘇軾的《東坡樂府》、賀鑄的《東山寓聲樂府》。

2、按文學史流變，詞的文體產生在詩之後，所以又稱爲「詩餘」，如廖行之的《省齋詩餘》、吳則禮的《北湖詩餘》。

3、詞句形式長短不齊，有別於詩的整齊形式，又稱「長短句」。如秦觀的《淮海居士長短句》、辛棄疾的《稼軒長短句》。

㈣詞的格律

每首詞皆有調名，稱爲詞牌或詞調，每首詞調都有它固定的曲譜，所以市街上較流行的幾支詞調，只要塡新詞，大家看歌詞立刻就會唱了。每闋詞牌句數、字數皆固定，每個字的平仄、押韻、對句的位置也都有規定，詞有定譜，格律比近體詩還來得嚴謹，是我國韻文中，限制最多的一種文體。

二、草與離愁

古詩中常以芳草象徵離愁，大致上原因有二：草是全世界占地最廣的植物，天涯海角、無所不在。而古人常於道旁送別，行人一去千里，道旁的青草陪襯著旅人，一直蔓延到天邊。因此，芳草的足迹，等於旅人的足迹，所以看著寬廣的面積，猶如無邊無際的濃濃愁緒。所以，騷人墨客常以具體的草作爲抽象的離愁之化身。

- 白居易：「又送王孫去，萋萋滿別情。」
- 古詩：「青青河畔草，綿綿思遠道。」
- 宋詞：「記得綠羅裙，處處憐芳草。」
- 李煜：「離恨恰如春草，更行更遠還生。」
- 范仲淹：「山映斜陽天接水，芳草無情，更在斜陽外。」

三、登高的愁思

古人云：「長歌當泣，遠望當歸。」男子有淚不輕彈，但傷心、思鄉都是人之常情，不能不發洩，因此以歌聲的宣洩取代哭泣的「懦弱」行爲；而離鄉背井、思歸不得歸時，也常藉登高望遠的方式，聊解思鄉的愁緒。但結果呢？誠如陳之藩在《失根的蘭花》中所說的，自從人到了美國以後，不愛看與故鄉不同的東西，又不敢看與故鄉相同的東西，怕的是觸景傷情啊！因此當遊子或失意人登高臨遠，無論是遠遠的眺望著家鄉，或是只看到煙波江上一片渺渺茫茫的景象，心中往往是愁更愁了。

- 李白：「高樓當此夜，嘆息應未閒。」
- 白居易：「一夕高樓月，萬里故園心。」
- 崔顥：「日暮鄉關何處是？煙波江上使人愁。」
- 李白：「總謂浮雲能蔽日，長安不見使人愁。」
- 辛棄疾：「休去倚危欄，斜陽正在，煙柳斷腸處。」
- 柳永：「獨倚危樓風細細，望極春愁，黯黯生天際。」
- 王安石：「不忍登高臨遠，望故鄉渺渺，歸思難收。」
- 李後主：「獨自莫憑欄，無限江山，別時容易見時難。」
- 李後主：「無言獨上西樓，月如鉤，寂寞梧桐，深院鎖清秋。」

五、文學中的杜鵑鳥

據說周末西蜀望帝，名杜宇，因鱉靈治水有功，把帝位禪讓給他而歸隱山中修道。死後仍不忘他的子民，化身爲杜鵑鳥，每當春天播種之際，高聲哀啼，提醒人民勿忘耕作，聲似「布—穀—布—穀」，所以有人把它叫「布穀」鳥，又叫「杜宇」。而遊子騷人聽其聲似「不如歸去，不如歸去」，經常引起思歸之悲，所以說「杜鵑休向耳邊啼」、「杜宇聲聲不忍聞」。而其啼叫的時令約當暮春，所以有「杜鵑一聲春事了」、「一聲杜宇春歸盡」之句。

有關杜鵑的別稱很多，而這些紛歧繁雜的俗稱，又因聲音的訛轉，有時同一名稱又有不同寫法，這些異稱大致可分爲兩大類別：

鵑、杜鵑、杜宇、子巂、子規、子鵑、巂、巂周、杜魄、蜀魂、蜀鳥、蜀魄、望帝、怨鳥、寃禽。

㈡擬其鳴聲，及由聲音之訛轉名稱

不如歸、買危、子規、思歸、催歸、思歸樂、秭歸、子歸。

六、葬花詞／林黛玉

曹雪芹《紅樓夢》

花謝花飛飛滿天，紅消香斷有誰憐？
游絲軟繫飄春榭，落絮輕沾撲繡簾。
閨中女兒惜春暮，愁緒滿懷無釋處；
手把花鋤出繡簾，忍踏落花來復去？
柳絲榆莢自芳菲，不管桃飄與李飛；
桃李明年能再發，明年閨中知有誰？
三月香巢初壘成，梁間燕子太無情！
明年花發雖可啄，卻不道人去梁空巢已傾。
一年三百六十日，風刀霜劍嚴相逼；
明媚鮮妍能幾時，一朝漂泊難尋覓。
花開易見落難尋，階前愁殺葬花人；
獨把花鋤偷灑淚，灑上空枝見血痕。
杜鵑無語正黃昏，荷鋤歸去掩重門；
青燈照壁人初睡，冷雨敲窗被未溫。
怪儂底事倍傷神？半爲憐春半惱春：
憐春忽至惱忽去，至又無言去不聞。
昨宵庭外悲歌發，知是花魂與鳥魂？
花魂鳥魂總難留，鳥自無言花自羞；
願儂此日生雙翼，隨花飛到天盡頭。
天盡頭！何處有杳丘？
未若錦囊收艷骨，一抔淨土掩風流；
質本潔來還潔去，不教汚淖陷渠溝。
爾今死去儂收葬，未卜儂身何日喪？
儂今葬花人笑癡，他年葬儂知是誰？
試看春殘花漸落，便是紅顏老死時，
一朝春盡紅顏老，花落人亡兩不知！

翻譯：

枯萎凋殘的花兒，被風吹得漫天飛舞，鮮紅的顏色褪盡了，芳香消失了，有誰會一表哀憐之情呢？

柔軟的蛛絲兒，飄盪在春天的樹椏、樓台間，滿天的柳絮隨風撲來，沾在繡花的門簾上。

閨中的少女，面對殘春景色，無限惋惜，滿懷憂鬱惆悵，沒有地方寄託，

於是手拿著鐵鋤走出繡簾外淸掃落花。園裡花兒飄落滿地，我怎忍心踏著花兒走來走去？

輕佻的柳絮，淺薄的榆錢，只知道顯耀自己的芬芳。不顧桃花飄零，李花紛飛，

待到來年大地春回，桃樹李樹又會含香吐芳。可是明年閨中的人兒是否還在？

新春三月，燕子銜來落花當巢泥，綻放花香的巢兒剛剛築成，樑間的燕子糟蹋了花兒啊，多麼無情！

明年百花盛開時節，你還能叼銜花草，你怎能料到閨中主人早已死去，舊巢也已傾落。

一年三百六十日裡，刀一樣的寒風，利劍般的嚴霜，無情地摧殘著花枝，

明媚的春光中，豔麗的花朵，能夠支撐幾時呢？一朝被狂風吹落，再也無處尋覓。

當花開枝頭時很容易看到，一旦飄落便難以找尋，我滿懷愁思地站在階前，因找不著落花而無限憂愁，

手裡緊握著花鋤，淚珠暗灑，灑滿了空枝，最後空枝上浸染著斑斑血痕。

默默無語的杜鵑鳥泣盡了血淚，正是愁慘的黃昏降臨時，我扛著花鋤忍痛歸去，緊緊地關好重重閨門。

青冷的燈光映照四壁，人們剛進入夢境，輕寒的春雨敲打著窗欞，牀上被褥冷冷冰冰，難以成眠。

大家都覺得奇怪，是什麼事情，使我今天如此傷心？一半是對美好春光的愛惜，一半是惱恨春天的逝去。

我高興春天突然來臨，又爲它匆匆歸去感到惆悵。春天悄然無語地降臨人間，又一聲不響地離去。

昨晚院外傳來一陣陣悲涼的歌聲，不知是花兒的靈魂，還是鳥兒的魂魄？

不管是花的靈魂還是鳥的魂魄，都一樣地無法挽留。問那鳥兒，鳥兒默默無語，問那花兒，花兒低頭含羞。

我多麼希望能夠生出一對翅膀，追隨那飛去的花兒，飛上天的盡頭。

縱使飛上天的盡頭，哪裡有埋葬落花的墳丘？

不如用這錦製的袋子，收拾你嬌豔的屍骨，再用一堆潔淨的泥土，埋葬你風雅的一生。

願你那高貴的靈魂，乾乾淨淨地來，乾乾淨淨地回去，不

讓它沾染一絲兒汚穢，被拋棄在那骯髒的溝渠。

花兒啊，你今天凋零，有我爲你收葬。誰知道我這個薄命的人，命喪何時？

我今天把落花埋葬，人們都笑我癡呆。等到我死去的時候，又有誰會癡心爲我掩埋。

請看那凋殘的春色中，花兒漸漸飄落，也是閨中少女衰老死亡的時刻。

一旦春天消逝，少女也老了。直到花兒凋謝，人死去，落花無人理，人兒也無人收葬吧！

七、吳儂軟語

㈠吳

1、古國名，周初泰伯封於吳，今江蘇省無錫縣，到了壽夢（西元前五八五年）自稱爲吳王。傳到夫差，被越王句踐所滅（西元前四七五年），共二十五主，七百五十九年。

2、古國名，三國時孫權所建，有江、浙、湘、鄂、閩、粵、安南等地，共三世四主，被晉所滅（西元二二一～二八〇年）

3、古國名，五代時楊行密所建，有淮南、江西等地，傳三世四主，後被徐知誥所簒（西元二二一～二八〇年），共四十六年。

4、地名，江蘇省在春秋時屬吳國地，所以江蘇稱爲吳；蘇州也稱爲吳。

所以，吳泛指江南一帶。

㈡儂

1、我：蘇浙一帶的方言，常見於舊時小說或詩文，如《紅樓夢》中《黛玉葬花詞》：「儂今葬花人笑癡，他年葬儂知是誰？」（書中林黛玉是姑蘇人）

2、你：上海一帶方言，如楊維楨《西湖竹枝詞》：「勸儂莫上北高峯。」

3、人：吳人稱人之詞，如韓愈《瀧吏詩》：「比開此州囚，亦有生還儂。」

說明：

江南一帶，話中多帶「儂」字，但隨著地方不同，所以指稱的人稱亦有所差別，如「你儂我儂」中第一個儂是「我」，第二個儂指「你」，即「你泥中有我，我泥中有你」之意。「吳儂」指吳音，如蘇軾詩：「語音猶是帶吳儂。」泛指南方話。

㈢吳儂軟語

泛指語音柔媚的南方話。

八、愛國詩人——陸游的田園生活

㈠春晚即事

龍骨車鳴水入塘，雨來猶可望豐穰；
老農愛犢行泥緩，幼婦憂蠶採葉忙。

賞析：

這是一幅春日耕桑圖。晚春時節，田間龍骨車（江浙稱田中水車）正把塘中水汲引到稻田中灌溉秧苗，水花四濺，並發出嘩啦啦的水聲，與水車的一起一落、一上一下應和著。水塘裡豐沛的水爲春耕帶來有利的幫助，不久後，及時雨的來臨，也會帶來可預期的豐收。遠處，老農夫正牽引小牛緩緩地下田犁土，附近濃密的樹影間，也有不少提籠的少婦，正忙著採桑養蠶。

㈡初夏

紛紛紅紫已成塵，布穀聲中夏令新，
夾路桑麻行不盡，始知身是太平人。

賞析：

春日的亂紅粉紫，種種繽紛，已隨時光化爲塵埃逝去，另一個季節，在布穀鳥的催耕中展現新的風貌。此時，漫步在寧靜的小路上，路旁的桑麻，綿延無盡的伸展，鋪展成一條綠蔭深濃的幽徑，在美好的情境中，才感受到身處太平無事的安寧、幸福。其實，此刻中原尚在敵人手中，宋室仍偏安江南，在初夏清麗氛圍的籠罩中，陸游北望故土、志在收復的心，暫時得到慰藉。

㈢秋懷

園丁傍架摘黃瓜，村女沿籬採碧花，
城市尚餘三伏熱，秋光先到野人家。

賞析：

村野人家的瓜架已垂下纍纍黃瓜，辛苦了一季的園丁終於等到了採收的季節；而樸實的村姑們，忙裡偷閒，在籬前摘取清香的花朵。這是一個成熟而美好的季節，擁擠美好的城市仍在一片炎熱中，但初秋的田野，已是一片舒適爽朗的景象。應該是村野人家心中安詳平和，所以秋光總是先光臨恬淡素樸的地方吧！

九、一個小農家的暮（記敍詩）

民國．劉復

她在灶下煮飯，新砍的山柴，必必剝剝的響，灶門裡嫣紅的火光，閃著嫣紅的臉，閃紅了青布的衣裳。（**指村婦**）

他銜著個十年的煙斗，慢慢地從田裡回來，屋角裡掛上了鋤頭，便坐在稻牀上，調弄著一隻親人的狗。他還踱到欄邊去，看一看他的牛；回頭向她說：「怎麼了，我們新釀的酒？」（**指農夫**）

門對面青山的頂上，松樹的尖頭，已露出了半輪的月亮。（**指景致**）

孩子們在場上，看著月，還數著天上的星：「一，二，三，四……」「五，八，六，兩」。（**指孩童**）

他們數，他們唱：「地上人多心不平，天上星多月不亮。」

肆、思考與練習

一、請敍述個人登高臨遠經驗，看到什麼？想到什麼？

答

- 從陽明山俯瞰台北市，看到污染下的市容，想到追求物質文明所付出的代價，凡事有得必有失。
- 從阿里山看雲海，蒼茫壯闊，想到「曾經滄海難爲水，除卻巫山不是雲。」
- 從台北市新光三越大樓頂樓，看到川流不息的車潮、人潮，想到乾隆遊江南時與和尚的對答：「江面只有兩艘船，一艘爲名、一艘爲利。」

二、你是否離開家鄉過？在什麼狀況下？什麼情境最易使你想起家人？

答

- 小時候父母要上班，把我寄放在異鄉的祖父母或親戚家，每逢假日，睡覺前總是特別想念家人。
- 利用寒暑假出國遊學，每次享用異國風味的餐飲時，總是想起媽媽用愛心當佐料的拿手菜。

三、「新筍已成堂下竹，落花都上燕巢泥」讓你聯想起什麼？

答 生米煮成熟飯、覆水難收、木已成舟。

四、當你看到一大片青草時會聯想起什麼？

答 落草爲寇、離愁、綠草如茵（地毯）、水土保持。

五、除了杜鵑的叫聲外，還有那些鳥的叫聲給予人特別的感受？

答 烏鴉——不吉利。喜鵲——報喜訊。黃鶯——如聽仙樂耳暫明。火鷓鴣鳥——「七姑姑苦」，無限悲涼。痲雀——菜市場的嘈雜聲。

六、「落花」除了引人感傷外，還有沒有其他積極的意義？

答 「落紅本非無情物，化作春泥更護花。」猶如麥克阿瑟所說的：「老兵不死，只是逐漸凋零。」亦如生命的傳承，代代不息。

七、請同學回家查閱辛棄疾、周邦彥的詞作，挑一首自己最喜歡的介紹給大家，並試著說明、賞析。

八、就你學過，詩和詞的形式有何不同之處？

答
- 詩只有一個題目，通常是主題所在；而詞有詞牌，與內容無關，詞牌下所標的題目才是主題。
- 詩不一定能唱，而詞則是入樂的。
- 詩的形式整齊，而詞句型長短不齊。
- 近體詩一韻到底，古體詩和詞都有轉韻的情形。

九、請同學利用假日到附近鄉村一遊，並注意景觀特色和人事活動，再作口頭報告。

十、你認識的人當中，是否有人講話帶著濃厚鄉音的情形，請模仿其口音特色。

十一、「晝出耘田夜績痲，鄉村兒女各當家。童孫未解供耕織，也傍桑陰學種瓜。」請比較此詩所描寫的情景、活動和辛棄疾的《清平樂》相同之處。

答 兩詩都反應鄉村以勞力爲主的生活情形，而且年輕的一輩從解事開始，就或多或少學習分擔家中勞務。

十二、你是否有親自動手編織手工藝品的經驗，和買來的成品有何不同之處？

十三、年幼時的你，通常做些什麼消遣？城、鄉小孩間的活動有什麼區別？

答 鄉下小孩的娛樂活動多取材於大自然，如摘野果吃、烤番薯、抓泥鰍、放風箏、到溪裡游泳、在大自然中追逐奔跑；城市小孩的活動多是文明的產物：打電動、看漫畫、看電視、玩直排輪、唱KTV，玩精緻玩具。

（韓姝如）

十二、寄弟墨書

／鄭燮

壹、作者參考資料

一、三絕藝術家——鄭板橋

鄭板橋（西元一六九三～一七六五年），本名鄭燮，字克柔，號板橋，江蘇興化人。為人疏宕蕭灑，人稱揚州八怪之一。他身在十八世紀商業鼎沸，人文薈萃的揚州，處在清朝高壓懷柔的康、雍、乾時代，既是漢人又逢異族統治；出身書香，家道卻中落，鄭板橋的一生多舛，也因為如此，在他的作品中更見其人生觀的寬廣，仁慈的胸襟，愛國愛人的慈悲。他以豐富的創造力及藝術才情，自嘲又自負的性格，在詩、書、畫中盡情展露他自然的天性，他自創的六分半書，與金農的「漆書」譽為清代隸書的雙璧。

清康熙三十二年癸酉，西元一六九三年十月二十五日子時，鄭板橋生於江蘇興化縣。他的父親鄭之本是一清苦的廩生，據鄭板橋自己說，小時候的他長得是其貌不揚，沒什麼過人的地方，每個人都不太喜歡他。鄭板橋有一個很孤苦、悲慘的童年——因為他四歲的時候，親娘就去世了，而他的乳母是他祖母的侍婢費氏。對於乳母，鄭板橋一生對他都有著很深的眷戀，因為當時鄭板橋的家境非常的貧困，每天早上，乳母總是背著鄭板橋到市集中，用一個錢買一個餅給鄭板橋吃，如果有什麼魚肉、瓜果，好吃的東西，也一定先給鄭板橋吃，其他人才有得吃。鄭板橋七、八歲的時候，乳母費氏曾一度離開鄭家，就連要離去時，都還不忘在灶上給鄭板橋熱著飯菜，就像平時一樣，沒有任何異樣。所幸，後母郝氏相當的疼愛他，加倍的呵護著這個沒有親娘照顧的孩子，後來乳母費氏在鄭板橋十歲的時候，又回到了鄭家，無怨無悔的顧老攜小。

鄭板橋在讀書及作學問的態度上，有一套與眾不同的看法和方式。他生平最討厭別人，因過目不忘，或是過目成誦，而洋洋得意。他覺得這種人，只有小聰明，成就不了什麼大事。因為用眼睛快速的掠過文章的內容，就像走馬看花一樣，是不能留下什麼痕迹，我依然是我，書依舊是書，那讀書不能改變些什麼，不如就別讀了。由此可知，鄭板橋在讀書態度上，是非常嚴謹、用心的，也由於他十分的博學強記，他將古人的文章精髓加以吸收咀嚼，並發展出自己獨特的見解。

綜觀鄭板橋整個求學的歷程中，父親是他唯一的老師，其餘的就靠他自己自勵自學。他總是很用心的熟讀每一本書，幾乎每一篇都能背的滾瓜爛熟、朗朗上口。事實上，他每讀一本書，必看它千遍也不厭倦。有時候，在走路、在搭船，或者是在馬背上，他總是手不離卷，甚至窩在厚厚的棉被裡，就著昏黃的燭光，冥思著、暗誦著，他總是孜孜矻矻的在讀書。因此，他的刻苦自學，才是他成就偉大藝術的主因。

鄭板橋讀書的地方，幾乎都在眞州（儀徵、儀眞縣）的毛家橋，他回憶在讀書的歲月裡，——白天在竹林裡散步，江水旁潮去之時，泥沙輕軟、綿綿柔柔；潮漲之時，波光粼粼。周匝綠樹成蔭、蒼翠蓊鬱，常常有鯈魚，從水裡跳出，陪伴著鄭板橋一同嬉樂。也因爲有這般的人間仙境，孕育出鄭板橋在繪畫及詩文中源源不斷的靈感。

除了眞州的毛家橋外，西村也是鄭板橋終身歌詠的題材。在這個密樹連雲藤蓋瓦，穿綠蔭折入閒閣裡，是鄭板橋有書、有劍、有少年情懷的回憶，在這兒有他的初戀、有他一生不能忘懷的青梅竹馬，——王一姐，令他藕斷絲連心頭苦的小表妹。

鄭板橋十九歲（康熙五十年，西元一七一一年）時，發生了戴名世《南山集》的文字獄，當時，誅殺士人無數，讓許多漢族的士人爲求自保都紛紛避而求去。鄭板橋亦在此時遠赴揚州流浪，開始他賣字畫的生活，不願求官侍奉異族的情緒，讓他決定要放棄科學之途。在揚州的繁華裡，鄭板橋卻過著窮困的生活，那些鹽商和鹽官的財大氣粗，汚衊了藝術的眞善美，讓藝術成了商品的附庸，鄭板橋雖然痛恨這樣的情事，爲了生活，卻不得不屈於現實的壓迫，在《署中示弟墨詩》中，說出了他在揚州賣畫的無奈與困窘：「日賣百錢，以代耕稼，實救困貧，託名風雅，免謁當途，乞求官舍，座有清風，門無車馬。」

二十歲左右，鄭板橋考中了秀才，或許是生活上的艱苦，或許是身受異族高壓統治的陰影，他的心靈裡總有一種矛盾情節，一種糾葛纏繞，讓他的心情一直徘徊在空虛與疑惑中，他懷念故國，懷想漢民族統治的江山天下，所謂：「……聞說物換星移，神山風雨，夜半幽靈哭，不妨當年開國日，遠祖泥人淚簇……。」或許這與他的老師——陸種園之思想行爲，有極大的關係。

二十三歲（康熙五十四年乙未，西元一七一五年），歷經了感情的滄桑之後的鄭板橋，與同邑的徐氏結婚，八年中生了二女一男。三十歲時，父親與老師陸種園，相繼的過世，而此時的鄭板橋，在謀職求事上，一再的受挫，沒有收入，旅居在外的漂泊歲月，如同枯掉的蓬草，飛在空中無所憑依；想念故鄉卻無臉回去，常常餓得有一頓沒一頓的。每天都叫孩子早早去睡覺，晚晚才起牀，免得肚子餓得難受，擋不住寒氣冰冷的破棉被，裹著哭哭啼啼喊著要飯吃的兒女們，一片愁雲慘霧下，鄭板橋內心的痛苦，可想而知。在這樣的慘狀下，他寫下了長詩——《七歌》，記敍著他從誕生後，三歲無母，一直到三十歲之間，所承受人世間種種的際遇，其中的痛苦吶喊，讀來不禁令人鼻酸不已……。

三十二歲時，鄭板橋的獨子因爲營養不良而死，這讓他悲痛欲絕，寫出《哭犒兒五首詩》：

生活的艱困坎坷，促使他再度鼓起勇氣往科舉的路途前進，希冀擺脫命運之神的作弄，以「功名」來拯救「貧窮」，更望在「突破」中，尋回「自我」。於是在三十三歲時，鄭板橋出遊北京。

鄉愁加上不如意，鄭板橋的北京歲月中，他極力的立言、立業，以謀其家人之溫飽，縱使交遊廣闊——舉凡詩人、書畫界名人、禪宗之高僧、羽林的禁衞，一直到將軍的子弟，可是鄭板橋仍然不甚愜意。他除了沾了一身的浪名，以及人事上的阻擾外，他也看盡了人世間的冷暖，體會到人性的光明與黑暗。唯一可喜的該算是娶了一個善解人意、樂觀又純眞的小妾——饒氏。對於喪子又喪父的鄭板橋而言，饒氏無疑是老天送給他的一個安慰吧，在創作的靈思上，她常常帶給他很多的靈感，激發了他生命的本能。雍正六年戊申（西元一七二八年），他又回到了揚州，那年他三十六歲。

回到揚州後，鄭板橋依舊到天寧寺中讀書，閒暇之餘，他手寫了《論語》、《孟子》、《大學》、《中庸》各一部。三十七歲完成了《道情十首初稿》，三十九歲仍客揚州，妻子徐夫人此年病歿。妻子的病逝，鄭板橋心中的痛楚，仍抵不過生活貧困這血淋淋的事實。

雍正十年，他四十歲，遊到杭州時，寫《韜光庵》、《觀潮行》等詩，寫出了「請來了此前生果」顯現出他已想了結紅塵俗事歸隱出家的念頭，不料就在今年他竟中了舉人，或許這個遲來的佳音，能對他的生活有所幫助。但父親去世，妻子死了，兒子也歸黃泉，「捧入華堂卻慰誰」，小小的功名來的有些遲了……。

經歷生活的洗禮後，此時的鄭板橋，在書法、詩詞和繪畫上，有了自己的風格。他的詩文像行雲流水般的奔放自然，更富有內涵。而文章要求格調要能沈著、要能眞誠實際，以民生疾苦爲本。在書法上，原以楷書爲基調，參雜著行、草、古隸與八分書的架構與筆緻，逐漸的形成他獨特單一的書法筆觸，他自稱爲「六分半書」，世人稱爲「板橋體」。而在繪畫上，在字裡求畫，在畫裡治字，把書畫融爲一體，秀緻有力，自成格局。

雍正十一年，十分疼愛他的叔父鄭省庵死了，鄭板橋於傷心之餘，寫了《懷舍弟墨詩》，內容說出家族人丁稀少，生活貧困，鄭板橋沒有兄弟，同堂僅二人，父叔過世，兒子也死掉了……。不孝有三，無後爲大，板橋的哀傷自然可想。大半輩子的爲衣食奔波，貧困拮据，受盡了人世間生離死別的折磨，他回想自己的「自大」、「自負」，他的沒能成器，只能把希望放在堂弟鄭墨的身上了。

爲了改善生活，脫離貧困，鄭板橋不得已走入仕途，但「舉人」這個「功名」實在是起不了什麼作用，他只好再往鎭江的焦山讀書，想要在功名上掙得一席之地。第二年，四十四歲的他中了進士，名列「二甲」，賜「進士出身」，社會地位無疑的大大的提高了。這年，鄭板橋結交了很多的朋友，所以在他的集子裡，應酬作品也很多，如《贈甕山無方上人》、《甕山示無方上人》、《贈圖牧山》、《酬中書舍人方超然弟》、《讀昌黎上宰相書因呈執政》等。

鄭板橋中了進士後，最感到高興的莫如他的乳母費氏了，她說：「吾撫幼主成名，兒子作八品官，復何恨」，無所憾恨的她竟然在鄭板橋四十五歲，乾隆二年丁巳時，又離他而去。此時的揚州，對於鄭板橋一生的傳奇與際遇，引起熱烈的討論。許多富豪與鹽商相互的爭購著他的字畫，唉！人情冷暖，總愛錦上添花。

乾隆六年，鄭板橋四十九歲，在北平候補官缺時，受到愼郡王（字謙齋，號紫瓊道人，康熙弟子）的禮遇，也由於愼郡王的「知遇」，鄭板橋很快的，在次年被派爲范縣令。中進士到任范縣令，鄭板橋等待了六年，這時的他將自己的詩集、詞集整理，並手寫付梓。並在五十一歲時，更定《道情十首》付梓。《道情》在京師是十分的流行，就好像是現在的流行歌曲般在大街小巷的被衆人吟唱歌詠。這段在范縣爲官的時期，鄭板橋深入民間，深刻瞭解民情，以平實踏實的政風，深得當地人民之愛戴，而他的創作也在此期最爲豐收。

乾隆十一年，鄭板橋五十四歲，他由范縣調升濰縣，濰縣地處山東萊州府，煤、鐵礦業發達。從荒僻的小縣，調到這樣的富縣，這該算是高昇。不過蒼天總是愛作弄他，這年山東鬧大飢荒，民不聊生，幾乎易子而食，鄭板橋看到日漸嚴重的災荒，斷然採取開倉賑災的措施，救濟百姓活人無數，卻得罪了鄉紳大賈，上級也不予支持，種下了日後罷官的導火線。乾隆十三年春天（西元一七四八年），乾隆東巡，鄭板橋爲書畫史，他頗以此事自豪，在濰縣七年期間，他把昔日的著作，加以整理修訂。

大約在鄭板橋爲官時一向愛民如子，他曾經大興土木，修築城池工程，招來遠近的飢民做工，令大戶富家輪流開廠煮粥，供應飲食。又封了富人的倉庫，要他們以平價賣出存糧。所以富豪與商人對鄭板橋可謂恨之入骨，又加上賑災的問題，沒能得到上級的支持，最後因開罪大吏，乾隆十八年癸酉罷官離去。鄭板橋去官之日，濰縣百姓遮道挽留，家家戶戶都畫像來祭祀他，並爲他建了生祠，可見他受到百姓的擁護與眞心的愛戴，不在話下。

由於鄭板橋的書畫在當時已小有名氣，罷官離開濰縣後，常有綠林豪客再三的索畫，態度專橫，聲色俱厲，令人不勝其擾，他採拙公和尚的建議，自訂書畫潤格，高懸在他的書齋裡：「大幅六兩，中幅四兩，小幅二兩，條幅對聯一兩，扇子斗方五錢。凡送禮，食物總不如白銀爲妙，蓋公之所送，未必弟之所好也。送現銀則心中喜樂，書畫皆佳。禮物既屬糾纏，賒欠尤爲賴賑。年老體倦，亦不能陪諸君子作無益語言也。畫竹多於買竹錢，紙高六尺價三千，任渠畫舊論交接，只當秋風耳邊過。」乾隆三十年（西元一七六五年）十二月十二日，鄭板橋終於結束了他多災多難又富傳奇的一生，離開塵世，享年七十有三，葬於興化縣城東管阮莊。他的好友董恥夫爲他寫了一首輓歌，眞可說道盡了這位一代奇人的一生：「夢醒揚州一酒瓢，月明何處玉人簫，竹枝調好憑誰賞，絕世風流鄭板橋。」

鄭板橋的詩文、書畫，在清代的文壇中，可說是極爲特別的一派作品。他能創出別調，誠懇且眞摯，慷慨嘯昂，獨樹一格。就形式而言，其造語平淺自然，甚至以語體爲文、爲詩，此種不拘格套之精神，較公安派袁枚更爲徹底；內容方面，頗多社會寫實之作，如他在濰縣做官時所作之《逃荒行》、《還家行》、《思婦行》，與杜甫之《三吏》、《三別》，皆有異曲同工之妙，他的詩歌精神出自於《詩經．豳風》、曹操、杜甫，這些以寫實爲本的社會作家。

在有清一朝復古風大行其道的當時，能像鄭板橋這樣敢擺脫掉潮流的束縛，大膽的創作，勇敢的表現自我，自然是在潮流中得不到掌聲的。所以，在清人的詩評、文論中，對鄭板橋的作品極少有推崇與肯定的，但是仔細的研讀，觀看他的詩、書、畫，皆可見其人直率、可愛之處。若以今日文學藝術的觀點來衡量他，實足可稱之爲一代奇才也。

學其詩集裡三首題畫的詩，來看鄭板橋三絕——詩、書、畫的高妙。

㈠《濰縣署中畫竹，呈年伯包大中丞詩云》

衙齋臥聽蕭蕭竹，疑是民間疾苦聲，
些小吾曹州縣吏，一枝一葉總關情。

㈡《予告歸里畫竹別濰縣紳士民云》

烏紗擲去不爲官，囊橐蕭蕭兩袖寒，
寫取一枝清瘦竹，秋風江上作魚竿。

㈢《初返揚州畫竹第一幅》

二十年前載酒餅，春風倚醉竹西亭，
而今再種揚州竹，依舊淮南一片青。

從這三首詩中，悠悠然的感受到題詩如畫的美外，更可聞到他關心民情，以及因案辭官的高操志節，疏放狂宕中，更見其眞性，故有人云，板橋三絕充滿了三眞：眞氣、眞意、眞趣，的確形容得非常貼切。

鄭板橋喜歡畫蘭、竹、石、菊。他曾經畫蘭竹，有一幅中，兩根勁竹被狂風吹著，但是竹梢仍朝天，竹身已吹彎，但是竹葉尖頂仍不垂下。板橋題畫詩曰：「任你狂風起，吹我不低頭。」另一首題竹詩云：「咬定青山不放鬆，立根原在破崖中，千磨萬擊還堅勁，任你東西南北風。」可見其孤傲、堅韌的性格之一斑。

二、板橋二三事

㈠難得糊塗，糊塗乎，不糊塗

在許多風人雅士或公司行號的辦公室裡，都可以看到《難得糊塗》的匾額，這幅《難得糊塗》的字畫是鄭板橋流傳最廣，最有名的一個作品，歪歪扭扭，忽大忽小，橫七豎八的字體，看來恣虐、可愛，好像畢卡索的畫一樣，天眞可愛中，其神韻、筆觸、氣勢均屬上乘，其書法中有畫，畫中又帶詩，因此，世稱之爲鄭三絕，乃詩、書、畫三絕也。

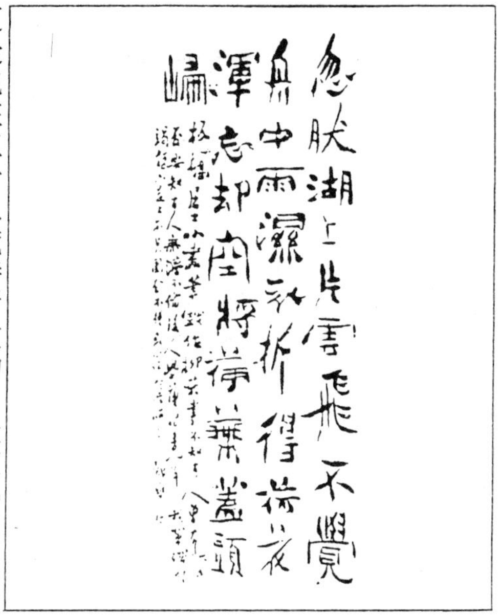

鄭板橋畫的柳葉

這是他在五十八歲時所做的，全文爲：「聰明難，糊塗難，由聰明轉入糊塗更難，放一著，退一步，當下心安，非圖後來福報也。」由這幅字畫中，可以明白鄭板橋的圓融與達觀，是難得糊塗，所以眞是不糊塗也。

(二)一官歸去來

鄭板橋在濰縣爲官時，清廉公正，但也對上級並非十分的順從。轄區鬧飢荒時，他擅自開倉放賑，並沒有獲得上級的批准，頗唯獨斷專行，這使得他的上司很不愉快，但是鄭板橋故意刻了兩個印，一顆爲「七品官耳」，另一顆爲「爽鳩氏之官」，眞是讓他的上級又愛又恨。但是最後，鄭板橋還是辭官走人了。他的好友李嘯村設宴送行時，以「三絕詩書畫」爲上聯，請鄭板橋續下聯，鄭板橋立即回答：「一官歸去來」，一時成爲絕筆。

(三)揚州八怪

鄭板橋，爲什麼會稱他爲怪人，因爲他的言行作品，都是與當代大相逕庭，並封他爲揚州八怪之一。所謂的「揚州八怪」，就是指清代的金農（冬心）、羅聘（兩峯）、鄭燮（板橋）、李方膺（晴江）、江士愼（近人）、高翔、黃愼、李鱓（復堂）等八人，有一說無高翔而替以閔貞（正齋），他們都是豪放不羈、野逸奇行之士，在清雍乾年間，皆以善畫而流寓揚州，並非皆爲揚州人。

(四)板橋體

板橋的字蒼勁古樸、橫七豎八、大小不一、獨樹一格。他練字很勤，年輕的時候，連晚上睡覺睡著時，手還會在妻子的身上練字，畫來畫去，弄得妻子無法入眠，妻子被畫得很不高興，埋怨著對他說：「晚上睡覺還練字，練到我身上了；你有你的體，我有我的體，為什麼不練你的體，要練我的體！」突然，鄭板橋有所頓悟，將眞、草、隸、篆，漢、魏碑碣，佈局奇峭，成為他獨創特有的體格，也稱為「板橋體」，自己戲稱「六分半書」。

㈤六根清靜

鎭江焦山上，有一個定慧寺，寺裡的方丈十分喜好字畫書，更喜愛的是揚州八怪之作品。可惜的是，這位長老，花了許多力氣，得到八怪中之七怪的字畫，美中不足的是，沒有鄭板橋字畫。

鄭板橋由山東棄官回來，閒來無事，一日，來到焦山定慧寺，遇見廟裡方丈，兩人一時相談甚歡。鄭板橋邊喝茶，邊抬頭望著那滿牆陳列著的名人字畫，疑問漸生，他問：「方丈，你這兒陳列著揚州七家的字畫，為何獨缺鄭板橋的呢？」方丈感慨的陳述原委。

鄭板橋問方丈：「長老，您可認得鄭板橋？」方丈搖頭並一本正經的說：「我有個師兄，在火神廟當家。他出家之前，家境貧寒，常常受到鄭板橋的接濟。

有一天，他與鄭板橋閒聊，鄭板橋對他說：『仁兄，小弟近來也是入不敷出，眞是手長衣褲短，不能幫你什麼忙，暫且作一幅畫給你變賣度日吧！』

我那師兄感激地說：『鄭兄，你家境也不寬裕，不必為小弟操心。談到作畫，小弟倒想索一幅，留作紀念！』

鄭板橋高興地說：『既然如此，小弟就獻上一幅給你吧！』

隨即他就找來紙墨，偏偏沒有筆，鄭板橋看到灶台上有個洗鍋把子，便拿來蘸上墨，刷，刷，刷的畫了起來。我那師兄一看，心裡很不高興。

鄭板橋一下子畫好了，就對我師兄說：『仁兄，待墨乾了，你就拿回去吧！』

我師兄仔細一看，紙上一團黑烏烏的，心裡更氣了。本來還想發一頓火的，後來想想，鄭板橋今天也許是開玩笑，何必太計較呢！於是，他便婉轉的說：『鄭兄，這畫我家也沒處掛，你的情意我領了，畫嘛！你就自己留著掛吧！』

鄭板橋一聽，說道：『仁兄，你先帶回去將就著掛幾天，如果眞嫌它不好，改日送來，我重畫一幅給你。』我師兄就把畫捲一捲帶回去了。

我師兄到了家，就把這幅畫掛在房內的牆壁上。晚上，當他躺在牀上時，忽然看到掛畫的地方，一片星光燦爛，明月當空，好一幅『藍天明星圖』，好是迷人。他隨即走下牀，摸摸牆壁，原來是鄭板橋白天送的那幅畫，他這會兒才知道，那幅畫原來是幅寶畫。

這個故事一傳十，十傳百，來看寶畫的人，人山人海，把整個火神廟都擠得水洩不通。」

方丈說完，還惋惜的說：「如果我能得到鄭板橋的一幅畫，那就三生有幸了！」

鄭板橋笑道說：「長老既有此意，板橋就獻醜了。」

方丈一聽，原來此人竟是鄭板橋，簡直欣喜若狂。

鄭板橋說：「那就煩請方丈，請小師父快取來文房四寶吧！方丈連連點頭應聲答道：「是，是，是！」隨即叫小和尚去找筆墨紙硯。

鄭板橋看墨已磨好，便把紙緩緩的鋪張開來，好一會兒，仍不見筆拿來。方丈眞是火冒三丈，正要破口大罵時，只見小和尚拿了個舊洗鍋把子，從房裡面走出來，原來他們找不到筆，鄭板橋一笑，將洗鍋把子，飽飽的沾了濃濃的墨水，刷刷刷的一揮，開始作畫。

方丈一看，只見紙上留下六根竹竿，粗細濃淡相間，看來還眞是不錯，連聲叫好。卻只聽見鄭板橋說——畫好了。方丈這下子哭笑不得。你說畫得不好吧！這可是赫赫有名的鄭板橋的親筆眞畫；可是你說好嘛！這畫得是什麼呢！方丈便要求鄭板橋，把畫再改一下，鄭板橋搖了一搖頭說：「不能改，萬萬不能改」。

正說著，小和尚拿來了一枝筆，鄭板橋一接過筆，就在畫上題款，端端正正題了「六根清淨」四個大字，並落下款。

方丈看了題款，仔細一琢磨後，恍然大悟，他連忙的誇讚：「妙哉！妙哉！六根清淨正是我們釋家修道的準繩啊！」

鄭板橋不僅送給方丈字畫，而且還替他提供了教化子弟的教材，他高高興興的掛了這幅字畫，揚州八怪的字畫全備了，小小方丈室中更加的光輝了。

貳、課文參考資料

一、《寄弟墨書》賞析

鄭板橋沒有親兄弟，墨，爲鄭板橋叔父晚年所生之兒子，即爲鄭板橋之堂弟，小他二十四歲，老實而穩健。鄭板橋與他感情甚爲篤厚，終其一生，兩家都未分家。家中的田產，瑣事皆由鄭墨管理。而鄭板橋自己在外爲官時，也時時將自己在讀書、做人方面的心得感想與鄭墨共享，並常常的指導他在讀書上要精讀爲要，切忌濫讀。作文貴能「盡言」，以「沈著痛快」爲最。還有在待人接物上，要想到「爲人處，即是爲己處」、「以人爲可愛，而我亦可愛矣，以人爲可惡，我亦可惡矣」。在與鄭墨的家書中，清楚明白的顯現出鄭板橋的思想脈落，雖僅有十六篇，但篇篇語多精闢，其忠厚之性情，乍然可見。從其序文，亦可窺其率眞之本質。鄭板橋詩文最不喜求人作敍：「求之王公大人，既以借光爲可恥，求之湖海名流，必至含譏帶訕，遭其荼毒而無可如何？總不如不敍而得也。幾篇家信，原算不得文章，有些好處，大家看看，如無好處，糊窗糊壁，覆具覆盎而已，何已敍爲？」可見其灑脫，獨特的個性與當時一般士大夫之扭怩作態，曲意奉承，好大喜功之態，大相逕庭。

鄭板橋的文體，十分的口語化，淺顯而易懂，論人論事，皆有其個人的觀點，不與時俗浮沈，就如同他的書畫作品般的獨樹一格。他的處事思想也同樣蘊含情理，待人處事上，敦厚而宏偉，頗有民主政治中平等的思想。

此篇文章，原題爲《范縣署中寄弟墨第四書》，形式上爲應用文，實質內容爲一論說文。全文共分四段，主題由作者得知家中新置田，獲五百斛開始論出四民——士、農、工、商的價值與地位，也說出自己置產的社會觀點。行文用語淺顯而明白，寥寥數語中，卻深含對社會價值觀的思考，及對當時科舉制度下，士大夫的批判，同時也顯現出鄭板橋民胞物與、推己及人的寬大胸襟。現分段評述如下：

第一段：告訴堂弟，接讀家書的感觸。這是回信時，最常見也最常用的開頭法，就從知道「新置田，獲秋稼五百斛」的欣喜中，想到從此可以「爲農夫以沒世矣」，由此拓展出全文的基調。事實上，此刻的鄭板橋正在范縣做官，對於一個居於四民之首的士而言，爲何會認爲可以爲農一生？這樣的想法，不免令人質疑困惑，也由此處伏筆，在下一段說明他的社會價值觀及對科舉制度的痛切批判。

第二段：一起筆便下結論。天地間的第一等人，只有農夫，而士爲四民之末，大膽的坦露自己與衆不同的觀點。我國自古以農立國，農事即爲國之根本。數千年來，耕稼即爲民生之大計，也是我國社會上大多數人的生活之源。作者深刻的體認到農事的重要性，農夫的辛苦，所以，他說出：「農夫苦其身，勤其力，耕種收穫，以養天下人」，可是農夫的社會地位呢，跟他們所付出的心力，卻難成正比。至於當代的士大夫，鄭板橋寫來憤慨難平，直言直語，直攻要害，在語句上緊湊痛快，淋漓盡致的表現出當時在科舉制度下，部分讀書人令人嫌惡的嘴臉，他們頂著「萬般皆下品，唯有讀書高」的光環，卻失去了一個眞正儒者：「入則孝，出則弟，守先待後」的風範。在功名利祿的追逐下，讀書人在得志時，不過是個貪官污吏，若不得志時，四處鑽營，這是科舉下「士」人的通病，也是鄭板橋痛切的社會積弊。所以他接著說出，並不是沒有束脩自好的人，能夠以經世濟民自期，抗懷千古的士人，大有人在，只是好人被牽累了，一粒屎壞了一鍋粥，讓眞正的讀書人有口難言，百口莫辯，因爲一開口便會被人譏笑：「讀書人總是會說，他日居官，便不如此說了。」以鄭板橋的風骨與性格，當然不願同流合污，更不願意遭人誤解，所以，對於這樣的社會現象，痛心疾首後，寧可選擇以農夫終其一身，這樣的想法，自可得以明瞭了。

段末，再補論四民中的工人與商人，說出他們便民之處，再一次强調唯獨只有「士」，不但不利民、便民，反而會帶來禍害。「士」不僅該爲四民之末，可能連末的位置都得不到呢，臨門再一腳，把社會價值觀中讀書人的優越感，踹的不能喘息！

第三段：此段只有短短數句，卻明白的顯現出鄭板橋寬大爲懷，仁愛爲念的人本思想。他告訴鄭墨，平生他最敬重農夫，所以即便是新佃戶，也要以禮相待。在主客的對待上，無貴無賤，彼我相等，三言兩語中，表現的是一種對人事的尊重，及對貧戶的仁愛。在當時的社會上，地主作威作福，欺負佃戶，是很理所當然的，更是常見的現象。能在澆薄的社會風氣中，保有這般的仁慈與敦厚，誠屬不易。

第四段：最後一段提出置產的觀點與鄭墨商量。他覺得：「予兄弟二人，各得百畝足矣，若再求多，便是佔人產業，莫大罪過。」鄭板橋的知足，顯現了他體恤窮人的苦難，知道窮人的卑微與謀生的艱辛，也在此感受到他宏觀的社會思想及以天下人爲念的本質。

結論：鄭板橋以口語化的文詞，平實而自然的論事、評理，在當時的社會風氣下，確實是逆時代潮流而走，他那率眞的性情，給清朝八股積弊的文壇中，注入了一股清流。

二、淺論鄭板橋的時代背景

鄭板橋身在清之康熙、雍正、乾隆之三代，其是與鄭墨的家書十六封中，可見當時之社會與文化的現狀。現分析之康、雍、乾時的政治社會環境：

㈠高壓懷柔政策

康、雍、乾，正是清朝大興文字獄的時期，淸人以文字、思想來壓制漢人蠢蠢欲動的民族情結。文字獄誅連甚廣，以極權制思想及限制文人之言論自由來排除異己。且高壓懷柔雙管並下，除了科舉之外，還設立了博學鴻詞等薦舉徵辟之方式，多方的網羅漢族之優異人士，爲淸廷貢獻其才力。漢族人士中，多有高風亮節之士，不願爲其籠絡，識破淸廷之伎倆者，比比皆是。鄭板橋在其一些詩作中亦有影射、吐露侍奉異族之矛盾情結，與懷想漢民族統治江山之心情，例如《道情十首》。

㈡官宦結黨營私、軍紀腐敗

雍正時，大臣鄂爾泰張廷玉結黨爲伍，權臣間各立黨派，互相排擠，且吏制腐敗貪瀆，大肆賄賂，一片歪風蔓延。到乾隆時期，縱有嚴刑峻法，仍然遏止不了惡風流溢。就如乾隆時，甘肅官吏的侵吞糧款，牽連者七十人，被戮殺者不下三十人。連乾隆都曾在諭令中說：「從未有之奇貪異事。」種種衙門之貪汚黑幕，令人怵目驚心，讓社會人心惶惶。就軍紀方面而言，淸兵自入關後，驕奢怠惰，士老兵疲，八旗兵昔日的威風强悍已蕩然無存，且在三藩之役後，綠營兵也漸次腐化。將官懦弱無能，敷衍好功，而朝廷又昏庸不明事理，臧否不公。軍紀敗壞的結果，影響到國家的軍力，實無法長保安治。

㈢科舉毒害、民生貧富懸殊差異大

科舉之毒，就如顧炎武所說：「八股之害，等於焚書，而敗壞人材，有甚於咸陽之郊。所坑者豈止四百六十餘人也。」八股取士，命題範圍狹小，而評取又漫無標準。士人的中與不中，不靠才學，只靠運氣。在晚淸的流行諺語有云曰：「窗下莫言命，場中不論文。」又「一財二命三風水，四積陰功五讀書。」在科舉場中種種的弊端，主觀的好惡，人情包袱的關說，賄賂舞弊的現象。士人的四處鑽營橫行，士風的敗壞，更危及到以往讀書人的清高名節。所謂「士大夫之無恥，可謂國恥」。

當時社會民生方面，富者益富，貧者日貧，貧富差異懸殊甚大，富人用度窮極奢靡，而貧者每飯不過數十文，僅能餬口，一遇天災人禍，更苦不堪言。所以山東濰縣鬧飢荒之時，鄭板橋不顧上級，不聽勸告，令富商開倉賑饑，也因此得罪鄉紳富賈，因而去官離職。可見當時的社會貧富差距頗大，造成社會的動盪不安，這些可憐的老百姓難得遇到像鄭板橋這般的好官吏，難怪在他去職之時，家家迎道相送，畫像家祀了。

(四)社會風俗之澆薄、禮教之荼毒

現實勢利的世風觀念，與民俗人心的澆薄互爲表裡，整個社會風氣，腐敗亂象叢生。惡腐的禮教觀念，反映出的是一些世態炎涼，風俗澆薄，人心不古。使許多的讀書人，更爲之憤恨難安，口出狂言，事實上也可能僅是不與時代浮沈、苟同時俗吧！

綜觀鄭板橋身處於這樣的潮流中，還能保有這樣疏放不羈、不與世同的孤傲，或許也是因爲其眞率、坦蕩之心胸，不願苟合於這樣的腐敗黑暗中，因此落得狂人、狂生之號，也可想而知！

參、課外補充資料

一、中國農業的發展

遠古時代人類先以採集漁獵爲生，可是這種不穩定的覓食方式，並不能滿足日益增加的人口。約在一萬年前左右，人類發現種植和畜養的好處，這就是人類農業的開始。至於農業是如何發展起來的，由於當時還沒有文字記載，只能從神話傳說和考古的發現中去了解其梗概。而我國古史傳說，反映我國原始時代由採獵經濟到農業經濟，依次發展的幾個階段：有巢氏教人們在樹上棲宿，以採集果實爲生；燧人氏發明鑽木取火，教人們捕魚爲食；伏羲氏發明網罟，教導人民從事大規模漁獵活動；之後，出現了神農氏，他是發明農業的始祖。由於人口逐漸增加，食

物不足，迫切需要開闢新的食物來源，神農氏爲此遍嚐百草，終於選擇出可供人類食用的穀物；他接著又觀察天時地利、發明斧斤耒耜等農業用具，教導人們種植穀物，增加產量。

農業可以畫分爲原始農業、傳統農業、現代農業等不同的歷史型態，依次演進。使用木石農具、砍伐農具，是原始農業的主要特點。傳統農業以使用畜力牽引或人工操作的金屬農具爲主，生產技術建立在直觀經驗基礎上，而以鐵犁牛耕爲其典型形態。我國在西元前二千多年前的虞夏之際進入階級社會，農業也就逐步由原始農業過渡到傳統農業，一直沿續到近代，才轉化爲現代農業。

然而在漫長的傳統農業時代中，農業生產力並非處於一成不變的停滯狀態，而是不斷發展變化的，根據其不同的發展狀況，可以畫分爲四個發展階段：虞夏～春秋時代、戰國時代～南北朝、隋代～元代和明清時代。

虞、夏、商、西周、春秋是第一階段，這是從原始農業到傳統農業過渡的時期，也是精耕細作農業萌芽的時期，這一時期我國政治經濟中心在黃河流域，而黃河流域農業是以溝洫農業爲主。所謂溝洫，是從田間小溝——甽開始，以下依照遂、溝、洫、澮的順序，縱橫交錯，逐級加寬加深，最後通到河川，溝洫和道路把田野畫分爲一塊塊面積百畝的方田，分配給農民耕種，這也就是有名的「井田制度」。此時期所使用的農具，使用最廣泛的是木質的耒耜，其次是青銅製作的農具。

我國傳統農業發展的第二階段包括戰國、秦漢、魏晉南北朝，這是黃河流域農業生產重大發展時期，也是北方精耕細作技術體系形成和成熟時期。此時期所使用的農具是鐵器，鐵器較木質或青銅製農具更耐用。鐵器的使用，也使得農業生產力向前跨進了一大步。除此之外，戰國以來我國農業生產力進展的另一個原因是大規模農田灌溉水利工程的興建。

我國傳統農業發展的第三階段包括隋、唐、五代、宋、遼、金、元，此時期最大的特色，就是政治經濟中心有南移的趨勢，是長江流域蓬勃發展的時期。這一時期的農具發展，是傳統農具發展的巔峯，到達完全成熟的階段。農具的進步，主要表現在以下兩點：一是發明了「灌鋼」技術，所謂「灌鋼」，是利用生鐵溶液灌入未經鍛造的熟鐵，使碳較快而均勻地滲入熟鐵中，再反覆鍛打成鋼。有了這種技術，以往小型的鐵鑄農具遂爲比較厚重的鋼刃熟鐵農具所取代；二是農具種類更多、分工更細，而且可以做成配套。

明清是我國傳統農業發展的第四階段，這一時期，人口的快速增加造成了全國耕地的緊缺。爲了解決地少人多的問題，此時期人們所努力的方向，轉爲致力於提高復種指數以及擴大耕地面積，土地使用率達到傳統農業的最高密度。此時爲了解決人口膨脹的問題，想出了以下三個辦法：一、用各種方法開發新耕地；二、引進並推廣新作物，增加糧食；三、依靠精耕細作的傳統，提高土地利用率及單位面積產量。

二、清代的官場

鄭板橋在《寄弟墨書》中說：讀書人「一捧書本，便想中舉人，中進士，作官如何攫取金錢，造大房屋，置多田產。起手便錯走了路頭，後來越做越壞，總沒有個好結果。」言下之意，對清朝的官場有諸多不滿之意，現在我們來看看清朝官場百態中的一小部分。

(一)爲官須知

從事任何一項行業都有一套專門的知識，作官也不例外，因爲在官場上有各種制度、職事等，各有其專門的領域，又加上清朝有捐官制（即用錢買官），因此在清代的官場中就出現不少做官的指南書，如《宦海指南》、《官場必讀》、《牧令須知》等，「只要把他讀熟，將來出去做官，自然無往不利」。下面就摘錄幾則《官話指南》的內容：

您納貴姓，賤姓吳，請教台甫，草字資淨，貴昆仲幾位，我們弟兄三個，貴處是那一省，敝處河南省城，府上在城裡住麼，是在城裡住，久仰得很，沒會過，失敬得很。（〈應對須知〉）

他來過幾回，我總沒大理他，他還涎皮賴臉的儘自來，實在是不知好歹的一塊死肉。他是個欺軟怕硬的草雞毛，那兒算是人呢，你老別理他，他自然的就不來了。（〈應對須知〉）

老弟，起家裡來麼，喳，是起家裡來，老弟還沒定規日子起身哪，也就這三五天就起身了，今兒個是特意來見兄台辭行，這實在多禮了，老弟這盪是連家眷都去麼，可不是麼，打算家眷都去，是和人搭幫走啊，還是自己單走呢，是和人搭幫走，搭幫走的那位，也是作官的麼，是作官的，他是新捐的通判，到外頭候補去，像您這到省之

後，就可以上任去罷，是，到省之後，大概就可以上任去了。（〈官商吐屬〉）

老兄久違了，彼此彼此，老弟大喜了，同喜同喜，我是前日到的家，看見題名錄了，知道老弟高中了，所以今日特來賀喜，勞老兄的駕，那兒的話呢，老兄請上坐，老弟請坐，老兄一路上倒都很好，是托福一路都很平安。（〈官話問答〉）

㈡官場應酬

在現代的社會中，只要與官商聯名，所謂的應酬就免不了的。而在百年前的清朝，所謂的應酬文化，與今日相較，有過之而無不及：「見時論所稱一切酬應，皆有套數訣術。」其名目多，每一項之下各有其規矩及訣竅，如果不懂這些，不僅會爲人所恥笑，就連升官也有問題，當然本末倒置的結果，許多爲官之人只知官樣作風，而不知如何治理老百姓的事。

在清朝的官場應酬中，除了平日一般性的拜訪外，只要新官上任、新年賀歲、外官進京等都要投帖拜訪，無論會不會見到本人，這種拉關係方式的叫拜客。請吃飯，這種重要的應酬方式，又稱之爲「嘴頭請天神」，在晚清時期，請吃飯的風氣日熾，道咸年間的陝西糧道張集馨在上任初期，「大宴會則無月無之，小應酬則無日無之。」還有在清朝爲官時，衣著是非常講究的，不但要行頭樣樣足，而且在不同場合的應酬，有著不同的衣著裝束。如在見上司時，爲表示自己是清廉之官，就必須穿舊衣；拜客時，爲表示自己是風光體面的，就必須穿華麗的衣著。

㈢官訣

在官場上有爲官的文化，如果你不能了解，不僅不能升官，有時還可能掉腦袋，只是這種風氣一開，是官場腐敗的徵兆，對老百姓而言，是禍不是福。清朝的官訣有：

「投桃、報李、拍馬、捧場，此手腕也。標榜拉攏，結拜、聯襟，亦手腕也，排擠、造謠、掠功、嫁禍，又手腕也。如何模棱，如何對付，如何吹牛，如何裝病，形形色色，無往而非手腕也。一切皆手腕，也就是一切皆作態，一切皆做假，一切皆做假，便做官矣！打官話，說假也，做官樣文章，寫假也。官場的道德，假道德也。官場的事務，假公濟私的勾當也。」

在清朝以曹振鏞暢導的官訣，遺害最大。曹振鏞是身歷乾嘉道三朝的大學士，備受皇帝的恩寵，並不是因爲他有多大的功績，而在於他精通「多磕頭，少說話」的官訣哲學，對於這樣一位對自己所有的政見，都唯唯諾諾的官員，那個皇帝會不愛呢，所以他一生官運亨通，甚至死後還得到「文正」的謚號。曹振鏞謹守自己的官訣，還教導學生照本宣科，即使是身為糾舉的御史，也是一樣的。所以上行下效，流風四溢，因此有人批評他說：「道光以來，世風柔靡，實本於此。近更加浮滑，稍質直即不容矣。」

三、為學一首示子姪

清・彭端淑

天下事有難易乎，則難者亦易矣；不為，則易者亦難矣。人之為學有難易乎？學之，則難者亦易矣；不學，則易者亦難矣。吾資之昏，不逮人也，吾材之庸，不逮人也；旦旦而學之，久而不怠焉，迄乎成，而亦不知其昏與庸也。吾資之聰，倍人也，吾材之敏，倍人也；屏棄而不用，其昏與庸無以異也。聖人之道，卒於魯也傳之。然則，昏庸聰敏之用，豈有常哉！

蜀之鄙有二僧，其一貧，其一富。貧者語於富者曰：「吾欲之南海，何如？」富者曰：「子何恃而往？」曰：「吾一瓶一缽足矣。」富者曰：「吾數年來欲買舟而下，猶未能也。子何恃而往！」越明年，貧者自南海還，以告富者，富者有慚色。西蜀之去南海，不知幾千里也，僧富者不能至，而貧者至焉。人之立志，顧不如蜀鄙之僧哉！是故聰與敏，可恃而不可恃也；自恃其聰與敏而不學者，自敗者也。昏與庸，可限而不可限也；不自限其昏與庸，而力學不倦者，自力者也。

說明：

在我國古籍中，談論勸學苦讀的詩文，是連篇累牘的，而這篇文章卻常常為選家們所青睞，原因何在呢？

原因在於作者在這篇不滿五百字的短文中，將一個舊題，用和前人不同的手法，重新包裝起來。也就是說，作者在這篇短文中，不吊書袋子，不頻用前人話語，反而是用寓言的方式，來進行辨證的工作，沒有「示子姪」的字眼出現在文內，卻在文內處處示子姪。對於為學的方法，在文內我們見不到作者果斷式的論說，反而是藉用寓言中的兩僧人之口，來說明「為」的重要性，而作者之意就昭然若揭了。

肆、思考與練習

一、請老師引導學生說出農夫為何辛苦？在春夏秋冬中，他們都在田裡忙些什麼事？

按：中國大陸的農作為一期，台灣的農作為兩期到三期。

答 ㈠傳統的農夫常常要看天吃飯，天氣的好壞，雨水的多寡，都會影響到農作物的收成。平時農夫就要常常忙於除草、施肥，注意稻作成長的情形，看那一排一排綠油油、整整齊齊的秧苗，一棵一棵都是農夫親手的栽種培育，直到它們茁壯長大，成為浪花般的舞弄，在風中一波又一波時，這一季的稻作才算得到收穫。所以說「誰知盤中飧，粒粒皆辛苦」。

㈡大陸的氣候由於是溫帶及亞熱帶氣候，所以一般說來都是一期到兩期的稻作。因此幾乎都是春耕、夏耘、秋收、冬藏。而台灣由於氣候的原因，再加上科學化的技術改良，稻作上已經可以發展到三期，而且生產出來的白米品質非常的優異，在世界稻米的農業發展上，頗得肯定，這也是台灣農業上辛勤努力的成果。所以，台灣的農作在初春時候播種一季，溽夏時，播種第二季，甚至冬天亦可播種，為三季，創新了以往的稻作時期。

二、可讓學生以角色扮演鄭板橋、堂弟鄭墨、束脩自好的士人、四處鑽營的壞士人，還有農夫、商人、工人的揣摩，串連成一個小小的舞台劇。

參考作法：

場景1：堂弟鄭墨坐著寫家書的樣子，配以農夫耕作收割的扮演。

場景2：鄭板橋接獲家書，並唸出家書。

場景3：有好士人，處處鑽營的壞士人，讓學生自由詮釋角色的扮演，並發揮它們的想像力。

場景4：穿插工人及商人的工作內容，配合課文的方向亦可給學生作空間上的安排。

三、建議老師選一鄭板橋的書畫，可以補充書法中楷書、隸書、行書的字帖，讓學生有更深一層的認識，更可以介紹鄭板橋的書法給學生認識，並加以比較字體間的殊異性。

答 老師可以上網至中央圖書館的遠距圖書中的藝術類，即有資料可供查詢。

四、讓學生在校寫一封書信，並帶中西式的信封各一個。

題目參考：

㈠寫給我最想念的老師。

㈡寫給總統爺爺的一封問候信。對於總統的身體健康的問候與祝福。

㈢寫給校長的一封信。校長：我想跟你說，說出對學校的期許。

㈣寫一封信給好友，問候他，且說說自己的近況，並祝福他。

㈤寫給我兒子的一封信。

說明：

想像自己已經四十歲了，並且有一個正在念國中的兒子，對孩子的教育態度與期許，寫一封信，並寫出給孩子的祝福。

五、老師可以引導學生寫出自己的家譜，分別以自己的父、母爲中心，寫出三代的家人，包括直系、旁系，並附上姓名。

說明：

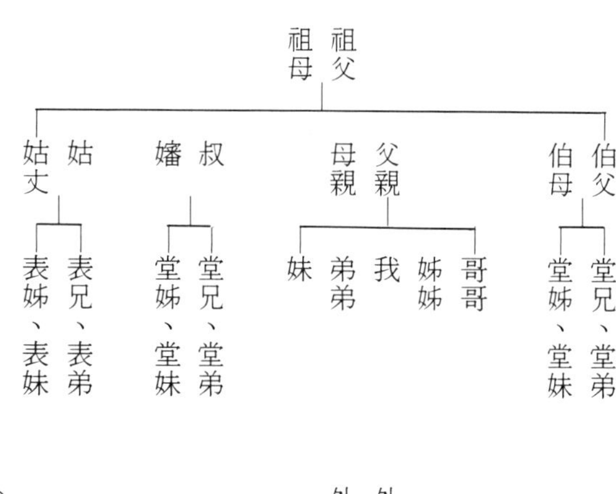

（游雅婷．黃淑媛．南飛）

十三、遇見一株樹

／王家祥

壹、作者參考資料

一、忠於自我的王家祥

王家祥，民國五十五年生，高雄縣岡山鎮是他的成長之地。從小他就是位乖巧、聽話，不須父母操心的好孩子。家境小康，父親在公賣局工作，是標準的公務員，母親負責家務，但兼職設計針織毛衣，後來因成衣的出現而停止。

五歲前的王家祥，常常是孤獨的（因弟妹尚未誕生），每天母親要出門買菜，就讓他在外公的果園玩耍，果園就成了王家祥的保護地兼樂園，沒有人教他該如何玩，他卻會自己爬樹，觀察野生植物，親近各式各樣的野生動物，如蛇等，王家祥宛若有上天賦予的天生本能，與野生動都能融洽地相處在一起。長大後他才出果園，面對更寬廣的生活空間，有田溝、魚塭、小河、鐵軌……就像電影「Stand by me」內所描述的一樣過日子。在這種與大自然爲伍的成長環境下成長，是他日後會進入森林系的最大原因。

王家祥以縣長獎，從前峯國小畢業，進入前峯國中就讀。開學第一天，做訓導主任的舅舅在新生名單中，看到王家祥的名字，詫異的是，這樣好成績的學生，竟被編入普通班，於是立刻將他轉到「好班」。王家祥沒讓舅舅失望，每次考試成績都是第一名。

在臺灣升學主義作祟下，「補習」成了升學的定心丸，王家祥被學校的補習名師「相中」，只要他去補習，不必繳任何費用，王家祥卻怎麼也不願意，於是這位老師在利誘不成後，竟用職權之便，放出風聲要整王家祥，在那次月考竟然用國中數學三年級程度的題目，來考二年級的學生，那一次除了在老師那裡補習的學生，全部及格外，其餘的學生幾乎都只有二、三十分，而王家祥得到六十六分，氣的那位老師兩竅生煙。因此，在王家祥當時幼小的心靈中，教師神聖使命的光環完全破滅，這種強迫學生補習、謀取利益、住豪宅的老師，他認爲跟商人何異。國中畢業後的升學考，全班只有王家祥一人考上第一志願——雄中，他以自己的能力，證明補習不是萬靈丹，只有靠自己的努力，才是最實在的。

在雄中，王家祥再也不願成爲從前那位永遠第一名的「好學生」，他喜歡做自己想做的事，看自己想看的書。當時競爭、升學的壓力充斥整個雄中，成績好的同學，不和人交往，卻對分數斤斤計較，補習補到身體虛弱；而成績較差的同學，則常翻牆蹺課。而王家祥功課並不頂尖，總在二十幾名上下。因爲王家祥有自己的想法，他不想爲了升學考，而阻止他去涉獵其他的知識。到高三，他毅然絕然的辦休學，後來以同等學歷的資格，考上了中興大學。

台大森林系本是王家祥的第一志願，結果他考上中興大學森林系，這對雄中的學生而言，王家祥簡直是異類，因爲幾乎一半以上的雄中人爲日後的出路，都唸理工科。

臺灣的森林資源原本很豐富，但管理森林的林務局工作名額有限，而且對森林的觀念還停留在如何砍樹的階段，所謂森林保育的工作，尚且談不到，於是很多森林系畢業的學生，找不可以發揮所長的工作，這是政府培養人才失策的地方。其實森林保育的工作不但很多，而且很重要，是需要投注心力與前瞻性的規劃。然而王家祥一點也不後悔唸森林系，雖然現實上專業性的工作不易獲得，但他卻也因此更加接近大自然，走向保育的行列是必然的結果，只是他做的方向與大部分人不同。

王家祥唸到大三大四時，正值臺灣解嚴時期，臺灣的政治較爲動盪，報導文學興起，王家祥關心荒野自然的作品《文明荒野》，得到七十六年度時報文學獎，第二年又以《攀木蜥蜴》獲得聯合報文學獎，王家祥成了一名自然寫作人，肩負起以文字宣導、教育國人生態保育觀念的工作。當時《自立副刊》的主編劉克襄，特別聘他爲特約記者，從事環境保育、抗爭等方面的報導。

隨著參與保育工作次數增多，及吸收新的環保觀念，王家祥發現學院派的保育觀念，無法跟上潮流：把森林當作農田般經營——獲得經濟利益。王家祥的見解與教授相左的情形下，熱衷田野調查及保育工作的他，毅然辦理休學，不想繼續浪費時間在校園裡，而想全力投入環保工作。

休學半年後，王家祥接到兵單——空軍役三年，他只好先去當兵。本來計畫當完兵後，繼續完成大學學業，可是退伍時已是十月，趕不上九月開學，王家祥只好再等一年。這段時間裡有一支原住民舞羣，也就是後來的「原舞者」，正在南部發展，獲得高雄地區藝文作家、記者們的支持與協助。王家祥義務地替他們攝影、記錄、做文宣海報，全台巡迴跑，沒有收取任何酬勞，直到文建會、胡台麗、平珩等人接手後，王家祥等才離開。王家祥就是這樣一位熱心助人，不斤斤計較，做起事來不但專注投入，而且狂熱的人。

復學半年後，因教授們教的講的還是那一套老舊的觀念幾經深思熟慮後，他又辦理休學了。大學前後唸了八年，雖然沒有畢業，放棄人人想要的畢業證書及學位，但王家祥並沒有虛度光陰，他在荒野上向自然學習到的，遠遠超過學校教授書籍所能給予他的。

告別學校沒多久，《臺灣時報》聘請王家祥擔任副刊主編，他便欣然上任了。一方面是南部的工作不好找，另一方面是王家祥本身一直愛好文藝，職掌副刊，既符合興趣又兼顧生計，他便以豐富的臺灣田野經驗和自然觀察，建立了獨特的「土地文學」副刊風格。其間爲了推展柴山（高雄萬壽山）成立自然公園，與一羣保育人士共同四處奔走，由他擔任促進會會長，盡一切努力之後，終於讓「柴山自然公園」，立法通過而成立。

七年後，也就是民國八十七年八月，他辭職了，原因是報社的人員編制太少，他必須從約稿、審稿、校稿、核稿費……等瑣瑣碎碎的雜事，一人從頭做到尾，他不想過著緊張、匆忙，無法完整面對自己的生活。便決心重新調整自己，給自己一年的時間休息、思考、寫作。唯有如此，他才能爲自己儲存更大的能量、開拓更深的視野，在文學這條路上留下更有意義的作品。

二、王家祥的文學之路

從國中開始，王家祥在文字方面的表現，一直受到老師的肯定和鼓勵，他也非常喜歡用文字來記錄和表達自己的想法。高中時期寫了不下二百篇的作品，年少的他把作品投給《聯合報》，退稿的命運可想而知，但他一點也不以爲意，仍然喜歡拿著筆塗塗寫寫，至今寫作是他最愉悅的修行，每天能創作或讀書三、四個小時，是他最舒適的享受。

「生活需要一點一點文學、一點點草木、一點點鳥獸、一點點幽默。」（《文明荒野》自序）王家祥相信文字的美學魔力，於是記錄生活中的思考與活動——它使你永遠憶及當時你的心靈狀態。所以王家祥幾乎天天寫，即使上山或下海，只要停下來，那枝筆似乎就不曾停過。他說：「我以寫作的方式來修行，寫作讓我思考，讓我必須每天面對自己的內心深處，那個住在身體內的良心或靈魂或存在什麼的。那種感覺是很奇妙的，一旦嚐到了精深的滋味，便很難再割捨。」（《成蔭之路》）

原本他想作一名科學家的，這個想法在王家祥高一時還存在，除了文學之外，自然方面的知識是他急欲探索的，一路走來，到底是什麼原因讓王家祥成爲一位作家？中學時期他的閱讀大概可分成兩類：一是各報副刊，二便是圖書館裡有關自然科學方面的書籍和影片。至於世界名著，他看得不多，不知是翻譯的問題還是文化差異，他總覺得難以消化，難有感應，並無太大興趣。但是，王家祥的數學、化學成績不理想，他知道無法成爲科學家了經常塗塗寫寫的結果，他發現只有面對文字，他才能較完整、眞實地面對自己，不必在意旁人或任何壓力，這種感覺舒服極了！

大學時代的王家祥依舊喜好文藝，經常提筆記下，觀看酢漿草種子爆開時的過程和喜悅，記下他在森林與植物邂逅的美麗經驗。另外還加入賞鳥社、成立自然生態保育社，他曾抗議劍道社的學生誤擊一隻小白鷺致死，親自登門抗議；爲拯救擱淺的鯨魚、影印資料，寫陳情函，寄給五十位民意代表和學者……。涂幸枝稱他爲「梵谷型的狂熱分子」，這時王家祥開始一點一滴記錄臺灣的生態之美與人爲破壞。

王家祥不但積極地投入保育行列，同時用「筆」來共同擔起保育扎根的工作，順理成章地走入「自然寫作」裡，並曾宣揚：

「它（自然寫作）有一個基礎的文學架構、濃厚的人文精神，知識性或科學印證的專業觀點，但最重要的，它所具有的強烈來自心靈深度的反省、思考，經由觀察、記錄等活動，而具備了一定的理論基礎，再加以邏輯辯論所思考出來的觀點，才是它最迷人之處。」

「我所認識的自然文學，有別於探討環境問題，公害污染的環保書籍，它比較接近深層的『環境教育』，著重在挖掘自然意識的覺醒力量，透過文學心靈的導引而進行。」

王家祥在三本關於自然寫作的作品：《文明荒野》、《自然禱告者》、《四季的聲音》實踐自己的理念。《文明荒野》是他大學時代唸農學院時日記型的作品及他在大肚溪河口的一些觀察記錄；《自然禱告者》的筆調就十分細膩、語氣强烈，有許多令人感動的篇章；而《四季的聲音》著重於內心的傾聽，音調溫和，彷佛自然、四季就在腳下，還有令人心痛的保育抗爭……，他都努力做了，但就是以技術本位的官員們聽不進去。

王家祥知道環境保育的工作是長期、艱辛的路程，他始終熱愛自然，但目前他轉身了，轉身投入追索臺灣本土的歷史，開始歷史小說的寫作，開始一段被人忽略的旅程，儘管行人不多，他樂在其中，未來會是什麼結果他不會在意，但可以確定的是——王家祥的筆是不會停下來的。

三、王家祥的作品

王家祥的創作之路只有十多年，不僅豐碩且成果傲人，這在年輕作家羣中，是十分少見的。他曾獲得如下的獎項：民國七十六年度「時報文學散文評審獎」，作品《文明荒野》。民國七十七年度「聯合報極短篇文學獎」，作品《攀木蜥蜴》。民國八十年度「吳濁流文學獎」佳作，作品《眩奇人生》。民國八十二年度「吳濁流文學獎」正獎，作品《關於拉馬達仙仙與拉荷阿雷》。民國八十五年度「賴和文學獎」。民國八十八年第二屆「五四獎」青年文學獎。

這樣的成績，並沒有讓王家祥炫惑，他仍執著自己所要追求的創作之路。他沒有預設的立場或企圖，他只是要完成他所要做的——作家靈媒：以文學觸發「臺灣大部落」人羣的心靈，讓他們免於恐懼，尋得依靠。因爲文學可以治療心靈，所以作家是心理治療師，在原始社會裡扮演治療人類心靈的就是巫師、靈媒，從前他們只使用咒語或法器讓人心與自然溝通，而現在的作家使用文字，讓心靈沈靜下來。如果這也是一種「企圖」的話，他只是期望作品不要太快跟著消費消失，能與人共度心靈的內在歷程。

所以，從一個善於幻想寫小說的人，到自然、歷史裡探索，到對山與海的關懷，王家祥的創作內容一直在變。曾經人們稱他爲「自然作家」，但三本關懷自然保育問題的作品：《文明荒野》、《自然禱告者》及《四季的聲音》出版之後，王家祥再也不寫這類的作品了，因爲「這塊土地的巨大苦難，無形中給了我豐富的養分，我一直寫，似乎她的毀滅造就了我，所以我一點也不快樂，我寧願去做一些眞確的事，譬如種一棵樹、回收街上的垃圾資源、扮演一名解說員，我再也不願目睹一處土地的敗亡，而撤退之日只帶走一篇文章。」（《成蔭之路》）

寫作對王家祥而言是一種挑戰，不斷地累積、反省，讓自己翻新，忠實地創作。他無法一再重覆、拷貝相同的情感，即使大量寫作會帶來名利，他也不願自己成爲寫作機器。所以他不斷給自己出新功課、新計劃，於是他走入臺灣的歷史、山與海洋。「夢是私人的神話，神話是社會集體的夢」，王家祥要以文學、神話的力量，讓臺灣人重新認識、親近腳下的這塊土地。他這一系列作品計有：《關於拉馬達仙仙與拉荷阿雷》、《小矮人之謎》、《倒風內海》、《山與海》到近作《魍人》，獵人、原住民、小矮人、考古學家、人類學家、山與海洋文化……，一一眞切地展現眼前。這塊土地有太多失落的、被遺忘的夢，王家祥想把屬於這個社會集體的夢找出來。

在這之中有一本很特別的書——《窗口邊的小雨燕》，是王家祥的情慾告白，很另類卻很眞實。藉由與一隻忽人忽鳥的小雨燕的對話，自我剖析內心深層世界。寫作這本書時，王家祥非常快樂，因爲沒有任何壓力和負擔，反而是種心靈治療與享受，不必面對外在世界，不必扭曲、修飾自己。值得一提的是，這本書的插圖全由王家祥親自手繪，他又發現自己另一項樂趣及天分——畫畫，於是《魍人》這本書的插圖也是他完成的。接下來他還會繼續寫、繼續畫，未來會有什麼樣的作品？就讓大家拭目以待吧。

三、王家祥二三事

(一)惡作劇的模範生

王家祥在國中時期成績優秀，不但名列全校第一名，而且還是模範生。因爲表現優異，於是被老師挑選去製作科展，常常利用午休時，到化學實驗室做科展準備。一天，王家祥與一名同學做完科展準備，一邊走出實驗室，一邊發科展的牢騷，走到停車場，看到老師的車子，午休未結束，操場空無一人，便突發奇想，二人跳上車頂，跳來跳去發洩一番，結果闖出大禍：車頂凹陷，車頭掉漆，老師生氣地一狀告到訓導處。訓導處的老師一時找不到肇事者，便處罰所有放牛班的學生到操場曬太陽罰站。

王家祥和這名同學看見事情愈鬧愈大，反而良心不安，便跑到訓導處認罪。原本訓導老師不相信，後來確定二人行徑，竟指著王家祥說：「會唸書又會作怪，你一定是共產黨！」當時，王家祥被他這麼一說怔了一下，納悶沒有問明原委，就被扣上共產黨這頂大帽子，實在讓他對這位老師產生質疑，他認爲老師處理事情不可以太主觀，沒有妥善疏導學生情緒，反而不論青紅皂白任意責罵，老師也需要再教育啊！後來這位愛亂扣人帽子的老師，因沈緬賭博，而今在街頭撿破爛。

㈡黑黝黝的雜誌

曾有本有名的攝影雜誌——《人間》雜誌（民國七十四年十一月～民國七十八年十月），正好在王家祥唸大學時期，創刊發行，當時中興大學旁有一家書店，每期只擺售一本《人間》雜誌，都被王家祥買走。後來書店老闆認得他，就對他說：「這款黑黝黝的書，只有你才會買。」

那時的王家祥是業餘的攝影家，關懷本土、自然生態的《人間》雜誌正好與王家祥的理念契合，王家祥曾經爲《人間》的特約文字攝影記者，民國七十五年五月刊登過他《綠牡蠣的惡夢海岸》這篇報導。

㈢拒絕文憑的小子

臺灣是個重文憑的社會，教育的目的是「塑造」人才，因此不在父母、師長期望中成長的孩子，就會被打入冷宮。然而王家祥的父母卻從沒給他任何壓力，愛唸書，完全是王家祥自己的興趣。國中時的補習惡風，讓王家祥對教育風氣產生了極大的不滿，到了升學競爭壓力大的高雄中學，更讓王家祥對刻板枯燥的教學內容，產生排斥。扭曲的教育觀念只看重成績，而忽略教育最重要的內涵——人格教育，尤其是明星學校的學生，往往成爲只會讀書考試的機器，不會做人的寡情之輩，同學間沒有友誼，畢業後也沒有同學會。這種校園氛圍壓得王家祥喘不過氣，爲了不讓自己成爲考試機器，高三那年王家祥做了令人錯愕的決定——休學。王家祥告訴他的父母：「雖然沒有畢業，但一定考得上大學！」、「好呀！」就這樣接受了王家祥的決定。

同樣的，在王家祥重返大學之門，又決定休學時，他的父母還是一句話：「回來呀！」王家祥非常感謝父母的支持，他知道他們瞭解這個兒子，他們從不逼迫他做任何事、或期望什麼，即使他的父母不明白王家祥到底在做什麼，但他們知道孩子沒有變壞就是好事，雖然王家祥沒有拿任何一張文憑回家。

㈣永遠的山神

王家祥最深刻難忘的一個人就是——陳定昆，他的大學同班同學，曾任職師大生物系研究助理，一位充滿理想、健壯的優秀獵人，平埔族的血統讓他雖然在都市成長，仍健步如飛、體力過人，讓與他共事山野調查的王家祥羨慕不已。不幸的是陳定昆於民國八十年在四川九寨溝罹難，讓王家祥震驚不已，讓他首次感受到生命的無常。他開始回憶好友的種種：喜歡走路，不愛坐公車；志願奉獻森林；純粹的綠色主義者……王家祥開始欽佩這樣的英雄——能在荒野中生存的獵人，這原是王家祥最汗顏的，但漸漸地，王家祥發現自己愈來愈接近陳定昆了，定期的爬山、游泳、長跑，王家祥的體力漸增、腳力漸强，他覺得陳定昆的部份，進入了王家祥的身上，因爲王家祥的生活愈來愈簡單，爬山、獨處的能力愈來愈强。王家祥要讓自己的身體和陳定昆一樣，像獵人般壯碩。

就像他們早年一個選擇最基層、辛苦的研究，想做一名學者；一個要做文字記錄人，兩人路線不同，但都同樣投入自然保育的行列，於是他們約定若干年後，陳定昆的學術研究，透過王家祥的文字，轉介成大衆較易接受的觀念，讓人們瞭解自然、瞭解荒野、深受自己的土地。但陳定昆先走了，走得那麼倉促、意外，王家祥紀念他寫道：「你用你的生命來發現眞理，我則傳播眞理，並且有一天也將追隨你！」現在，王家祥已深深感覺到陳定昆不死的部分，在他的體內流轉。

㈤愛別離苦的婚姻

談到王家祥的婚姻，是一段「愛別離苦」的過程，妻子涂幸枝是大他五歲的學姊，中興大學中文系畢業，一位才華洋溢，善良又敏感的文學院女子，曾獲「中興文學獎」，王家祥十分欣賞她的才華與敏感的氣質。

他們彼此相倚如一般的情侶，共騎一輛機車遨遊。在涂幸枝沮喪地面對枯燥的高考，無助憂鬱的時候，王家祥會帶著她上山下海，傾聽自然，打開心窗——一同享受上萬隻鷸鷗水鳥在沙灘棲息、飛翔的美景，共同探索自然的奧祕、喜悅與愛情裡。

結婚伊始，他們期望擁有一個幸福、甜美的家庭，共在報社工作，擁有自己的房子，養兩部車子，唯獨決定不生孩子，原因之一是在臺灣生活很辛苦，他們不忍心孩子在充滿壓力的畸型環境中成長。涂幸枝長年爲憂鬱症所苦，一、二個月便發作一次，每次皆長達一星期左右，無盡的憂傷、昏睡、自閉……甚至無法工作，十分痛苦，王家祥始終耐心的照顧妻子，甚至不顧旁人不解的眼光，帶著妻子為催生柴山自然公園一起開會。王家祥的辛苦與包容，做妻子的點滴記在心頭，但長期憂鬱症和工作壓力，王家祥的愛仍無法填補妻子心中的巨大陰霾。就在民國八十五年四月，涂幸枝赴美國加州萬佛城參加法會，突然決定留在美國修行，皈依宣化上人。

面對突如其來的「別」，王家祥在錯愕中為妻子辦理離職手續，他知道妻子的離去是為虔誠追隨佛法，他心疼妻子無法安定的身心，但他難免怨恨這樣的事情，竟然發生在他的身上，一夕之間，他成了失婚的男人，其中的苦楚及煎熬，他藉寫作來自我治療。雖然三年後他們才正式辦理離婚手續，但他終究能正視「離」的意義：這三年，妻子的憂鬱症完全康復了，除了環境和佛法的因素，也找到了發病的病灶，是來自甲狀腺的問題。如果沒有分離這三年，王家祥不知自己能不能解救憂鬱重症中的妻子，會不會連自己也跟著崩潰了？王家祥沒有任何把握。

這三年雖然他必須天天忍受孤獨之苦，卻讓他提早對生命瞭悟：「苦是生命的催化劑，病使我對生命體悟更深，『愛別離苦』使家祥生命沈潛下來，而自然依舊餵養著我們的精神生活；他帶領我尋找辟支佛修行的道場，我則深深盼望帶領他分享佛陀的智慧，十年來，我們始終是自然同修。」（涂幸枝《四季的聲音》序）。他們雖然離婚，但不是因為爭吵、個性不合或理念不同，反而是太熟悉、疼惜彼此，看到妻子即將剃度成為專業譯經人，王家祥很替前妻高興。

貳、課文參考資料

一、《遇見一株樹》賞析

《遇見一株樹》一文充滿著細膩、溫柔的觀察，從面對一株美麗的樹，心靈上產生的變化歷程寫起，提醒生活匆忙的現代人，可以放下快速的步伐，讓心靈與植物對話，嘗試親近自然，而不是「消費」自然。

全文共有十二小段，可分成二部分：第一部分包含前六小段，敘述遇見一株樹的過程及快樂；第二部分即後六小段，深入描寫這項美妙的戶外活動，只要安靜下來、開啟心靈，便可看見無數的樹，並獲得智慧。

第一小段，作者讚嘆歌頌樹的美麗，雖然作者說這樣的心情無法確切形容，但他仍以樸實、簡潔的語詞表達他內心的感動和歡喜。

第二小段敍述樹木構造的複雜部分，令人嘆爲觀止，欣賞樹婀娜搖曳的身影就是美好的視覺享受，觀者不必精確地瞭解樹木枝葉的結構，只要專注地欣賞她們千變萬化的舞姿就是彼此相遇的最佳禮讚了。

第三小段乃是仔細觀看樹木的心得，有：

⑴豐沛强大的能量——每株樹木均有驚人的創造力，生命力强大、豐沛，從茂密的枝葉上，就可證明這一點。

⑵井然有序的生長——樹葉和樹葉、枝幹和枝幹間均和諧有序地相處，各自獨立，不干擾彼此卻又緊密地共存於樹幹上。

⑶丰姿各異的羣樹——不同的樹也有不同的風格，可提供不同的欣賞角度。

第四小段收束第二、三段，無論樹木予人視覺印象是如何，在心靈上的反應都是簡單的快樂、愉悅和舒適，「簡單」就是單純、純淨，沒有雜質，是種純粹的享受，適合每一個人。

第五小段，作者舉出一個本身實際的體驗——撞見一株盛開的黃槐，耀眼的黃花幻化成印象派的黃點，震撼人心，並非作者刻意以印象畫派的手法來描寫這美麗的畫面，應是自然本身具有魔法力，是人們向自然學習而得的。

第六小段總結第一部分，人生所欲追求的安適和快樂，不需花費任何金錢，在植物身上就可以找到。

「匆忙」是現代人的常態，幾乎很少人能眞正的「安靜」下來，工商生活使每個人不斷地追趕時間，反而失去了生命的悠閒，第七小段提醒衆人應多與植物相處，這項「美妙的戶外活動」已被遺忘許久，甚至從未被想起，就算手邊沒有任何的工作，現代人還是很匆忙，於是沒有人會想去仔細看一棵樹。

然而我們會無由地沮喪，甚至崩潰，植物可以給人穩定的力量，作者在第八、九節提醒人們要有心、主動追尋，就可以「看見」植物，進而與它交往。第七、八、九三段層次分明，從不知欣賞樹木，或視而不見，到看見樹木，作者成功地教導現代人該努力地和樹木成爲朋友。

接著第十小段敍述由一株樹到整排的樹，到春、夏、秋、冬，到各式的森林，無數的樹木便展現在眼前，這時，面對樹木是極自然、又愉快的事。

最後二小段，作者點出最高層次的心靈狀態，做爲這篇文章的最高境界和主旨，不僅看得樹木，還能聽得見森林中細碎的聲響，就是內心平靜，充滿智慧的修行者了。

二、關於《自然禱告者》

這本是王家祥個人第二本關於「自然寫作」的書，書名然禱告者原意爲：「期望自己成爲一名虔誠的自然信仰人，透過文字中一顆尊重禱告的心，導引我的朋友們，能坐下來禱告大地的美好，蹲下來撫觸這塊土地、尊重這塊土地。」

「尊重土地」是許多古老傳說文化中共同的智慧，無論是生活禁忌或祭祀，都在教導人類尊重大地，明白自身的渺小，謙遜地生活，並透過「禱告」等心靈活動，將這份敬畏自然之心傳承下去。作者體會出這涵意等同於現代環保意識，於是以「自然禱告者」命名，希望能藉由文字，引導更多的人，學習尊重自然，做一位謙遜的地球人。

•《自然禱告者》的精華摘錄：

㈠我自認爲即使不了解山，也尊重山；因此我不想像多數人一樣，愛山，而時常一起湧入山中。在臺灣，時常進入高山之中，很無奈地注定會扮演干擾高山生態的角色。那些深入高山的公路，就是爲你的需求與大家的需求而設立的。（《尋找城鄉的荒野》）

㈡臺灣人看不見樹的深層意義，看不見深層的鳥的定義，從來不願去思考自己與土地的眞正關係，不覺得一草一木一鳥有何珍貴，更加速助長土地的荒漠化。（《林深不知處》）

㈢遊戲開始——

走進一片樹林之中，我開始告訴你：閉起眼睛，練習使用心靈深處的聽覺，也許你可以坐下來，坐在落葉層上，或者泥土地上，不要怕髒，土壤也是我們想感覺的事物之一。（《遊戲開始》）

㈣以深度生態學長遠的眼光來看，鼴鼠是有必要存在於人類經營的農地之中；鼴鼠穿鑿穴道，有助於翻鬆土壤；一隻鼴鼠終其一生所捕食金龜子幼蟲數目，可以降低農作物多少損失，也許讓我們了解到，毫無生態觀念的土地經營，地力是無法維持長久的。我們的土地需要鼴鼠，請停止捕殺牠們！（《兩隻鼴鼠》）

㈤以前的古老日子，我們不缺乏蟋蟀的叫聲，螢火蟲的微光、夏季裡日日鼎沸的蟬嘶與夜裡熱鬧交集的鳴蛙。

如今我們只能在豪華的售屋廣告詞句上尋找牠們。(《尋找次荒野》)

㈥這國度喪失荒野的原因，實由於我們內心看不見荒野。城市和森林可以並存、城市和候鳥羣可以並存，這不是奇蹟。只是由於我們的急功近利把牠給遺忘了，到頭來又必須花費極高的代價尋回。(《尋找次荒野》)

叁、課文補充資料

一、秋夜

魯迅

在我的後園，可以看見牆外有兩株樹，一株是棗樹，還有一株也是棗樹。

這上面的夜的天空，奇怪而高，我生平沒有見過這樣的奇怪而高的天空。他彷彿離開人間而去，使人們仰面不再看見。然而現在卻非常之藍閃閃地睒著幾十個星星的眼，冷眼。他的口角上現出微笑，似乎自以爲大有深意，而將繁霜灑在我的園裡的野花草上。

我不知道那些花草眞叫什麼名字，人們叫他們什麼名字。我記得有一種開過極細小的粉紅花，現在還開著，但是更極細小了，她在冷的夜氣中，瑟縮地做夢，夢見春的到來，夢見秋的到來，夢見瘦的詩人將眼淚擦在她最末的花瓣上，告訴她秋雖然來，冬雖然來，而此後接著還是春，胡蝶亂飛，蜜蜂都唱起春詞來了。她於是一笑，雖然顏色凍得紅慘慘地，仍然瑟縮著。

棗樹，他們簡直落盡了葉子。先前，還有一兩個孩子來打他們別人打剩的棗子，現在是一個也不剩了，連葉子也落盡了。他知道小粉紅花的夢，秋後要有春；他也知道落葉的夢，春後還是秋。他簡直落盡葉子，單剩桿子，然而脫了當初滿樹是果實和葉子時候的弧形，欠伸得很舒服。但是，有幾枝還低椏著，護定他從打棗的竿梢所得的皮傷，而最直最長的幾枝，卻已默默地鐵似的直刺著奇怪而高的天空，使天空閃閃地鬼睒眼；直刺著天空中圓滿的月亮，使月亮窘得發白。

鬼睒眼的天空越加非常之藍，不安了，彷彿想離去人間，避開棗樹，只將月亮剩下。然而月亮也暗暗地躲到東邊去了。而一無所有的桿子，卻仍然默默地鐵似的直刺著奇怪而高的天空，一意要制他的死命，不管他各式各樣地睞著許多蠱惑的眼睛。

哇的一聲，夜遊的惡鳥飛過了。

我忽而聽到夜半的笑聲，吃吃地，似乎不願意驚動睡著的人，然而四圍的空氣都應和著笑。夜半，沒有別的人，我即刻聽出這聲音就在我嘴裡，我也即刻被這笑聲所驅逐，回進自己的房。燈火的帶子也即刻被我旋高了。

後窗的玻璃上丁丁地響，還有許多小飛蟲亂撞。不多久，幾個進來了，許是從窗紙的破孔進來的。他們一進來，又在玻璃的燈罩上撞得丁丁地響。一個從上面撞進去了，他於是遇到火，而且我以爲這火是眞的。兩三個卻休息在燈的紙罩上喘氣。那罩是昨晚新換的罩，雪白的紙，摺出波浪紋的疊痕，一角還畫出一枝猩紅色的梔子。

猩紅的梔子開花時，棗樹又要做小粉紅花的夢，青葱地彎成弧形了……我又聽到夜半的笑聲；我趕緊砍斷我的心緒，看那老在白紙上的小青蟲，頭大尾小，向日葵子似的，只有半粒小麥那麼大，遍身的顏色蒼翠得可愛，可憐。

我打一個呵欠，點起一支紙煙，噴出煙來，對著燈默默地敬奠這些蒼翠精緻的英雄們。

一九二四年九月十五日

二、美麗的黃槐

(一)生態

黃槐，原產於亞洲的熱帶，目前臺灣各地均有栽植。葉互生，羽狀複葉，花色鮮黃，花期幾乎終年不斷，最盛是在春末夏初，莢果扁平。槐樹可供建築及藥用。槐花的花蕾在未開前折下曬乾，擣碎即成「槐花米」，含有蘆丁（rutin）可治療高血壓及腦出血，在工業上還可製成染色原料。

一簇簇盛開的小黃花，在陽光下十分耀眼，充滿生機，樹形優美，近來多栽做行道樹。與黃槐十分類似的是「阿勃勒」，同樣開著黃色小花串，同樣風姿婉約。只是身材高大的阿勃勒，如大家閨秀，相形之下，體型較爲嬌小的黃槐，就如小家碧玉，除此之外果實是分辨它們的好方法：黃槐結的是扁平的莢果，而阿勃勒則爲筆直圓細的長莢果，狀似教鞭。在塵囂擾攘的都市裡，不論看到的黃槐或是阿勃勒的小黃花，都能讓人忘卻煩惱、神清氣爽。

㈡相關語詞

1、槐月：即農曆四月，因為槐樹開花四月最盛，因而得名。

2、槐序：即夏季，因槐樹開花於夏初而得名。

3、槐花黃：唐朝長安舉子，被薦舉應試的士子落第者，六月不出城，借居寺廟，習作文章，七月時再獻新文至禮部考試稱為「拔解」，故時人語云：「槐花黃，舉子忙」指舉子忙於考試的季節。

4、槐鼎：周朝在朝廷外植有三株槐樹，為三公之位，因如鼎之三足，因以比喻三公之高位，泛指執政大臣。

5、槐火：冬天用槐木取火。古人鑽木取火、燃燒薪材，四季不同，春用榆、冬用槐，以適應季節的變換。

㈢相關故事、詩文

1、槐安夢

唐朝的李公佐曾寫了一篇《南柯太守傳》，內容記敘淳于棼，在廣陵郡的一棵槐樹下飲酒，不知不覺睡去，夢到「槐安國」，受到熱烈的歡迎，還娶了美麗的公主為妻，並當「南柯郡」的太守，享受榮華富貴，極其風光，過二十年，與敵國交戰失敗，公主亦死，國王生疑，便遣他回去。此時夢醒，看見槐樹下有一大蟻穴，即夢中的槐安國，而槐樹南方樹枝下還有另一小蟻穴，就是南柯郡。此後，遂以「南柯夢」比喻人生如夢，富貴如常，而稱夢境為「南柯」或「蟻夢」。

2、《遣悲懷》其二／元和

謝公最小偏憐女，自嫁黔婁百事乖，
顧我無衣搜藎篋，泥他沽酒拔金釵，
野蔬充膳甘長藿，落葉添薪仰古槐。
今日俸錢過十萬，與君營奠復營齋。

3、御史臺槐／蘇軾

釆擷殊未厭，忽然已成陰，
蟬鳴看不見，鵲立赴還深。

4、夏日田園雜興／范成大

槐葉初勻日氣涼，葱葱鼠耳翠成雙，
三公只得三枝看，閒客清陰滿北窗。

三、聽羣樹唱歌

(一)聖經中的樹

1、智慧樹、生命樹

《聖經．創世紀》第二、三章裡有兩棵非常有名的樹：「生命樹」（Tree of Life）和「智慧樹」（Tree of Knowledge），耶和華將他所造出來的男人：亞當，安置在伊甸園中，並教他要看守這座園子，可以食用所有的果子，只有「智慧樹」上的果子不可以吃，因爲吃了之後會死亡。然而亞當的配偶夏娃禁不住狡猾的蛇的誘惑，相信吃了「智慧樹」上的果子，不但不會死亡，還可以和神一樣知善惡、有智慧，於是就摘下果子吃，又拿給亞當吃。二人吃後，眼睛一亮，才發現自己裸身，感到羞恥，便拿無花果樹的葉子遮蔽身體。耶和華發現之後，把他們趕出生活無憂的伊甸園，並咒詛他們必終身勞苦，纔能從地裡得到食物。又怕他們摘走「生命樹」的果子會永遠活著，派有翅膀的天使及設置可四面轉動發射火燄的劍，看守「生命樹」。

這個聖經故事告訴人類「生命」和「智慧」是無法兼得的道理，人們有了辨別善惡的智慧後，同時也開始背負著罪惡及羞辱，而且無法永生。所有追求長生不老的故事都沒有結果，除了神仙以外。

古巴比倫神話裡也有類似生命樹和上帝之園的故事，不同的是神話裡沒有狡猾的蛇和人類的墮落。

2、聖誕樹

亞當和夏娃吃的禁果，到底是那一種水果？《聖經》裡並沒有交代，但人們都以爲是蘋果，其實是不對的，因爲在舊約時代的中東地區還沒有種植蘋果的記錄。爲何會認爲蘋果是禁果，這是源自於中世紀歐洲的「神蹟劇」：以戲劇形式搬演聖經故事，一齣關於亞當和夏娃的神蹟劇，以綴有蘋果的樹做爲「智慧樹」，象徵罪孽之源；以綴著甜餅的樅樹（松科，即今用於聖誕節的松樹），象徵生命，展現在舞台上效果非常良好。神蹟劇因以活潑、喜劇的方式演出聖經故事，很受歡迎。十五世紀時，神職人員發覺神蹟劇發展快速而難以控制，便成了聖誕樹的前身。

3、橄欖樹

上帝看到人類所思所行都是罪惡，十分悔恨，決定要降下洪水滅絕世人，但卻留下諾亞一家人，因爲他是位「義人」（完全人），指示諾亞建造一艘大船，將所有動物、昆蟲，一公一母帶進方舟，並準備充分的食物和飼料，以渡過洪水。

大雨不停地降了四十個晝夜，淹沒大地，除了諾亞方舟上的生物，無一倖免。洪水消退後，諾亞放出一隻鴿子尋找陸地，當鴿子銜回一枝新鮮的橄欖葉，諾亞知道陸地出現了，等到土地乾了之後，諾亞一家人就走出了方舟。

這樣的故事在古巴比倫和南美的神話傳說裡都出現過：巴比倫的《吉爾伽美什史詩》裡記載祖先如何在一艘船中躲過洪水的劫難；南美的馬普切人流傳著，一條被稱爲「凱凱」的蛇（有時是一隻海鳥），當蛇發出「凱、凱、凱……」的聲音後，海水立刻暴漲、淹沒陸地，人們和動物前往「特倫特倫山」避難，海水不斷上升，特倫特倫山也不斷升高，使人類和動物的生命免受威脅。

凱凱蛇象徵「惡」與毀滅，特倫特倫山象徵「善」與重生，只有「善」戰勝「惡」，人類才能獲救；「洪水」都被視爲死亡與懲罰；叼回葉子的鴿子像是神的使者，具有超强的飛行能力，象徵和平的來臨；而「橄欖樹葉」象徵滅絕後的新生。這些神話都在說明只有「善」和「義」才能獲得生命，人類才能從罪惡中解脫，而橄欖樹便成了希臘的聖樹。

㈡信仰中的樹

許多民族信仰和傳統都相信老樹具有靈性，甚至加以崇拜：人們必須尊重這些精靈，否則會有災殃。

在亞馬遜河雨林裡，獵人會被樹精迷惑而迷路；澳洲土著相信樹精會捉住行人，甚至有些樹人還會讓人失明；緬甸人則在進入森林後，到一株可能棲息守衞森林樹靈的樹木前，供奉祭品以安撫樹靈。

而砍伐樹木被認爲會導致死亡的，所以印第安人不敢任意砍樹；歐洲的伐木人在砍樹前，會先祈求饒恕；呂宋島和婆羅門洲人會留下幾株大樹，供流離的樹精避難；而在非洲，則以棕櫚油將樹精引出後再砍樹；泰國人需伐木製船時，會供養樹精使其留駐在樹上，木船製成後，會以糕點、米飯供養樹精，以求行船平安；而西印度羣島的住民則崇拜樹靈棲木所雕刻而成的偶像。

釋迦牟尼佛在菩提樹下悟道，菩提樹便成爲佛教的聖樹。菩提的梵語是Bodhi的譯音，即「覺、智、道」的意思，開朗的徹悟是覺悟的智慧和途徑。在信仰印度教的印度北部，菩提樹更被視爲毗濕奴神的代表，除拜祭祀用，不能砍摘菩提枝葉，除了結婚典禮，可以置一枝於亭上讓參加婚禮的人膜拜。

以上的信仰和崇拜都給予人如何與自然相處的模式：

敬畏，英語中「驚恐」（panic）即源自希臘神話中「森林之神：Pan」之名，因爲他常在夜晚驚嚇在森林中行走的人。與自然相處的態度本不能輕率，雖然在今日社會不需要如此迷信地看待森林，但森林孕育著豐沛的生命，人們確實要小心謹慎地使用這項資源。

㈢老樹四巨頭

臺灣土地公廟旁最常見的樹，以榕樹、樟樹、茄冬、楓香最爲常見，這四種樹的樹齡都很長，枝葉茂密，形成天然的遮棚，在農業社會裡扮演著重要角色，與人們的生活息息相關。若要說臺灣的代表樹種，低海拔的老樹就非它們莫屬。

1、榕樹

如果票選臺灣佔有率、生命力最具代表性的樹種，榕樹一定是超人氣的第一名。不管在城市或鄉村、沃土或牆角，都可以看到它旺盛的生命，向天空挑戰。

榕樹，屬於桑科，常綠大喬木，枝幹懸垂的氣根是明顯的特色，其作用是吸收空氣中的水氣，而由氣根觸地後形成的「支柱根」可以幫助養份吸收外，還可以支撐榕樹日漸壯大的身軀。榕樹茂密的枝葉形成巨大的傘蓋，是極佳的納涼場地，其龐大的氣根在微風中擺動，好似長者的鬍鬚，給人十分安詳、舒適的親切感。

2、樟樹

樟樹和榕樹都是在臺灣土生土長的原樹種，特別是樟樹具有多重的經濟價值：樟腦油（丸）、木櫃、木雕、建築等，樟樹一直扮演著重要的角色，也因此而遭到大量砍伐的命運。位在集集的綠色隧道是知名的樟樹林羣。

樟樹最明顯的特徵是縱裂的樹皮，一條條的直線裂紋，像歷盡滄桑的刻痕。樟樹全株都有樟腦、芳樟油的香味，連果實也具有濃厚的氣味，是鳥類的最愛。

3、茄冬

茄冬，又名重陽木，顧名思義茄冬樹一定十分長壽，是許多人的老朋友。和榕樹、樟樹一樣，四月結實時，鳥羣都來捧場，同時藉著鳥類傳播種子。只是茄苳、樟樹種子的成功率沒有榕樹來得高。

茄冬屬大戟科，半落葉性喬木，全株光滑無毛，樹皮會呈薄片狀剝落，但樹幹質地細密，可供做枕木、器具、建築等用途，樹葉、樹皮及根都可入藥，是非常有用的植物。茄冬除了是有名的綠化樹種，常見於公園、行道樹等之外，還與榕樹同是野外熱帶季風雨林羣系的指標樹種，尤其茄冬的根系發達，抓地力很強，抗風性很高。

4、楓香

楓香，屬金縷梅科，落葉大喬木。每到秋冬之際換上一襲或黃或紅的新衣，臺灣賞楓勝地「奧萬大」等賞楓景點總是車水馬龍。

楓香，常被人簡稱爲「楓樹」，甚或稱作「香菇木」，因爲楓香的樹幹是栽培香菇最好的木材；楓樹脂稱「楓香脂」可入藥治療皮膚病，及製作食用膠；楓香黑色的刺果掉落地上時，種子早已飛散，於是果實有許多小空室，中藥材稱之爲「路路通」，嫩葉還可以治創傷，木材在建築、家具、農具方面用途廣泛。還有樹形優美、遮蔭良好的行道樹，集諸多優點於一身的楓香，其他樹種恐怕要甘拜下風了。

㈣樹的相關成語

1、樹大招風：喻富貴的人容易招致災禍。

2、樹倒猢猻散：喻依附勢利的人，當勢力敗壞，他們就四散。

3、樹欲靜而風不止：喻父母死亡而不得奉養。

4、樹高千丈，葉落歸根：喻結局最後一定回返於根本。

四、《西雅圖的天空》

這是一位印第安酋長於西元一八五四年所發表的演說辭，他統御六個部落，白人向他們索討土地，那時他大約六十歲，呼籲人與人與地球要和諧共處，一百多年後，他的智慧之語如永恆不墜的星辰，持續綻放光芒而且撼動人心。

演說辭是當時華盛頓州的新任州長與印第安事務長的隨從亨利・史斯密博士記錄，西元一八八七年十月二十九日刊登在《西雅圖週日之星報》。（台灣版由孟祥森譯，雙月書屋出版）

五、我看到植物的光和影

王家祥《自然禱告者》

我正在努力提醒我的朋友們，設法花十分鐘看一株樹。

我告訴他們一般人看見一株樹或者身旁周遭美麗的事物，實際上目光停留的時間往往不超過十秒，許多人的心靈皆太匆促了。

不過在說這句話之前，我會先帶他們走進樹林裡，請他們抬頭看一棵樹，暗中幫他們計算時間，結果的確是如此，少有人花上超過十秒的時間去瞧一棵樹；大多數的人在十秒前便把頭垂下來，奇怪地望著我爲何叫他去看一棵樹，等待我的答案。

然後我的提醒便使得他們若有所悟；原來生活的心情太匆忙，即使是處於休息狀態，內心仍不得悠閒。

這是我從一本討論「環境教育」的書中學到的方法；這本書提醒我「重新看見」。即使我學習過正統的植物分類學，有過三、五年的賞鳥經驗；而我仍然發覺，要眞正地用心去看待植物、鳥類、山林、自然萬物，就如同學佛修行一般不容易。如何從進入山林的過程之中，得到平心靜氣的好果；有了這般好果，當然觀察力、思考力便能充裕自如。而如此「平心靜氣」猶如入山朝聖的自我修練學習，正是最難達到，但也是最精妙愉悅的歷程。

其實我所想追求的「面對荒野」的眞正經驗，正是如此的單純過程。

有人會懷疑地發問：「樹有什麼好看的？」

這時我假如過分強調樹的形狀、枝葉、顏色的存在，聲稱牠們是一羣美麗的生物，倒不如提醒人們自己去看，勉强爲自己花上十分鐘，設定時間，去看生命；畢竟我的親身體驗不是他人的親身體驗，無法進入他人的心，而由他自己去看，終究能看見些什麼。

當然我更無法立即教會他們在一株樹下閉起眼睛祈禱，思考尊重生命的道理，體驗眼前豐茂的生命形象透射至人內心的能量。這是一種在言語與文字上很抽象的概念，而在實際的行動中卻很簡單的境界。我唯一的任務即是提醒自己及他人去做而已！

以前的植物學訓練，可能錯誤地導引我朝向鑽研猛記植物的學名和特徵，而忽略了感受植物本身的氣質與生命。那時候一心一意只想多認識幾種名字，擁有更多的知識，無端地捆綁自己。到頭來，辨識野生植物成爲一種心理負擔，而不是享受。有好一陣子，我完全看不見植物，看不見綠色生命，縱使我仍然常活躍於山野中。

臺灣的綠色大海中，有四千種以上的植物。

如今即使我懂得提醒自己暫時拋棄植物的名字，設法給自己十分鐘觀看一株植物，我也不見得便能仔細地從心靈裡看見生命。有時候能，有時候不能，彷彿入定的功力仍不夠。而植物的美好生命力是無庸置疑的，牠一直不曾離開牠的土地。

植物的生命充滿於牠的光和影，有時候幸運地溢滿於你的眼中。

我每天花很多的時間看植物，這是讓我維持心靈平靜，不動氣的方法。植物是靜的象徵，並且它又是活的生命體。如此的過程使我非常舒服。

人類的生命和植物是息息相連的，但不知為何，荒謬的臺灣都市裡，人愈來愈多時，植物卻愈來愈少，綠地愈來愈缺乏，這表示我們皆看不見樹了嗎？或者意謂著生存環境愈來愈艱困，人民的生活越來越痛苦。臺灣人好不容易塡飽了肚子……

而且城市裡的植物就像被關在牢籠裡的動物一樣，喪失了活躍的生命。

說得確切一點，公園裡的植栽方式太人工化吧！我們像關一頭野獸般地將植物關在公園裡，關在安全島上，周圍是牢籠一樣的水泥地，人行磚，侷促在盆栽中的植物更不用說了。我們的公園聞不到很多泥土味與草香，甚至仍聽得見街上車水馬龍的喧囂。我們缺少一些眞正的樹林，或者起碼是人工荒野、自然公園、野鳥棲息地。土地皆被資本家和政客拿去炒作地皮，謀取暴利了。然後將一羣過度擁擠的人口塞置於過度繁榮的坪數之中，給他們一個小小的，非常可愛的三角公園，從這頭入口到那頭出口不需要三分鐘。

我們並沒有保護城市周遭野地與樹林的先進觀念，只是不斷地擴充死寂灰色的範圍，讓夏天的蟬聲與蛙鳴離耳朵愈來愈遠。我們可能有一些非常擁擠的公園、遊樂區，充滿了很多水泥製的替代品，踩不到眞正鬆軟的泥土與腐葉，也看不見幾隻鳥。

我們的公園裡的野生生命太貧乏，並且常常被人們摧殘蹂躪，看不見生命的光和影！

肆、思考與練習

一、「我是一株樹」——肢體活動及討論。

㈠請學生步行至校園中任何一棵樹下，利用肢體模擬小樹成長至大樹的過程。

建議事項：

1、請全班同學同時進行，共同體會植物成長的過程。

2、請學生閉上雙眼，以冥想方式，進入一株植物的狀態。

3、可由老師統一發佈順序口號：抽芽、抽枝、開花、結實，微風、強風吹拂，雨淋……等各種過程及環境變化，讓學生專心體會、模倣。

4、發佈口號速度宜緩慢進行，並給予學生充分的時間發揮想像。

5、如果有機會，至郊外舉行，臨場效果更佳。

㈡舉行討論會，請學生發表活動心得。

1、宜著重於「前所未有」的新鮮體驗。

2、討論過後，請每位同學寫下此次活動的心得，字數不宜超過兩百字。

3、彙集優秀作品，製成專輯公布。

二、「樹口普查」

㈠請學生以住家為中心，製作調查量表，調查住所附近一百公尺以內，所有樹木的數量、種類、栽種方式及生長情形。

㈡以居住地緣接近者分成數組，統計調查結果，計算出每個區域樹木分布數量和種類等的異同。

㈢各組分派一位同學上台報告分析、比較後的結果，讓同學瞭解樹木居住在人羣裡（城市或鄉村）生長的情形。

㈣經過報告，瞭解樹口與人羣居住的關係後，請各組寫出一句最想對「樹木」說的話，公布在教室內。

㈤請學生準備樹木「植物圖鑑」以便查閱，確認植物。

三、本課作者提醒我們去「看」一棵樹，除此之外，我們還可以去「聞」一棵樹，去「聽」一棵樹，去「撫摸」一棵樹，一定會發現每種樹不但看起來不一樣，連嗅、聽、觸覺等也都各不相同，嘗試用文字把這種感覺寫下來。（可配合「我是一株樹」活動進行）

四、除了樹以外，每一種植物，即使是不知名的小花、小草，都有它優雅、獨特的一面，請學生仔細觀察任何一株植物，寫下自己的想法，可命名為：「與植物對話」。

五、閱讀魯迅的《秋夜》後，請學生學習其寫作方式，試寫一篇名為《夏夜》的文章。

六、到書店調查目前書市中，有多少與環保、自然生態有關的書籍，並以何種形式表達。

參考：

㈠家栽之人（漫畫）——時報
㈡西雅圖的天空（歷史文獻）——雙月書屋
㈢自然的禱告者（報導文學）——晨星出版社

（許碧華）

十四、報紙的言論

／潘公弼

壹、作者參考資料

一、革命報人潘公弼

潘公弼，江蘇省嘉定縣人，生於民國前十七年（淸德宗光緒二十一年），卒於民國五十年，年六十七歲。他畢業於上海南洋公學，再入東京政法學校攻讀政治、經濟科。曾任《申報》、《時事新報》駐日通訊員，《京報》、《時事新報》香港《星洲日報》總主筆、總編輯、總經理，《中央日報》、《香港時報》社長，《中華日報》總社顧問兼主筆。

國父爲訓練革命靑年，曾在日本創辦兩所學校：一爲東京政法學校，以造就政治、經濟、法律人才爲主旨；一爲在靑山設立的革命軍事學校，以造就軍事人才爲標的。而潘公弼赴日留學時，選擇進入東京政法學校，攻讀政治、法律、經濟科，可見他原先立志「革命救國」的任務，並非以「新聞事業」爲目標。

他對新聞事業發生興趣，乃是有感於新聞宣傳工作對革命救國的重要。所以，當他獻身新聞事業後，仍然以革命救國爲報紙的主要使命。以章太炎、宋教仁、楊老圃、孟心史、戴天仇等民初報人爲目標，以「天下爲己任」，以「匡時濟世，文章報國」爲宏願。

民國七年，任邵飄萍主辦《京報》的主編時，因爲經常對北洋政府作嚴正的批評，以致《京報》被封，邵飄萍身殉，他也被拘入獄。

民國十四年發生「五卅慘案」，上海工會及印刷工會都被共匪控制，各報均因印刷工人罷工，被迫停刊。獨《時事新報》照常出版。只因他對工人竭力陳述：「報紙以報導新聞爲職責，上海既已發生如此重大事故，爲使市民瞭解情勢的發展，報紙絕不可一日停刊，也絕不接受檢查。」工會頭目汪壽華無計可施，終於屈服。

民國三十七年，上海租界以外地區陷入敵手，新聞界部份人士以「洋商」爲掩護，在租界創辦抗日報紙，《申報》復刊，聘請離滬赴粵的潘公弼，主持該報的評論工作。當時，日敵雖然沒有直接控制上海租界，但卻間接施壓，迫害抗日報社及忠貞人士，且特務份子橫行無忌，暗殺、綁架事件層出不窮，報社從業人員朝不保夕，潘公弼雖然知道，卻不畏懼退縮，不但由粵返滬主持《申報》，並改變該報過去的評論作風，以嚴謹而犀利的筆鋒，宣揚國策，誅伐敵僞，雖屢遭恐嚇也絕不屈服。

人是可以倒的，但是筆永遠不倒，潘公弼對報人的期許：

1、辦報，一定要專心，要專業，才能有好成就，有貢獻。

2、辦報和做人一樣，要平實，要一步一步平衡發展，欲速則不達，太突出反而容易翻覆。很多報紙一開始非常起勁，也非常的好，但短短時日，便走下坡了、停刊了，有時經理方面很好，編輯部不行；當編輯部很好時，副刊卻辦得糟，甚或言論部門不行，令人嘆息。

3、「眼看他起高樓，眼看他宴賓客，眼看他樓塌了」，多少事業家，多少大官，多少要員都垮了，只有報人「筆」的力量永垂寰宇。所以他在《望平街之回憶》一文中說：「願報人員起全盤責任，熟察報紙可能造成之影響和後果，嚴肅報人的責任感。」

評論之於報紙，猶畫龍點睛。潘公弼對評論特別重視。當他主持《時事新報》的評論工作時，必與當時政壇與報壇才智之士集會，就各方面問題交換意見，從事周詳的研討，他所撰評論，不僅對事理有縝密明確的分析，提出精到的見解，具體的主張，眞正發揮報紙評論應有的效用。

潘公弼對新聞自由權利的運用，也有他獨到的見解。他說：「新聞自由的權利，必須爭取，但如果在法律範圍內，獲得百分之五十，便只能使用百分之五十；多一分是越權，少一分是失職。」對政府的態度，盼政府鄭重立法，審愼執法；對社會人士的寄望是：能鑑別報紙，嚴謹選讀。

潘公弼是全才報人，卻不是「爲辦報而辦報」的職業報人，他是爲革命救國而辦報做報的革命鬥士。縱觀他一生，眞是一個標準的恂恂儒者：秉性誠懇純厚，待人交友無不推誠相見；處事從容不迫，善作冷靜的分析和理智的判斷。與世無爭卻並非絕無個性；愼言寡言，但敍事論理時卻能言善道。善飲卻不嗜酒。兼具「剛毅木訥」及「富貴不能淫、貧賤不能移、威武不能屈」大丈夫的氣節。可爲世人典範。

二、時事新報

創刊於光緒三十三年，屬早報，民國十六年由政府機關改爲商營報紙。由於張竹平的積極參加工作，延攬陳布雷爲總主筆。此後，經汪英賓、潘公弼分別在編輯上力求改進，民國二十一年淞滬戰爭爆發，銷路激增。

貳、課文參考資料

一、《報紙的言論》賞析

本文是一篇說喻類的論說文，採用「合分分合」首尾雙括的結構，開頭從政治的演進談起，再引出報紙的言論，屬「冒題法」，結尾採「前後呼應法」。「輿論須法律許以自由」呼應「輿論政治是民主精神的現象」；「言論自由不妨受良法制限」呼應「輿論須法律許以自由」；又稱「要點歸納法」或「總結法」。全篇以「健全輿論」爲綱領，說理透徹，分析精當，氣勢有力，結構嚴謹，可謂「鞭辟入裡，針針見血。」

當一隻狗咬了一個人，那不是新聞。但是如果一個人咬了一隻狗，那便是大新聞了。任何不尋常的事件都可能成爲新聞，報紙將世界各地所發生的新聞，呈現給我們，我們由報紙得知天下事，看報成了現代人不可少的事。

有些新聞直接間接與我們有關，有些事可供我們學習、效法或借鏡。社論、專欄詳細的分析或評論，讓我們對事情有更深入的了解。

報紙是社會的公器，是政府和百姓之間的橋樑。透過報紙，官員可以知道百姓對政府施政的反應；人民知道政府在爲我們做些什麼，要我們做些什麼。由於報紙的披露和傳播，有些社會問題引起了大衆的注意；孤苦無依者，得到了援助；善良的小人物，獲得了表揚；狡詐的僞君子，受到了譴責。報紙促進了政治的清明，社會的互助及文化的發展，實在功不可沒。

有人類歷史以來，寶劍和文字便代表著權威和力量。游俠風範是藉著寶劍打人間之不平，而報紙乃藉文字來鳴人間之不平。要能像春秋之筆，寓褒貶，別善惡，興善伐惡，就要具備作者所說的四個條件：動機純潔、識見卓越、文才暢達，膽氣橫逸。

除了報紙自身健全的主觀條件外，一份報紙眞要盡輿論的功能，還得法律給予保障和制限的客觀因素配合，革命報人在這篇文章中，提出了透闢的見解，提供了我們努力的方向，讓我們一起維護輿論的健全，使它發揮有益國家社會的力量。

本文分六段：

第一段說明世界上文明國家政治演進的途徑。由帝王政治、議會政治到輿論政治乃是人類文明發展的必然趨勢。健全的民主政治，政府官員、議會官員甚至民意代表，都應該傾聽民意，才能稱職的爲民服務。

第二段說明輿論是民主精神的現象、政治道德的反映。指出報紙言論必須自身健全，才足以代表輿論。因爲輿論沒有一定的權力，只有影響力。第二段才提出「報紙的言論」所以爲「冒題法」，而「自身健全」，開啓了下文。

第三段詳細說明報紙言論健全的主觀條件。採分述法，分五小節，前四小段說明動機純潔、識見卓越、文才暢達、膽氣橫溢的四個條件，第五小節總述四個條件的重要性。

1、動機純潔，就是要大公無私

有些記者或撰稿人投主編或老闆之所好，揑造故事，瞞過編輯的眼睛，而使廣大公衆受愚。最突出的一個例子，就是《華盛頓郵報》記者「庫克小姐」杜撰了「傑米的世界」特寫，竟獲得西元一九八一年普立茲獎。因此事件後，各大報紙都建立報紙內部的「警報」制度。又爲了爭取業績，爭相刊登「緋聞」，過多的緋聞奪去讀者的時間精力，也混淆了視聽，對於青少年價值觀的影響，更是巨大，所以要能動機純潔，才能作積極的貢獻。

2、識見卓越

掌握事實，並非掌握眞相，除非記者的識見卓越。有一次記者報導說「菲律賓政變」，其實是菲律賓的叛軍攻打總統府，當時出事現場，百姓圍觀，拍手叫好，樂見政府軍和叛軍的衝突。記者識見不夠卓越，無法區分「政變」和「叛亂」的不同。只有眼光敏銳，才能洞徹問題；學識豐富，才能判斷是非，提供解決的方案。

3、文才暢達

文筆美妙，人人喜歡；辭不達意，難以產生共鳴。例如：

(1)不適當的省略：外交部寫成「外部」，內政部寫成「內部」。

(2)不暢：「埃促美阻以襲黎邊。」

(3)不通：「烏來、士林兩女，暴雨被雷擊斃。」

4、膽氣橫逸：

有發表的勇氣，才不致藏諸名山。以色列的《哈瑞茲報》在三月間揭發。以色列總理在美國設有銀行存款帳戶的消息，引發了以色列的政治風暴，導致總理拉賓辭去職位。美國《華盛頓郵報》揭發水門事件，導致尼克森總理下台，英國《每日快報》於西元一九七五年，曾以一系列的專欄及社論揭發香港警察的貪污受賄風氣，迫使英國政府成立廉政公署，這些「扒糞運動」確實達到了興善伐惡的功能，促進了社會革新、政治清明。

第五小節總結主觀條件，用極簡短的「排比」字句，把各個條件作歸納。作者不愧是閱歷豐富的報人，這四個條件不僅是每位新聞記者應時時反省的，也可以作爲其座右銘。

第四段說明法律許以自由，輿論才有力量。第一小節談輿論自由有待法律的保障，第二小節談輿論自由，也當受良法的制限。在古代帝制時代及今日極權國家，常有文字獄，誰敢暢所欲言。但毫無限制的自由，便是放縱，必須受到制裁。所以只有靠良法的適當限制，報紙的言論才能眞正代表輿論。「在所有的自由中，請給我知道的自由，和根據良心而發的辯論自由。」這是英國的約翰・密爾頓爲言論自由而提出的呼籲，直至十九世紀徹底解除了政治上的束縛，法律許以了自由；但是自由觀念的氾濫及自由權利的濫用，又造成一種新的罪惡。有識之士倡導自由與責任對等的理論。西哲說：「一個人沒有揮動自己的拳頭碰到別人鼻尖的自由。」又說：「一個人沒有在戲院高喊失火的自由。」民主社會的精神便是要自由，也要有所制限。

第五段說明朝野對輿論要有判斷的知識及尊重的誠意。健全的輿論要以民意爲後援，發揮它最偉大的功能。報紙的言論不能一味地迎合讀者心理，討好社會大衆，它所反映的民意是合理的，確實有利於公衆利益。如果大衆一時用習俗、迷信、自私的念頭或偏執的成見，使得看法、想法有了偏差，報紙要有勇氣違反民意。明智判斷報紙的好壞，並善盡監督之責，便能使輿論有指導朝政，利國福民的功能。

第六段回應首段以要點歸納法，總結全文。強調輿論的政治就是全民政治。而當務之急，便是輿論自身需健全。我們的國家正邁向民主政治的康莊大道，人人對報紙的言論要有正確的認識，這是非常重要的。

拿破崙說：「一個報人是一個鳴不平者，責難者、忠告者，國家的領導者，四個敵對的報紙比一千支刺刀更可畏。」我們怎可輕忽報紙言論對我們的影響呢？民國七十六年開放報禁之後，新聞自由跨了一大步，新興報紙如雨後春筍，每分報紙的張數也增加不少。但報紙的品質是否提高了呢？渲染黑色暴力、黃色緋聞，謾罵政府，譁衆取寵，廣告增加了，影視歌星的報導增加了，「賺錢」成爲目的，「新聞責任」擺一邊，所以報紙言論的健全，有待大家給予關心，這一課的見解像一帖良藥，提供我們關心督導報紙言論的途徑。創造健全的傳播環境，有助國家邁向民主、自由、法治、和諧新社會的形成。讓我們共同爲光明璀璨的明天，一起努力吧！

叁、課外補充資料

一、藏諸名山

司馬遷在《報任少卿書》中言：「僕誠已著此書（《史記》），藏諸名山，傳之其人，通邑大都；則僕償前辱之責，雖萬被戮，豈有悔哉！然此可爲智者道，難爲俗人言也。」

翻譯：

我眞能寫完《史記》這部書，藏在名山中，傳給後代能明白我心志的人，流傳到大城市大都會，那就補償了以前的恥辱（司馬遷因上書爲李陵辯解，而被判腐刑），就是犯多少死罪，那裡有什麼悔意呢？不過這當中眞義，只能跟通達的人說，不能跟俗人講啊！」

意義：

指把有價值的著作藏在名山深處，留傳給後代。

例句：

這是一部純學術著作，找了幾家出版社不肯出版，看來只好藏諸名山，傳之其人。

二、自暴自棄

《孟子．離婁篇》，孟子曰：「自暴者，不可與有言也；自棄者，不可與有爲也。言非禮義，謂之自暴也；吾身不能居仁由義，謂之自棄也。仁，人之安宅也；義，人之正路也。曠安宅而弗居，舍正路而不由，哀哉！」

翻譯：

自暴的人，我們無法與他交談；自棄的人，我們無法與他的行動一致。一開口就詆毀禮義道德，叫做自暴；如果承認道德的價值，而所作所爲卻又不仁不義，便叫做自棄。行仁就像在家一樣安樂而舒適，而行義就像走在正道般平坦而寬廣。拋棄了安適的家不住，離開了正道而不走，實在是悲哀呀！

三、嗤之以鼻

頤瑣《黃繡球》七回：「說於鄉，鄉人笑之；說於市，市人非之；請於巨紳貴族，更嗤之以鼻。」

翻譯：

把這件事在鄉里間說，鄉人笑他，拿到市場去傳播，市人也批評他，向巨紳貴族請教，更叫這些巨紳貴族看不起他。

意義：

表示輕蔑看不起。

例句：

她對那些胡言亂語，一概嗤之以鼻，根本不放在心上。

四、不以人廢言

《論語．衛靈公》：「君子不以言舉人，不以人廢言。」

翻譯：

「有言者不必有德。」所以一個有才德修養的人，在任用舉薦人時，不因爲他很會說話，就斷定他很有才德，而舉薦任用他，也不會因爲他是地位卑賤低下之人，就認爲他的話，一無可取。所以聖人擇取芻蕘之言，只因芻蕘之言有可採用之處。

五、鞭辟入裡

《論語．衛靈公》：「子張書諸紳。」程顥注：「學只要鞭辟近裡，著己而已。」朱熹《近思錄》：「學只要鞭辟近裡。」

翻譯：

《論語．衛靈公》：「子張向孔子問做人的道理，孔子說言忠信，行篤敬，雖在野蠻人的國家也行得通。子張認爲很有道理，便寫在衣帶上，以便隨時看，隨時反省自己是否做到。」宋程顥作注解時說：「學問要研究透徹，文章說到深處。」朱熹《近思錄》：「鞭策督促一個人做學問往深處裡研究。」

意義：

形容分析透徹，深中要害，也形容學習領會深刻。

例句：

胡適先生的論文，對社會的剖析眞是鞭辟入裡。

六、政治型態

㈠帝王政治

政權操在帝王手裡的專制政治。由君主一人獨斷獨行，不受憲法限制的，稱君主專制國家，如民國以前的中國即是。帝王政治的國家就是君主專制的國家。

㈡議會政治

議會政治由人民選舉出來的代表所組成的議會，來行使政權的政治。議會是除了立法權外，對行政權擁有牽制、監督、統治等機能的合議制機構。這種代表民意的機關又稱國會。可分爲二院制、一院制，是經由選舉而產生的議員所組成的。

議會的起源，可追溯到古希臘、羅馬、原始日耳曼社會的民會等組織，中世紀期則是由封建身分代表者所組成的貴族議會。經英國以漸進方式改革，遂產生今日的議會制度。

英國議會是由英王、上議院和下議院所組成。亨利三世時，僅由僧侶和貴族組成議會，蘭加斯特王朝時，國王被迫從貴族中間選擇他們所有的諮議顧問，都鐸王朝時，不是貴族但在下議院中的人，可以擔任國王的樞密顧問，亨利六世時，任何政策必須經過上議院和下議院的同意才有效。十七世紀後，議會變成一種革命性機構，英國內戰時，已然成爲反抗國王的中心。復辟時期，輝格派和托利派發展起來，這兩派即後來英國政黨的前身。

安妮女王時期，樞密院和內閣成爲制定政策的獨特機構，之後輝格黨領袖R沃波爾作爲下議院和內閣的領導人，他確定了「內閣必須作一整體來行動」的原則。西元一八三〇年後政黨制度確定不移了，議會成員開始使用某個政黨的標記，實際權力逐漸從君主手中轉移到議會。

我國民國臨時政府時代所組織的國會，採一院制，稱參議院，正式國會成立，改用兩院制，即參議院、衆議院。不久爲袁世凱所解散。現在的國民大會和立法院可以視爲國會。國會是立憲國家代表民意的中央級機關。我國省市有省市議會，縣市有縣市議會，鄉鎭有鄉鎭民代表大會。

㈢輿論政治

國家的法律、政策不由少數人決定，而由多數人決定，這種政治稱爲輿論政治。人口衆多的國家往往由人民選舉議員，代表人員來決定政策或制定法律，而政府的施政則必須遵循這些政策或法律，不可以違背民意。

1、輿論的定義是：

社會上相當數量的人，對一個特定問題表示的個人意見、態度和信念的彙集。這一個詞語在十八世紀才被使用。第一個推廣「輿論」這個名詞的是法國大革命前夕，路易十六的財政大臣內克。政治學家和歷史學家强調輿論在施政過程中的作用，特別是對政府政策的影響。社會學家則常常强調輿論是社會互相交往和交換意見的產物。由此看來，輿論的含義至少包括四個因素：必須有一個問題。必須多數個人對這個問題發表意見。在這些意見中至少要有某種一致性。這種一致的意見會直接或間接地產生影響。

2、輿論的媒介：

最早期最原始的方式，就是在與親朋好友在大街、公共場所、家裡和其他地方的一般性交談。市街通衢，茶餘飯後消息流傳快又廣。而現在塑造民意的機構有報社、電影、廣播電視、學校與其他教育機構。

報紙是表現民意的有力工具。讀者依賴報紙獲得新聞和有關公共事務的意見，報紙的社論、評論、漫畫卡通往往有深一層的涵義，足以領導輿論。電影呈現具體的、活生生的人和事，比口傳或印刷文字更傳神。廣播和電視可將新聞人物的評論和看法，直接傳到數以百萬計的家庭，補充了報紙和電影在新聞和意見上的不足。學校和其他教育機構供給人們有關社會、經濟、政治與其他生活面的知識，並讓人們具有足夠的能力，對所有日常發生事件，加以分析。其他也有經濟團體、勞工團體、農民團體和消費團體也常爲形成「輿論」而組織起來。

3、輿論和政府：

人民的意見能充份表達，政府的決策就能符合需求。

民主政治社會，政府不會壓制民意的發展，反而希望透過民意形成的過程，知道公衆的需求，作爲政府決策方針的指標，能夠保障完整和自由的公共討論的機會。極權國家，宣傳和檢查成了政府控制民意最常用的手段。藉著壓制民意，利用宣傳，使政府政策得以施行，避開危險，贏得戰爭。

一個有效率而進步的民主政治，就是具備：民意政治、法治政治、責任政治、政黨政治四大要素的政治。而明智的輿論，穩固、安全且最具建設性的輿論，便是來自教育，身爲教師的我們，能不戒懼謹愼嗎？

七、集權與極權

㈠集權

政治學名詞。對分權言，集所有權力於一處。例如：中央集權。

㈡極權

「極權」是義大利獨裁者墨索里尼在廿世紀初期創的。表示「一切從屬於國家，不許脫離國家，不許反對國家。」統治者的權力高於一切，否定個人的價值，抹殺人民一切權利的政治思想。不但不容許人民提出反對的意見，而且想盡辦法塑造人民的思想型態。人民的公私生活都在國家的支配、影響下，工作、娛樂、婚姻、教育都要受到調查和管訓。

㈢極權主義的特質

1、反民意政治：

在極權統治下，民意是配給的。人人都必須信從官方惟一的主義。例如：古印度的孔雀王朝、中國的秦朝、義大利的法西斯主義、德國的納粹主義、當代的共產主義。官方獨佔所有大衆傳播媒介，把統一的意見和消息，不斷的灌輸給民衆。

2、反政黨政治：

所有的極權政體都是一黨政治，不容許其他政黨存在和活動。

3、反法治政治：

憲法、人權失去保障。

4、反道德：

獨裁者爲了達到目的，不擇手段，否定了道德觀念、行爲法則，強調暴力和欺騙。

5、少數統治、包辦一切：

極權政治是「寡頭的」，且不祇是政體，而且也是一種生活方式，由國家包辦一切，國民生活每一方面的細節，都在國家的管制之下，一切「總體化」。

八、第四權

大衆傳播媒體介紹新觀念、反映現實、檢討現狀，往往支配公衆行爲與思想，影響力普遍而深遠。所以許多政治學者認爲：大衆傳播事業乃是在行政、立法、司法之外的「第四種權力」。積極的任務在維護國民「知的權力」，同時使國民能明辨是非，進而形成正確的輿論，促進國家的進步和社會的公平。

西元一九五〇年代末期，蘇俄首先發射人造衛星，送人進入太空。可是到了西元一九六〇年代末期，首先登上月球的是美國人。蘇俄之所以由領先而落後，俄國物理學家「氫彈之父」沙哈洛夫認爲是由於在第二次工業革命來臨之際，蘇俄以高壓手段摧殘新聞自由，蘇俄人民「知的權利」受到嚴重的妨害，於是無從發揮其才智心力，導致科學技術的落伍。由此可見新聞自由不僅爲大衆傳播事業發展的要素，亦和國家興衰密切相關。

由於人民知識教育程度的提高，參與意識的覺醒，愈來愈多的人民透過投票、請願、投書、示威、遊行等方式參與政治體系的決策，因此大衆傳播媒體應兼顧「雙向溝通」，才能使「第四權」充份發揮效能，達到福國利民的目標。

九、無冕王：記者

我們每天都在毫無防備的情形下，接受傳媒所傳遞來的知識及判斷價值，所以我國對新聞記者冠以「無冕王」之稱。這個比喻，足以顯示新聞記者在民主政治中所扮演角色的重要。「無冕王」的記者，身負三大重要的任務：

(一)向大衆提供生活環境中各種現象最眞實的記錄。

(二)對各種現象所代表的意義作公平的評估。

(三)興善伐惡：游俠之風是藉著寶劍打人間之不平，而新聞記者揭發黑暗的工作，則是藉文字來鳴人間之不平。

新聞記者必須注意「言權」，「言效」及「言責」才能成爲社會的導師。如果只是使用「言權」，濫用「言效」，忽略「言責」，就會成爲「文化流氓」——自行審判、臆測，干擾了民衆的「知的權利」。報禁開放後，新聞記者的使命更加重要。李登輝總統曾說：「中國的報人，一向以『秉春秋之筆，明善惡之辨』的社會良心自期，更富有『先天下之憂而憂』、『以天下興亡爲己任的使命感』，盼所有的新聞記者，都能積極發揚此一專業精神。」

十、報業小史

大衆傳播高度發展，傳播資訊凌駕國界的藩籬，將世界凝聚成一個超級「世界村」。「秀才不出門，能知天下事。」已不足以說明傳播的重要性，事實上，檢視傳播史從平面媒體的報紙、雜誌以至現今居功厥偉的電子媒體，傳播已與人們的生活息息相關。觀之四大傳媒（報紙、雜誌、電視、廣播），歷史悠久的傳媒老店——報紙，非但未因缺乏電子媒體的「聲」、「色」效果而失色，反而屹立不搖，成爲傳媒的永遠巨星，實在值得吾人探討。

溯及中外報業的源起皆與政治、宗教密不可分。以羅馬時代的《每日紀聞》而言，這份歐洲最早的新聞報，內容多以議會、宗教、戰事爲主，而被視爲中國最早的報紙：《邸報》則屬於政事的通報制度，報紙爲政治服務的立場鮮明。眞正使報業蓬勃發展的兩大功臣，無異是造紙術與印刷術，尤其工業革命之後，印刷術精進、教育普及、民主意識抬頭以及中產階級興起，使得早期報紙一躍蛻變成爲現代報紙，多元化、自由化的現代報業更跳脫平面媒體的囿限，更多的「電子報」成爲媒體的新寵兒。

觀之我國現代報業發展的軌迹：外商辦報、士人辦報、革命報紙、抗戰報人及播遷來台後的台灣報業。較之西元一六六〇年世界最早的日報——《來比錫新聞》，我國宋朝定期發行的《朝報》（西元九六〇～一二七六年）則更具歷史。從漢朝的《邸報》、宋朝的《小報》，以迄明清，中國現代報業無由產生，無疑與統治階層對新聞、言論的控制有關。故步自封，防堵傳播通道，幾乎使中國陷入百年浩劫。

中國現代報業的開啓反倒是由西方的傳教士與外商取得先機，西元一八六一年的《上海新報》即是外商在中國國內出版的第一家中文日報，而後的《申報》、《新聞報》、

《時報》等亦皆由外商經營，外商辦報成爲我國報史上的一環。

革命報刊更將中國現代報業進程推進一大步。知識分子有感於清廷的腐敗，紛紛發行報紙，鼓吹革新如《循環日報》、《强學報》、《時務報》、《清議報》等等，士人辦報成爲知識份子的新覺醒。而後革命報紙如《中國日報》、《蘇報》、《民報》等，更成爲宣揚革命，推翻滿清的輿論廣場，爲民主自由觀念播種。

抗戰時期，我國報業可以說是可歌可泣，新聞事業一致支持抗戰，凝聚全民力量，愛國報人張季鸞的《大公報》，秉持「不黨、不私、不盲、不賣」的精神，成爲輿論的新領袖，也獲得國人對新聞工作人員的敬崇，更是這時期的代表報人。

政府播遷來台，報業在穩定中求發展，民國七十六年報禁開放之後，報紙更如雨後春筍，成長迅速，台灣報業正式進入「戰國」時代。隨著報業戰國時代的來臨，報業本身銳意求變，科技發展帶領報業走向電腦化，民國七十一年《聯合報》率先使用電腦排版後，報業進入科技新紀元。另外，報紙的內容也從「大衆」走向「分衆」，報紙與讀者之間的關係，產生微妙的變化，從專欄、專版以致於專業報紙（體育報、影視報），提供讀者不同的需要。報紙內容由於報紙張數的解禁，更顯多元，報紙同樣產生資訊爆炸的情況，讀者已無力消化過多的資訊，於是乎更「速食」的電子報，成爲報業在傳播的新利器，報社於網路上開設網站，提供最新即時新聞。而可以預見的是網路將是報業另一個致力開拓的新疆域，也即將掀起另一波互動式傳播的高潮，屆時我們亦將樂見透過新的傳媒，彙集更多民意，達到無暢阻更人性的傳播新天地。

十一、報紙的靈魂：專欄簡介

(一)未名集：《聯合報》——張繼高

《未名集》是民國七十三年在《聯合副刊》上的專欄，原每週見報二次，後改爲一週一篇，字數一千五百字，不爲創新，只爲把事例說清，把理念闡明。

張繼高說：「有專精，才有風格，專欄得有個人專精的領域。」綜觀《未名集》，論題從飲酒、信仰、廣播、電視、音樂，到醫生、考季聯想、消費者、國際情勢……不難看出張繼高才學識略的博與精。

張繼高膽氣橫逸，識見卓越，統括《未名集》論述方向：有世界的潮流，也有社會的走向；從政經法制的評議，到生命價值標準的重新釐訂；從社會秩序運作的探討，到精緻文化活動的引導；從專業角色的重估，到敬業形象的宣揚；更指出當前政治的弊端、敗象和文化警訊。要言不繁，字字珠璣。

附錄：

張繼高筆名吳心柳（取『有意栽花花不開，無心插柳柳成蔭』之意）。河北人，民國十五年生，平生以新聞爲專業，音樂則是他最大的興趣，創辦了遠東音樂社及《音樂與音響雜誌》。曾創辦中廣公司新聞部，中視新聞部，出任首任經理，暨《香港時報》總編輯，《民生報》總主筆、副社長，《美國新聞》與《世界報導》中文版社長。台北之音廣播電台董事長，民國八十四去世。

張繼高平生堅守三不主義——不出書、不教書、不上電視。不教書是因爲他覺得自己有太多外務，只能設法專心做一件事；不出書是他覺得：讀書是一種享受，寫書卻是一份不快樂；不上電視，不太接受演講的邀約，只爲保住「野鶴閒雲般的瀟灑」。

惜墨如金的張繼高，禁不住各階層讀者的殷殷相求，終於在民國八十四年，讓九歌出版社出版了《必須贏的人》一書。

㈡黑白集：《聯合報》——言論部主筆羣

《黑白集》是臺灣報刊上歷史最久，引起迴響最多的方塊文字。從民國四十一年八月十七日的《聯合報》上，至今有四十五個年頭，除春節休筆數日外，天天見報。應讀者要求，於民國八十六年起，每半年一集，發行了單行本，至今已有四集。

《黑白集》顧名思義便是「黑白分明」，文鋒犀利明暢，有時帶點尖銳，雖只有五百字左右，卻能析理暢順，針針見血。雖然主筆羣換過幾代，但文風始終如一，這歸因於黑白分明的主軸。

㈢正典一百：《中國時報》——楊照

《正典一百》是楊照在《中國時報》副刊上的專欄，每週二刊出，約一千字左右。內容是針對近百年來，對臺灣人民價值觀的建立，及社會文化影響最多的一百本書，推薦給讀者，除了著重書籍的重要性，並從作者觀照，詳加闡述，評論犀利，提供不少新的想法和意見，讓讀者重新解讀，有新的領悟，能更順適潮流所需，讓讀者從「心」開始，起化學、物理的變化。

楊照在選取這一百本書時，有五大原則：

1、站在臺灣人民的立場，選讀西元一九四九年以前大陸的文學和日本次殖民政策統治下，臺灣人民反日抗日的抗日文學，這些時期的代表作，都曾深深的影響了臺灣人民。

2、選的類別偏向文學、史學類，這和作者所受訓練有關，不過他也盡量選擇哲學、經濟、政治……等類別。遺憾的是自然科學類竟都沒有——那實在不是作者有意忽略，實在是中國人寫這類書籍的人，微乎其微。

3、作品再多再優秀，也僅擇取一部爲代表。所以，像金庸的武俠小說，對社會文化實有某種程度的影響，也僅取一部來分析、闡述。

4、一定要「經得起一讀再讀，百讀不厭，一次有一次新的觸發的書籍」，再不就是作者認爲「該書在出版時，影響力不大，但是私心以爲或希望將來能對社會文化有所影響。」

5、翻譯作品，固然對臺灣人民影響深遠，但不在此次範疇，所以割愛。

楊照寫這一系列的作品時，都有二個版本。一千字左右短篇的作品是配合第四台〈大地〉節目〈藏無盡〉而設計的；長篇詳盡、深刻的內容，則發表在雜誌期刊上。例如：《幼獅文藝》、《聯合文學》……等。《正典一百》也將於民國八十八年年底發行單行本，嘉惠所有的讀者。

附錄：

楊照本名李明駿，西元一九六三年生，臺大歷史系畢業，現爲美國哈佛大學博士候選人。著有長篇小說《大愛》、《暗巷迷夜》，中短篇小說集《星星的末裔》、《黯魂》、《獨白》、《紅顏》、《往事追憶錄》，散文集《軍旅札記》、《迷路的詩》，文化評論集《流離觀點》、《文學的原像》、《文學》、《社會與歷史想像》等。曾獲賴和文學獎、吳三連文學獎、吳濁流文學獎等。

十一、近代有名的報人

㈠布衣而為天下師：張季鸞

張季鸞名識章，陝西榆林人，生於西元一八八六年。武昌起義後，參加于右任創辦的《民立報》，鼓吹革命思想。因對袁世凱唆使人刺殺宋教仁一事，仗義直言，被捕入獄。稍後返回上海，加入《大共和日報》。民國四年，創辦《民信日報》。袁世凱死後，到北京接辦《中華新報》，民國八年，北京警察廳以新聞界登載中日大借款密約，封閉八家報館，《中華新報》在內，張季鸞再度入獄……綜觀張季鸞一生，獻身報業三十年，使「大公報」在不黨、不賣、不私、不盲四志勗勵下，成爲書生報辦的典範。

張季鸞一文弱書生爲什麼能以一支筆的力量，擔起言論報的使命呢？因爲他關懷天下：他富有中國讀書人對天下蒼生所負的使命感，期望藉言論有所貢獻；因爲他熱愛國家：他自幼失怙失恃，飄零無依，負笈日本，從黨人及志士遊，更感到國亡無日的危機。回國之後，目睹國難日深而民主痲痺，不禁悲憤塡膺，期能報效國家；因爲他悲憫感激：他將悲憫的心情，化爲感激感恩，對世事、對社會、對國家皆存忠厚；因爲他敢言善言：自古以來，讀書人便秉持「在齊太史簡，在晉董狐筆」的精神，發揮春秋大義，不受威逼及利誘，這種精神正是張季鸞讀書人辦報大無畏的精神。

(二)永遠的新聞記者：馬星野

馬星野一生奉獻新聞工作，他曾經說：「把我燒成了灰，還是一個新聞記者。」新聞工作是他一生不二的選擇。

馬星野曾擔任過執政黨的文工會主任、《中央日報》社長、中央通訊社社長。然而在新聞界，馬星野最爲人敬崇之因，是他對新聞工作者堅持的「三不」信條。他的「三不」信條即是富貴不能淫、貧賤不能移、威武不能屈。在他爲哥倫比亞《密蘇里人報》（Colombia Missourian）撰文中稱：「在我所訂的『中國新聞記者信條』中便强調新聞記者必須要有高尚的品德，富貴不能淫、貧賤不能移、威武不能屈。這原是孔子和孟子所界定的大丈夫之人格，新聞記者亦然。」他不以「無冕王」自許，他只是執意在中國報史，做一個專業的報人。

馬星野從民國二十三年遵承　蔣公囑託從事新聞教育工作以來，一生誨人不倦，教誨無數的新聞尖兵，他不僅是一位優秀的新聞工作者，更是一位偉大的新聞教育家，他在《中國新聞記者信條》中有對所有新聞從業人員最深的期許，也必將成爲所有媒體工作者的永遠信條。

(三)不黨不羣不驕不諂：歐陽醇

歐陽醇，字冠玉，民國六年三月十二日，生於江西吉安，爲歐陽修的後裔。他的報人生涯，一在抗戰末期迄大陸易色，一在臺灣。服務過的報社有：重慶《中央日報》、上海《申報》、《中國時報》、《臺灣新生報》及《新聞報》。

歐陽醇是一位徹頭徹尾的新聞專業者，無時無刻不以新聞爲念，不以新聞之正確爲求。主持「新聞鏡」，秉春秋直筆，執善惡之辨，或褒或貶，稿件取捨，不阿不私，爲同仁同業所重，並敬爲老師。

「一日新聞記者，一世新聞記者」、「今日的編輯桌，就是明天的終點站」，他的言教身教作育了不少英才，對學生、對朋友、對家人他都至誠的付出，他爲近五十年來中國新聞記者樹立的典範，如一盞長明之燈，永遠照耀。

六、子產不毀鄉校頌

韓　愈

我思古人，伊鄭之僑。以禮相國，人未安其教，遊於鄉之校，衆口囂囂。或謂子產：「毀鄉校則止。」曰：「何患焉？可以成美。夫豈多言？亦各其志。善也吾行，不善吾避。維善維否，我於此視。川不可防，言不可弭。下塞上聾，邦其傾矣！」既鄉校不毀，而鄭國以理。

翻譯：

我思念的古人，就是鄭國的公孫僑（子產）。用禮來輔佐國家，人民還沒能適應他的教化時，便在鄉校閒逛，又七嘴八舌的評論朝政。

有人向子產說：「毀掉鄉校，人民就不能聚集、談論，批評朝政的聲音就能停止。」子產回答說：「何必擔憂呢？這些評論可以成就美好的事情，哪裡是他們多話？他們只是發表各人的意見。他們覺得是好的事，我照辦，認爲是不當的事，我避免。是好的，是壞的，我從這些地方看出來。河水不可堵塞，輿論不可止息；人民的口堵塞了，主政的人成了聾子，國家就將會傾滅。」結果鄉校沒有拆掉，而鄭國的政治，治理得愈來愈清明。

思考：

1、本篇的主旨，在告訴執政者要有接受別人批評的（雅量）。

2、「下塞上聾，邦其傾矣！」這句話說明（　　）的重要。

3、遊於鄉之校的是（　　）。

4、伊鄭之僑的「伊」解爲（　　）、（　　）詞。

維善維否的「維」解爲（　　）、（　　）詞。「否」音（　　），意（　　）。

肆、創造思考

一、新聞評論

㈠辯論方式：

擇一當時喧騰不已的要事一件，國內或國外皆可。全班分爲二～四個小組即可，不需愼重的選用奧瑞崗制。例如：「吳雅雅爲了《翡翠雜誌》報導他跟羅時豐的一夜情而自殺。」全班可分四組，一組就吳雅雅的立場辯護，一組爲羅時豐及《翡翠雜誌》辯護，一組談論報導內容的眞僞，一組談論這事件對世人的影響。有話直說，各抒己見，最後各組分別歸結出

1、輿論的要素？

2、輿論的影響？

3、報人的專業與使命？

㈡新聞評議：

搜集國內外新聞，以課文所示「健全輿論」四項條件爲標準，作一番分析和評論。可選舊材料：美國總統柯林頓的性醜聞案、尼克森的水門事件；新新聞：幫派介入校園事件——美國可倫白高中披風黨持槍掃射，死亡人數多達廿五人。

二、班刊編採

㈠在班會時討論班刊的各版內容。

㈡將全班分組，指定負責編輯，分派記者採訪校園內各類新聞。各組編制主編一名，編輯二名，記者六人。

㈢記者採訪內容，交由編輯篩選取用，經整理後，編成報紙大樣，交主編審訂。

㈣仿報紙形式，加標題、刊頭，美工設計……。

㈤老師評審，各組作品供全體同學鑑賞。

※以上內容可由電腦或人工完成。

三、「秀才不出門，能知天下事」，請列舉世界各國有名的報紙。

答 中華民國——聯合報、中國時報、民生報……。

香港——星島日報。

日本——讀賣新聞。

美國——紐約時報。

英國——倫敦時報。

四、報紙的內容包羅萬象，你知道有哪些內容嗎？

答 世界各地的新聞，世界局勢的變化，國家政治、軍事、外交的報導，社會重大的事故，各種政策的來龍去脈，日常生活的知識，最新科技報導，育樂新聞，副刊上文藝上，文學性的作品，各類廣告。

五、社論、專欄、評論是報紙的靈魂，具領導輿論的效果，向來有「畫龍點睛」之效，你知道各報有哪些「社論」、「專欄」、「評論」嗎？試說一說他們的內容。

答 未名集——張繼高：聯合報。

黑白集——各個主筆：聯合報。

正典一百——楊照：中國時報。

玻璃墊上——夏承楹：國語日報。

日日談——各主筆：國語日報。

六、你最喜歡看什麼報？對它有什麼建議？

答 ㈠自由作答。例如：《民生報》體育新聞特別詳細；《中國時報》副刊以小說爲主幹；《中央日報》是黨報報導偏於政策……。

㈡大體說來，現在報紙都犯有以下的缺點：字太小，紙質粗；社會報導偏於惡事的披露；廣告太多太雜，且有不正當的廣告；張數太多，可看性不高。

七、輿論媒介僅有報紙嗎？還有哪些媒介？

答 ㈠報紙是輿論的媒介之一，報紙言論要健全，才能稱爲輿論。

㈡廣播、電視、雜誌……也是媒介之一。

八、讀者能使報紙的言論健全起來嗎？爲什麼？

答 報紙必須贏得讀者的支持，才能生存。讀者對報紙的言論提出贊成或反對，批評或建議，可以使報紙的言論健全起來。否則不予閱讀，不予購買，甚至以公衆的輿論力量給予制裁。報紙爲了繼續生存，不得不設法改進，使言論健全起來。

九、作文設計

㈠**短文習作**

「跨世紀的莘莘學子該讀什麼報紙？」請同學擬一份目錄，目錄中請推薦五種不同的報紙，然後全體同學就報紙的優劣提出討論，將不足不佳處，加以修訂。

要求：

1、請你提供一份目錄，這份目錄要推薦五種不同的報紙。

2、將討論結果，寫成一篇短文。

將這五種報紙的優劣，作一番評述，不需訂題，可用條列、書摘方式呈現，字數約六百字。

㈡命題作文

報紙與我

秀才不出門，能知天下事

論報紙

自由與自律

（莊美英）

十五、我心目中的世界

／愛因斯坦著

／劉君燦譯

壹、作者參考資料

一、偉大的物理學家——愛因斯坦

愛因斯坦是二十世紀最偉大的物理學家，他所發表的相對論，使傳統物理學觀念產生重大改革，進而促使二十世紀近代物理學的產生。他還對國際業務有相當的投入。由於他致函美國羅斯福總統，研發原子彈的製造，促使二次世界大戰的結束。戰後又全力投入維護世界和平而努力，他對世人的奉獻，無論幕前幕後，都是竭心盡力。

西元一八九七年三月十四日，愛因斯坦出生於德國南部巴伐利亞的烏爾姆市。當時德國正是鐵血宰相俾斯麥當權，運用軍事力量統一分裂的國土，建立德意志大帝國獨裁政權。愛因斯坦的父親經營一家電器工廠，業務發展並不順利，後來全家遷往慕尼黑，他就在此接受小學和中學教育。

愛因斯坦有猶太族血統，但居家附近並沒有猶太人辦的小學，因此他就讀一所天主教創辦的小學，而他是全校唯一的猶太人。然而眞正妨礙他和同學交往的不是血統，而是他的性格。愛因斯坦小時候的表現並不突出，他花了好長的時間才學會說話，使得父母親一度懷疑他是個不正常的小孩。六歲進小學就讀時，喜愛古典音樂的父母安排他學習小提琴，每天放學後，練一練小提琴，他不太喜歡念書，只是悶坐沈思，所以在班上一直沒有要好的朋友。到了進中學時，他的小提琴造詣已經很好，但課業成績的表現，卻不理想。在當時只要軍隊經過慕尼黑街道，孩子們總會狂熱地追隨在行列之後，有模有樣的學著，而他卻是大哭不已。這一點對他日後極端厭惡軍國主義，急欲擺脫機械化的德國生活，兩度放棄德國國籍，有密切的關係。當時大部分德國學校皆採軍事化管理的教育方式，而生性追求自由，最不喜歡被人強制做，因此他不喜歡上學的主因，在於死板的塡鴨式教育，無法啓發學生智慧，且缺乏獨立思考的時間與空間。

在枯燥乏味的求學期間，幸而出現了一位啓發愛因斯坦的人，就是他的叔叔——雅哥布。從他念小學時，雅哥布就教他基本的代數方程式運算，使他對解方程式產生狂熱的愛好。進中學後，雅哥布繼續指導他的數學功課，除了課堂所學之外，他常抽空自修練習數學，並醉心研究幾何學圖形。如此不但開發了愛因斯坦在數學方面的天分，也爲他往後求學歷程開創了新希望。

西元一八九四年，愛因斯坦十五歲，正值他高中生涯的最後一年，父親的電器工廠休業，全家搬到義大利的米蘭，但父親卻希望他留在慕尼黑讀完高中，再到米蘭和家人團聚。他因無法忍受孤獨、寂寞，最後還是退學，放棄德國國籍。到了米蘭後，他則因中學肄業之故，面臨了升學及就業上的困難。幸而退學時他的老師曾開立一張證明書：「愛因斯坦的數學程度能力，已有大學程度」，於是他前往瑞士蘇黎世的聯邦理工大學，希望攻讀電機工程，將來做一名技術人員，可以重振父業。雖然他的入學考試，考的並不理想，但該校校長看到那份證明書，便介紹他到亞蘭一所中學就讀一年，言明高中畢業後，即可免試進大學。這所中學的教學方式靈活生動，暢導自由思考的學習方式，對愛因斯坦而言，在這一年中，他發現物理學才是他的最愛，因爲物理學不僅可解開宇宙的奧祕和探討自然的法則，又與數學有密切的關係。他如願的進入了這所專門培養物理和數學人才的理工學校。然而，家中的經濟卻每況愈下，他不得不以替低年級的學生補習功課，來補貼生活費用。他的大學生活是在三餐不繼的窮困生活中度過，但是他所探求的學問，卻是日益充實。西元一九〇〇年，愛因斯坦二十一歲，大學畢業，申請獲准歸化瑞士國籍。

愛因斯坦大學畢業後，拿著教授的介紹信去謀職，竟然到處碰壁，關鍵在於他是猶太人，因爲種族歧視阻礙了就業的門路。就這樣過了兩年困阨的生活。最後在同學父親的引薦下，在瑞士首都伯恩的專利局找到了一份技術員的工作。這個工作專門審核人們發明的東西是否有實用價值，能否按照設計進行，有沒有模仿他人的作品；並將每一件發明的細節，用文字清楚的記錄下來，這使他有機會學到新奇的觀念，對於任何的假設，都能夠很快的把握住要點。從西元一九〇二到一九〇九年，由於工作上傑出的表現，提高了專利局的工作水準。他從小就有自修的習慣，在專利局工作時，常抽空研究物理學，這是他一生中最富有創造性的時期，共發表了約三十篇的科學論文，其中以西元一九〇五年所發表的《特殊相對論》成就最突出，當時他才二十六歲。特殊相對論指出物體運動與時間、空間不是各自獨立存在，物體運動速度增加時質量也增加，而物體在運動方向上的長度縮短，時間變慢，並且任何速度絕不會超過光速（近代由史蒂芬史匹柏所導演的「回到未來」系列科幻電影，即建立在此架構的聯想）。特殊相對論的創立，改變了基本物理學的觀念，並動搖牛頓的力學體系和絕對時空觀。有人認爲「相對論」是最深奧玄妙的理論，因此而引起世人的重視。

愛因斯坦成名後，擔任伯恩大學講師。西元一九〇九年，三十歲時回到蘇黎世擔任聯邦理工大學的教授，此時他也應邀到處演講，並曾一度應聘到奧國布拉哈大學任教。從他擔任教職，教室裡聽課的學生越來越多，大家都想親眼目睹這位名科學家的丰采。西元一九一一年，他代表奧國參加布魯塞爾的索爾貝會議，當時的出席者都是世界級的知名科學家，他在場發表《有關重力的理論》而廣受讚揚，恰好當時德皇欲將柏林建設成爲世界的政治、經濟、文化、科學中心，並發展强大的軍事力量，所以致力於科學研究，因此設立「威廉研究所」。西元一九一三年愛因斯坦應禮聘擔任研究工作，同時兼任柏林大學教授及普魯士皇家學會會員，再度取得德國國籍。西元一九一六年，三十七歲時發表比《特殊相對論》更爲深奧的《一般性相對論》。

西元一九一八年第一次世界大戰結束，德國戰敗投降。大多數德國人認爲戰敗的主因，不在軍事力量不足，而是因爲猶太人背叛了他們。從此德國境內開始排斥猶太人，而猶太人面臨種族迫害，希望能離開德國，在巴勒斯坦建立屬於猶太人主權的國家。當時愛因斯坦想起他在大學畢業後找不到工作，主要就是因爲種族歧視，於是在西元一九二一年宣告支持「猶太民族運動」，爲自己的同胞爭取自由、平等。

西元一九二二年，瑞典皇家科學院決定頒發諾貝爾物理獎給愛因斯坦，但當時沒有人敢肯定他的《相對論》是否正確，對人類是否有用途？甚至有人大肆抨擊他的理論，於是瑞典皇家學院想出一個變通方法，頒獎詞中不提相對論，只是簡單扼要的說明：「此獎頒給愛因斯坦，因爲他對光電理論及理論物理學上的重大貢獻。」

西元一九三三年，德國內政發生變化，興登堡總統任命希特勒爲首相，由納粹黨人執政，實行獨裁統治，並對猶太人加以迫害，想要把猶太人消滅或放逐國外，而愛因斯坦便成爲他們攻擊的主要目標。他避居比利時，被迫辭去皇家學會會員，希特勒又懸賞一千英磅殺害他，最後他轉往美國定居，任職於普林斯敦高等學術研究所。納粹政府沒收了他在德國境內的所有財產，使他又再度放棄德國國籍。西元一九四一年，他正式成爲美國公民，除了埋首研究工作，還經常參加「猶太民族運動」，並成立「愛因斯坦基金」，爲復國發動募款。此外，他全力協助歐洲難民，在納粹及赤色暴政下，獲救的著名科學家不知有幾，也正因這些科學家，美國政府才能製造出人類歷史上的第一顆原子彈。

西元一九四五年，世界第一顆原子彈落在日本廣島，結束了第二次世界大戰。西元一九四八年，猶太民族在聯合國的協助下，在巴勒斯坦地區成立以色列共和國，完成了民族復興，建立主權獨立國家的理想，由領導猶太民族運動的威茲曼博士當選第一任總統。西元一九五二年，愛因斯坦婉拒了以色列共和國請他擔任總統的邀約，因爲他認爲自己是個學者，只適合做研究工作。對於原子能被應用在軍事上，愛因斯坦感到相當懊惱，於是戰後大聲呼籲，反對各國發展核子武器，建議以「原子能的和平用途」改善人類的生活。西元一九五五年，他因罹患膽囊炎病逝普林斯頓，享年七十六歲，而他對人類的巨獻和謙虛淡泊的人格特質，則在人間留下永恆的光輝。

二、愛因斯坦二、三事

㈠曼哈坦計畫

二次世界大戰期間，德國在歐洲大陸展開瘋狂的侵略行動，令世界陷於一片恐懼的混亂。有一位科學家費爾米曾拜訪愛因斯坦，希望透過他向美國政府建議：依照核子分裂原理製造原子彈，以抵制德國的軍事侵略。他強調若讓德國搶先製造出原子彈，後果必不堪設想。愛因斯坦本著和平主義的立場，並不認同這個建議，但是衡量大局，如果德國征服全世界，那便是世界末日的降臨，因此不得不同意「以暴制暴」的方式。西元一九三九年，他寫信給美國羅斯福總統，商請製造原子彈事宜，羅斯福立即採納愛因斯坦的建議，提供大量經費，並動員全美的科學家參與研究製造，這就是「曼哈坦計畫」。但愛因斯坦本人並未參與研究計畫，而是一個人躲在普林斯頓研究所裡，研究他的「統一場理論」。西元一九四五年，美國在日本的廣島、長崎各投下一枚原子彈，結束第二次世界大戰。

(二)最愛的聖誕禮物

有一次，一位美國新聞記者問愛因斯坦：「到目前爲止，你所收到的最好的聖誕禮物是什麼？」他回答：「是日本政府攻擊珍珠港的消息。」在美國，聖誕老公公是在聖誕夜分送禮物，而愛因斯坦的故鄉德國，是在十二月上旬，就如同聖誕老人帶來的禮物，所以日本偷襲珍珠港也正是故鄉發送聖誕禮物的時刻。本來得知德國正從事研發原子彈計畫時，美國也有加緊腳步要破壞其計畫的念頭，但當時美國並未參戰。此時正好日本偷襲美國軍事重地珍珠港，促成美國政府可以名正言順的還擊。

(三)代課的笑話

愛因斯坦被納粹逐出故鄉移民美國，後來他常爲援助同樣遭遇的猶太人而奔波不已。常有人爲了救濟這些人而舉辦募捐會，愛因斯坦常受邀在會中表演小提琴，這對募款有很大的助益。當時有一本書記錄了一則笑話：「愛因斯坦最近由於忙著爲放逐者募捐慈善會拉小提琴，以致於暫由克來斯勒代他教授理論物理學。」

註釋：

克來斯勒原籍奧國，後歸化美國，是傑出的小提琴家及作曲家，有「二十世紀前半葉最偉大的小提琴家」美譽。

(四)鴨子聽雷

有一次愛因斯坦與物理學家雷比・吉比達相遇在普林斯頓研究所的休息室。兩人坐在椅子上交談，身旁立刻圍攏大批人潮，因爲大家都想聽聽兩位大師講些什麼。他們兩人先是商量要用什麼語言交談。愛因斯坦不擅長義大利話，而雷比的德語不是很流利，最後決定用英語。他們兩人交談了很久，圍在周遭的美國人，卻不知道他們到底在說些什麼？

(五)幫忙做習題

在美國普林斯頓鎮，愛因斯坦住家附近有一位太太發現女兒老往愛因斯坦家跑，就問女兒去做什麼？她說：「有一次我數學習題解不出來，聽說住在一一二號有一位很優秀的數學老師，人很和藹，我便去請他講解。他很高興爲我解說，而且解釋得比學校的老師更淸楚，我全部都聽懂了。他又說以後有困難，可以隨時去找他，所以我就常去請教他了。」這位太太趕緊到他家，爲女兒的三番兩次打擾陪不是，結果愛因斯坦說：「不用道歉，跟令嬡談話，我所得到的比教給她的還多呢！」

㈥愛因斯坦所在的研究所

有一天一位任職普林斯頓研究所的學者興致偶發，改變每天定期坐校車到校的習慣，決定走路上班，沒想到迷路了。當時路上行人很少，正好有一名農夫模樣的美國人經過，他趕忙問：「請問到高等研究所要怎麼走？」農夫說從沒聽過那地方。他怕是自己發音不準確，還放慢速度重複了好幾次，農夫仍然不知。最後他說：「就是愛因斯坦先生在那兒的研究所」，「怎麼不早說！」於是農夫仔細的告訴他該怎麼走。

㈦看小貓去

美國人很喜歡開派對，愛因斯坦經常受到邀請，但他一概拒絕。有一陣子，他和恩斯特．史特勞斯在一起很熱烈地研究統一場理論。有一天史特勞斯說他寵愛的貓生了幾隻小貓，問愛因斯坦要不要去看？愛因斯坦聽了好喜歡，立刻就答應前往。他們一起往史特勞斯的家裡走，沿途他才發現沿路盡是他曾謝絕邀約的研究所同仁家，他趕緊跟史特勞斯說：「我們走快點好嗎？這兒好多人家都是我曾謝絕招待過的，如果讓他們撞見我到府上去就很不好意思了。」

㈧謙謙君子

愛因斯坦越有成就，就越謙虛。他在談話時很少主觀的用「我」這個字，他不認爲自己是偉大的，雖然金錢與榮耀源源而來，然而他的生活仍是非常「儉樸」。他在柏林時，住宅布置得很樸實，位在公寓五層頂樓的一個小房間，就是他的研究室。這個房間不大，有一扇鐵門隔絕外界的喧嚷，上頭有一面天窗透進空氣和陽光，並且可以觀察星辰。愛因斯坦在這個房子裡靜寂地沈思，好像在與世隔離的另一個世界。

愛因斯坦常謙稱自己的理論並無創見，一切歸功於前輩牛頓、馬克斯威爾、勞倫茲等人，他讚美居禮夫人是他認識的名人中，唯一未受盛名腐化的典範。他不喜歡鋪張排場、豪華的享受。他堅持信念：「一個人的快樂在於他是什麼；而不是他有什麼，或別人怎麼看他。」在諾貝爾獎得主演講會上，他仍穿著舊西裝出席，進場時，有人遞給他一套全新的西服，他回絕：「不用了！你們倒可在我衣服背上貼著：『這套西裝剛洗過。』」德國元帥派官員來訪，他的太太催他換衣服，他說：「若要見我，人在這裡；若要看我的衣服，在衣櫃裡。」

愛因斯坦剛到普林斯頓高等研究所時，所裡問他需要什麼設備，他回答：「只要紙、鉛筆、桌椅，和一個大垃圾桶就夠了。」愛因斯坦用最簡單的設備跑在前頭（宣布各項新理論），而後人卻以昂貴儀器苦追在後（證實各項理論或否定他的理論）。

三、致力科學史研究的劉君燦

劉君燦

劉君燦，民國三十四年出生於貴州省大定縣羊場壩。當時正值抗日戰爭最艱苦的時期，父親為躲避日寇，在羊場壩的空軍發動機製造廠工作。劉家原籍湖南寧鄉，但抗戰勝利後，父親並未攜眷返鄉，直至國共戰起，直接帶全家由貴州到柳州，搭乘飛機到台中，所以到目前為止，他與故鄉有緣無分。每於書上閱覽有關故園風物，不勝神往，尤其以未能一遊長沙嶽麓書院（長沙位於寧鄉之鄰）為生平一大憾事！

來台後，以軍眷身分就讀於台中空軍子弟小學（今為台中忠烈祠及孔廟所在地），該校林木蓊鬱、綠草如茵，開啓劉君燦對大自然的喜愛之情。小小年紀的他，曾有當一名博物學家的志願，閒暇更以搜集昆蟲等小動物為樂。他曾經在舊書攤上購得《繪圖幼學瓊林》一書，如獲至寶，背誦：「氣之輕清，上浮者為天；氣之重濁，下凝者為地」之詞，領悟其中自天道以論人事的道理，埋下對日後科學和哲學研究的啓蒙種子。劉君燦資質聰慧，勤勉力學，以全校第一名的成績畢業。爾後進入台中一中，完成初、高中學業，在學期間，年年皆以優異的成績榮獲獎學金，他常把獎金用來訂購圖書，充實自然科學和人文方面的素養內涵，他喜歡背誦唐詩宋詞，對二李詞（李後主、李清照）尤其醉心，顯見其性格細膩善感的一面；對於豪放派的蘇辛詞亦頗爲心儀，可見其柔、剛並濟的特性。有時他也讀牟宗三、唐君毅的哲學思想著作，並時常向任教於台中一中的韋政道、蔡仁厚請教。後因受華裔物理學家諾貝爾獎得主李政道、楊振寧的影響，立志踵武前賢，毅然放棄唾手可得的保送機會，以第一志願，高分考入台大物理系，當年此系是全國頂尖學生的集中地，許多當今教育界、學術界、政界的弘儒碩彥皆是他的當年舊友。進了大學後，他潛心研究西方的自然哲學，科學思想，並選修哲學系的課程，加入學生自覺運動的「新希望」社，擔任校內《大學論壇》、《大學新潮》等刊物的主編、主筆，廣交校內外各方俊彥，涉獵極廣，視野爲之開拓不少。當時人皆苦於進入「物理」系如進入「霧裡」，而他不但博涉文、史、哲、社會學科，一方面還能行有餘力，兼家教維生（當時家中弟妹多，食指浩繁），堪爲時下青年的典範！

自台大畢業後，因病耽誤，無法出國留學，於是留校擔任物理系助教，並積極參與《大學雜誌》、《科學月刊》的編務，翻譯愛因斯坦《人類存在的目的》、海森堡《物理學家的自然觀》等書，後進入美商電子公司工作，以落實學以致用的理念。最後則是選擇返回較單純的教育界工作，任教於黎明工專電子科。又因替幼獅翻譯海森堡作品之緣，結識陳勝崑、洪萬生，開始對科學史、物理學史、科學思想史進行探索，也加入《大衆科學》、《少年科學》等刊物的科學普及工作。後來好友陳勝崑猝逝，及洪萬生前妻彭婉如遇害一事，帶給他很大的傷痛，但更堅定劉君燦爲這些學者創刊的《科學史通訊》撰稿的意願（由《中央研究院科學史委員會》發行），每一期都有他的文章，從未輟筆。

劉君燦致力於科學思想史研究至今已二十餘年，著有《科技史與文化》（華世出版社）、《不以規矩不能成方圓》（三民）、《談科技思想史》（明文）、《中國科技史采風錄》（唐山）、《天工人爲——中國的物理》（幼獅）、《形形色色、對比人生》、《科學、思想、文化》等書，譯有愛因斯坦《人類存在的目的》、海森堡《物理學家的自然觀》等書。

貳、課文參考資料

一、《我心目中的世界》賞析

「有夢最美，希望相隨。」建築在理性與現實之上的夢想不是空想、幻想，而是理想。孔子一生以「淑世」爲理想，最初想透過政治抱負達到兼善天下的使命而不可得；繼而周遊列國，在當時諸侯交相爭權勢、爭名利、爭霸主的時代，仍不放棄勸他們行仁政的念頭，明知其不可爲而爲之；最後選擇百年樹人的教育方式，繼續爲他心目中的「大同世界」而努力。國父　孫文先生畢生奉獻於救國救民的工作，爲了推翻行已數千年的專制制度出生入死，爲了建立亞洲第一個民主共和國，追求三民主義的理想世界執著一生。儘管教育家孔子、政治家孫文、科學家愛因斯坦，儘管他們成就的領域不同，但都有一顆高貴的「忘我」之心，他們的理想都建立在大我的幸福，謀求的是萬世太平，終其一生，都是「爲其他的人而活著」。

本文以生命具有神聖的意義起筆，分述作者在生活、政治、藝術科學方面的理念，勾勒出愛因斯坦心目中理想世界的藍圖。

首段以人生苦短的慨歎起頭，這是許多聖賢豪傑都曾有過的體悟。因此他們都想以有生之年，建立一番功業，或對人類有所貢獻，不致於白白的走這一遭，因此，他認爲生命的存在，一定具有「跳動七十二」以外的神聖意義。

第二段承上啓下，點出這人間走一回的神聖意義是「爲其他的人活著。」這「其他的人」，首先是我們所關心的人。儒家學說的「仁」，即以「愛人」爲中心，但孔子所談的愛是有層次性的：「親親而後仁民，仁民而後愛物。」「親親」就是愛我們的親人，也就是爲我們奉獻一生，付出最多的人，因此在回饋上當然是「親親爲大」，行有餘力，再及其他。除了親人外，朋友及相識的人也多少關照過我們，所謂「受人點滴之恩，當思泉源以報」，因此一飯之恩也不可輕忘。而那些「不相識的靈魂」則是「一日之所需，百工斯爲備」中的百工，在這個分工合作的社會，羣己關係早已是生命共同體，唯有每個人堅守崗位，知分、守分、盡分，整體才有辦法順利運作進行。因此，我們的一生「得之於人者太多」，除了今人外，甚至還有先人的遺愛德澤，這分大愛也要繼續傳承以惠後世。因此，以有限的一生要來報答無限的恩德，當然是個沈重的責任與使命，所以當愛因斯坦想到這兒，心情便極度不安。

第三段提出他的生活理想。由於有了理想，所以有了明確的追逐目標，那便是「眞、善、美」，也是生活中快樂的泉源。古語道：「鐘鼎山林，各有天性。」一般人多以鐘鳴鼎食的生活爲目標，物質的舒適是理想的終結。「書中自有黃金屋、顏如玉、千鍾粟」，苦讀一、二十載，就是爲了這些享受，而愛因斯坦認爲視舒適爲目標的人，缺乏精神性靈層次的生活，因此這樣的人生，和禽獸是等同的。

第四段中，作者透過追求藝術和科學無窮盡的目標獲得心靈生活的充實，其實藝術和科學的本質都是眞、善、美，只是過程及表達形式的不同而已。科學追求的是眞理、眞象，科學的研究精益求精、務求盡善盡美，因此永無停止的力求突破、創新；藝術的出發點在反應人間唯美至善的眞情流露，無論透過什麼形式，都是以最美好的成品展現。而眞、善、美也正是愛因斯坦的人格特質，對於別人欣羨的財富、虛名、權勢等庸俗事物，他從不放在眼裡，藝術、科學的領域裡沒有汲汲營營、沒有勾心鬥角，毋須患得患失，這樣的生活純樸天眞，又不勞心勞形，正符合他謙虛淡泊的本性；更何況還有一羣志同道合的朋友與他一起追尋、研究，能夠這樣過生活，還有什麼不滿足呢？

第五段提到他的政治理想：民主。愛因斯坦出生在軍國主義熾盛的德國，又爲當權派極力迫害的猶太人，所以這一生對專制極權的痛惡，除了來自愛好和平的天性外，還加上親眼目睹一幕幕人間慘劇的結果。他認爲每個人都有天賦平等的人權，有被尊重的權利，但是每個人天生資質有所差異，加上後天努力和環境不同，因此有些出類拔萃者自然就成爲偶像級的人物，像他個人就因爲在科學方面的努力，造成世人對他的崇拜，他認爲自己已盛名在外，但這並不是他想要的，由此再度呼應上段末句所說，他寧可選擇「純樸而謙虛」的生活，而不是被人像衆星拱月般地捧起。

第六段承民主政治的話題，提出領導者的產生方式。民主國家必須落實主權在民、選賢舉能。這個領袖是人民的公僕，而不是高高在上的主人。那些軍國主義的領導者依恃暴力，分出階級制度，並給弱勢者不平等的待遇。像希特勒對付日耳曼民族以外的種族便是如此。其實在他眼中最卑微、「會妨礙德國進步」的猶太人，才是世界眞正公認的優秀民族？但是由於他手上握有軍事强權，所以別人都是他的階下囚。我們看中國歷史上，行法家制度的秦朝，不過十多年，一個大帝國就瓦解了，原因何在？嚴刑峻法的結果，沒有辦法杜絕所有罪惡，所謂「道高一尺，魔高一丈，」而其他表面安分守己的人只是像孔子所說的：「民免而無恥」的膽小鬼而已，因此暴力會引來道德低下的人，最後是全面的淪喪。我們看二次世界大戰的德、義、日等軍國主義國家的下場又是如何？

第七段承第四段，再次强調人生最美的經驗，就是追求科學與藝術的奇奧和神祕。一個人如果面對這些仍然麻木不仁，那就是形同行屍走肉般，與死無異了。但又有些人對這種奇異、神祕的不可解的現象過度恐懼，用神權現象來解釋一切，所以產生了宗教。

第八段談宗教問題，指出有些人宗教信仰的錯誤理念。愛因斯坦的一生未與宗教有所牽連，但他的本性是虔誠的，他曾說：「上帝可能很詭異，但他並無惡意。」因此他認爲上帝創造人類而死後又會加以賞罰的觀念是不可思議的。愛因斯坦是一位科學家，他認爲人生應重視的是應該如何認眞、充實的度過有生之年，而不是終日盤算，害怕著死後會受到上帝的懲罰。這些人的心靈是脆弱的，因為他們自私，恐懼死後喪失自主能力，因此連生前也活得不自在，所以他提出一項建議作爲指標，把生命用死探索和沈思眼前奇奧神祕的大自然，從中求知、充實、貢獻，而不是思索那渺茫不可知的身後事。這篇文章，正是他以科學家的睿智和藝術家的涵養，就此問題探討所得的一篇心靈記錄。

叁、課外參考資料

一、理想國

(一)烏托邦：本義爲「烏有之邦」。西元一五一六年，英・莫爾所著的書名，分上、下兩卷。上卷暴露及指責英國當時在資本主義盛行下政治的腐敗，社會的罪惡；下卷描寫他理想中的社會國家，其中各項設施盡善盡美，居民生活在一個完美無缺的環境中，所以「烏托邦」或「烏托邦主義」後來被引爲理想或空想的代稱。歐洲從十七世紀起，兩百多年間，產生許多烏托邦論者，如英國培根、哈林頓等，其論點多屬理想高遠而不可能實現的空想。

(二)柏拉圖、《理想國》：在《理想國》一書中，他主張人依天生智力高低、專長、領導能力而應有明確的階級畫分，每個階級的人要嚴守其本分，社會才能井然有序。而最理想的政治制度，應由哲學家擔任帝王。

(三)孔子的理想世界：見《禮記．禮運大同篇》（參考第一冊第四課）。

(四)陶淵明的理想世界：世外桃源。

(五)國父　孫中山的理想世界：建設三民主義的新世紀。（參考第一冊第四課）。

二、標的

「的」音ㄉㄧˋ，本義是箭靶的中心，如《荀子．勸學篇》：「質的張而弓矢至焉。」（質：箭靶。的：箭靶正中的圓心。整句是：質的一擺在那兒，弓箭自然就向它集中了。）因爲「的」是射箭瞄準的目標，所以又稱「標的」，引申有目標、目的的意思，如《宋史．胡安國傳》：「安國强學力行，以聖人爲標的。」又稱「正鵠」、「鵠的」。

- 眾矢之的：眾人攻擊、指責的目標或人、事。
- 無的放矢：比喻毫無事實根據而胡亂地指責、攻擊別人，或沒目的的行事。
- 一語中的：比喻一句話就說中了重點。

三、人生是短暫的過客

(一)《前赤壁賦》／宋．蘇軾

寄蜉蝣於天地，渺滄海之一粟。哀吾生之須臾，羨長江之無窮。挾飛仙以遨遊，抱明月而長終。知不可乎驟得，託遺響於悲風。

說明：

蘇軾月夜泛舟赤壁，面對浩浩江水，思古而有所感懷，興起千古繁華瞬間的感觸，不禁意識到生命如曇花一現的可悲，猶如出生後幾小時即死亡的蜉蝣一樣；而悠悠天地間的個體，更如滄海一粟般的微不足道。哀歎之餘，著實羨慕江河不廢萬古流。豁達如蘇東坡，此刻也寄情於遊仙思想，希望遨遊天際，伴隨明月永世長存。但終究遐思無法落實，只有寄情於悲涼的簫聲，抒解感傷無奈的心情。

㈡《春夜宴桃李園序》／唐．李白

夫天地者，萬物之逆旅；光陰者，古代之過客也；而浮生若夢，爲歡幾何？古人秉燭夜遊，良有以也！況陽春召我以煙景，大塊假我以文章，會桃李之芳園，序天倫之樂事。

說明：

天地悠悠，時光匆匆，萬物的生命與無限的宇宙相比，就像暫時寄居旅舍的遊客一樣，轉眼就將告別這個棲身之地。在有生之年中，苦樂迭乘，不如意事十有八九，眞正快樂的時光有多少？古人有感於此，寧可犧牲夜晚休息時間，秉燭夜遊，以延長人生原有的歡樂年華。李白也在體悟人生如寄後，想效法古人及時行樂的作風，於是趁萬紫千紅、詩情畫意的春日美景，邀集族弟們在桃李園聚會，共敍天倫之樂，一面賞花，一面飲酒作詩，良辰美景中，洋溢著無限風雅之情。

㈢《短歌行》／漢魏．曹操

對酒當歌，人生幾何？譬如朝露，去日苦多。慨當以慷，憂思難忘。何以解憂？唯有杜康。青青子衿，悠悠我心。但爲君故，沈吟至今。

說明：

人生短促，就像早晨的露水見日即乾，而眼前消逝的日子已太多，至今大業未成，著實令人苦惱。而排除煩惱的方式，只有藉酒消愁，慷慨放歌；然而心中的憂愁，還是揮之不去（「杜康」借指「酒」）。「青青子衿」四句道出在他心中徘徊不去的罣礙，原是對賢才的思慕、渴求，所以終日憂心如焚。（「青青子衿」原指周朝太學學生制服衣襟是青色的，借指「學生」，此處指「賢才」。）

㈣綜合說明

一樣是對於人生短暫的感觸，蘇軾以寄情遊仙的逃避思想，最後因無法實現，只能消極的託簫韻抒解蒼涼無奈之感。李白則是由「浮生若夢，爲歡幾何」中覺悟，效法古人「秉燭夜遊」以爭取歡樂的作爲，積極的把握時光而行樂，並更珍惜與親人的團聚機會。曹操是一個有政治野心的人，急於在短暫人生中建立不朽的功業，因此終日汲汲於人才的企求，希望早日求得賢士幫助自己完成統一大業。而愛因斯坦是個一流的科學家，他的人格也是一流的，他希望在有限的生命中，能盡其在我的回饋大我之恩，秉持「人生以服務爲目的」理念，認爲人是「爲其他的人活著」，包括古今中外的「百工」，人人爲我，所以「我爲人人」。在他們人生理想追逐中，早已忘情自我的存在，而與大我融鑄成一個生命共同體。

四、人是爲其他的人活著

㈠「服務」相關的詞語

- 胡林翼：「官勞而後民逸，吏瘦而後民肥。」
- 孫文：「人生以服務，不以奪取爲目的。」常以「人民的公僕」自居。
- 蔣中正：「生活的目的，在增進人類全體之生活；生命的意義，在創造宇宙繼起之生命。」、「服務即生活，生活即服務。」
- 威爾遜：「政府的天職，即服務百姓。」

㈡「自私自利」相關的詞語

- 個人自掃門前雪，莫管他人瓦上霜。
- 寧可我負天下人，不許天下人負我。
- 人不爲己，天誅地滅。
- 台諺：「日頭赤炎炎，隨人（個人）顧性命。」
- 台諺：「死是死道友，不是死貧道（稱自己）。」

五、階級制度

㈠中國

1、西周

西周封建制度下，社會形成貴族、平民、奴隸三階級。

貴族壟斷政治的權力，也壟斷受教育的權利，直至孔子開創私人講學風氣後，才打破「布衣卿相」的局面。而「奴隸」被視爲主人的財產、附庸品，沒有人權保障、可隨意買賣。

2、魏晉南北朝：九品中正制

三國時，魏文帝（曹丕）定九品官人之法，每郡邑設小中正，州設大中正，職責在於評定人才的等第。由小中正以九等第排定高下後，再上報大中正；大中正核實無誤則上報司徒；司徒再核後，付尚書選用——以此方式作爲人才選拔的制度。晉、南北朝都沿用此制，到隋朝廢除。這個制度的用意本來是具有「選賢舉能」的民主色彩，但是在中國這個事事「講關係」，處處講人情的社會裡，最後造成的局面是「上品無寒門，下品無世族」，所謂人才的等第，依舊是以「錢」和「權勢」來畫分的。

3、元朝：

蒙古人由關外入主中原，依征服民族的先後次序將人民分爲四階級，依次爲：

蒙古人——原蒙古族。

色目人——西亞、東歐、中東一帶的外國人。

漢人——女眞、西夏、契丹及北方的中原人。

南人——最後收服的南宋子民。

㈡印度

古時印度的社會階級：祭司（管宗廟、祭祀，代傳神的旨意者，在印度宗教地位是至高無上的）、貴族、平民、奴隸。

㈡歐美

1、歧視有色人種

歐美國家對有色人種的歧視：白種人自認爲是全世界最優秀民族，而排斥其他有色人種，其中又以美國排斥黑人最嚴重。南北戰爭前，南方大量蓄養「黑奴」以供勞役，雖然林肯領導南北戰爭後，黑奴得到解放，但「白人」的優越感始終存在。

2、希特勒荼毒猶太人

希特勒的文化人三階段論：

文化的創造者——日耳曼民族，是全世界最優秀的民族。

文化的傳遞者——日本人，希特勒對日本人評價很高，二次世界大戰時曾與日結盟

文化的毀滅者——猶太人、黑人。

西元一九三五年起，他開始迫害猶太人，全球被屠殺的猶太人高達六百萬人。至於希特勒爲何要迫害猶太人呢？表面藉口是德國在第一次世界大戰戰敗，是因爲猶太人出賣之故（猶太人當年出賣耶穌後，就被視爲具有「背叛」的血統，經常成爲衆矢之的），以及猶太人妨礙德國的進步；實際上他很清楚，猶太族是個優秀民族，各國各界不乏出類拔萃的猶太人，將來他想獨霸世界，惟恐猶太

人與日耳曼人匹敵，因此當大權在握時，便用各種殘酷的手段，來削弱猶太人的勢力。

六、窮兵黷武的希特勒

西元一九三四年因興登堡總統去世，希特勒集總統、總理、最高軍事司令官三職於一身，德國在納粹黨的統治下，展開一黨專制獨裁。在外交方面，採取强硬政策，重點在擴張版圖，以解決國內人口過剩的問題，也就是以東部接壤的各國爲侵略的目標，爭取日耳曼民族的「生存圈」。西元一九三八年三月首先佔領奧地利，實現了兩國的「合併」（同爲日耳曼民族）。西元一九三九年與義大利的法西斯黨獨裁者墨索里尼首相締結軍事同盟（鋼鐵同盟），八月與蘇俄簽訂「德蘇互不侵犯條約」，避開東、西兩面作戰的危險，而後開始侵入波蘭，於當年九月一日，揭開了第二次世界大戰的序幕。西元一九四〇年德軍進攻挪威、丹麥、荷蘭、比利時、法國。接著目標對準英國，但因英國激烈抵抗而放棄。

納粹對被佔領國的統治，採用十分嚴苛的高壓政策，以波蘭而言，反納粹行爲受到嚴厲的壓迫，特別是對猶太人的迫害更是慘無人道。他們到處搜尋猶太人，將他們送往集中營，企圖完全消滅猶太人。

西元一九四一年，德軍的侵略由歐洲蔓延，擴大到世界各地，在征服南歐巴爾幹半島後，決定進軍蘇俄，西元一九四一年，統治地區已擴及歐洲全土。西元一九四三年，戰況逆轉，俄軍開始反攻，在北非亦受聯軍夾擊，軸心國的德、義軍隊大敗。西元一九四三年義大利投降，西元一九四四年六月六日，聯軍登陸諾曼第，俄軍從東方進攻德國，決定了納粹崩潰的命運。西元一九四五年希特勒在受俄軍包圍的柏林總統官邸中，將國家元首地位讓給狄尼茲提督後，四月二十九日與情婦伊娃布朗結婚，次日自殺身亡，結束其瘋狂的一生。

七、東方的混世魔王——日本

日本在十九世紀實施明治維新的西化運動，在政治、經濟、軍事制度和成就各方面皆有重大改變，從此躋身爲工、商强國，國力大爲提昇。明治維新前行封建制度，由幕府（諸侯中最强勢者）掌權，天皇只是傀儡，但明治維新仿西方君主立憲，經過一番整肅卻又成爲「天皇專權」

的局面。此時天皇握有軍權、政治實權，並逐漸擴大軍人的影響力，後來發展成軍人可以直接上奏，影響國家決策。當時的日本由於地狹人稠、資源有限，加上遇到世界性的經濟不景氣，因此少壯派軍人想藉對外侵略，解決國內經濟危機，於是發動政變，暗殺文人內閣，從此內閣由軍人執掌，開始對外侵略。第一個目標就是地大物博的中國，從西元一九三一年九一八事變起，東北、華北相繼淪陷，西元一九三七年盧溝橋事變揭開中、日全面抗戰，一戰就是八年，中國成爲軍國主義下的迫害者。

而日本的目標不只是在中國，還計劃逐步吞併東南亞、紐澳，企圖建立「大東亞共榮圈」，壟斷在亞洲的政治、軍事、經濟權利，引起美國的不滿和干預，便聯合其他世界强國封鎖日本，成爲日本的頭號敵人，於是日本在西元一九四一年十二月八日偷襲美國珍珠港，美國因此對日宣戰，而中國艱苦的對日抗戰，終於苦撐到有盟軍的支持。西元一九四五年由於原子彈的「試爆」，迫使頑强的日本投降。戰後日本新憲法明文規定「主權在民」，天皇只是國民統合的象徵。

八、一言以蔽之

《詩經》是中國最古老的詩集，內容多爲黃河流域一帶的民間歌謠，共收集詩章三一一篇，其中《南陔》、《白華》、《華黍》、《由庚》、《崇丘》、《由儀》六篇，有目無辭，所以實際是三〇五篇，舉其成數而言，所以統稱「詩三百」。由於在《風》、《雅》、《頌》的內容中，以十五《國風》（十五個國家民謠）藝術價值最高，其中又以抒情詩最多，內容不外是相思、求愛、調情等情感的抒發，因此引起一些衞道學者的大加撻伐，認爲它的內容有礙敎化，屬「淫詞豔曲」之流。其實這些詩都是非常淺顯、明白，保存著民歌的樸實野性，音韻自然和諧，情意眞摯，從這些戀歌中，可以體會出當時浪漫的人性。所以孔子說：「《詩經》三百篇，以一句話來概括它，就是使人性情歸於純正。（思，語助詞，無義）」

九、我怎樣譯愛因斯坦《人類存在的目的》

劉君燦

《人類存在的目的》是愛因斯坦人文談論的彙集，由筆者選譯出，而於民國六十年十月由晨鐘出版社發行，至民國七十一年十月發行第八版。其中一篇《我心目中的世界》並爲國中國文課本編輯小組，摘選爲現在國中國文第五冊的範文。筆者當年在譯序曾說道：

「本書原名：《Out of My Later Years》，係愛因斯坦在『身經萬里頭初白，名已千秋心自清』後理智清明的深山晚鐘。愛因斯坦成長在樂觀進取，人文精神薈萃的十九世紀末葉，不料轉入廿世紀，他本人不僅身臨目睹高樓瓦礫，刀俎溝渠之幽痛，還曾親身參與各種大思潮的創制與震撼，於是這一位正直、強烈而深刻的心靈在數十年的顛沛流離後，遂以他豐盈的人道精神為整個人類的將來，他的同胞（猶太人）的命運，而釐析，而呼籲。固然他晚禱的鐘聲也許會淹沒在出獵祭的擊鼓鳴金裡，但汲引所溢射出來的一流清淺，總會使人恢復若干清醒的，在這個危疑震撼的時代……。」

筆者民國五十七年自臺大物理系畢業，那時的物理系在「楊振寧、李政道」旋風等因素的影響下，是台灣最紅的科系，臺大物理系因時際會網羅了不少青年精英。除了在象牙塔中的耕耘，不少同學也熱衷於對社會的回饋上，於是新生報上開闢了《中學生科學周刊》。古典的涵泳，新知的獲取，洋溢在不少的容顏上，因爲當時大家都有一個感覺：這不是科學本身可以解決人類所有問題的時代，雖然我們學的是自然科學，而且是最基本的理論科學——物理系。後來雖然花果飄零，風流雲散，但現在的《科學月刊》也就脫胎於那時候，一直到今天。在這樣的氛圍下，筆者很自然地接近了愛因斯坦，這位廿世紀的人類良心。

畢業不久，筆者身染病痛，幾度生死的出入裡，想得很多很遠，深感這是一個人類文化的危機時代，兩個五千年的重擔深壓在我們心頭；筆者當時年輕，無法在文化思想上做深入透闢的思考分析，充盈的是一片情懷，而正也是愛因斯坦的特色，又因主持《大學雜誌》編務的關係，認識了晨鐘出版社的幾位負責人，持以相詢，大獲首肯，就濡筆譯述。

譯本中大部分是出自愛因斯坦的《Out of My Later Years》一書，少部分是自他處選取的。所有篇章分成「信念與堅持」「公衆事務」「科學與生活」「我的同胞」四大部分，主要的文字有《自畫像》《我心目中的世界》《道德解體》《給子孫的話》《論自由》《論教育》《科學定律與倫理定律》《黑人問題》《給知識分子》《贏了戰爭卻未獲得和平》《原子戰爭抑或和平》《人類存在的目的》《我們欠猶太復國主義的債》《致於華沙猶太殉難烈士紀念碑之前》……等，足可見愛因斯坦的沈痛與關切所在。

而今我年已不惑，事理的思考分析力强，了解愛因斯坦所景仰的十九世紀人文精神並不見得那麼「理性」，因爲那也是西方「帝國主義」的孳生所在。愛因斯坦當然多少也有所自覺，但他心中充盈的是對「秩序」，對「確定感」的嚮往，他的相對論是想重新賦予物理世界以秩序，所以他對曾參予的量子力學的後期波粒詭論極不贊同，而說出了「上帝不致於玩骰子」的名言，他期望的是一個簡單和諧的世界，他對「Good Old Days」的沈緬，正表示他對當今紛擾世界的失望，而不幸的是他自己也是一個始作俑者，他晚年的不修邊幅，衣衫不整是舉世知名的，在普林斯頓迹近自我放逐的歲月裡，一方面他已了解費盡數十年心血的「統一場論」幾乎不可企及，但他的不安，他的悔恨帶給他的是張力（Tension），不是毀滅，他的文辭越發清明，越發有力，雖然不夠深入，不夠鞭辟入裡。最後他雖然在幾分悵惘裡撒手塵寰，但他的生命歷程已爲一艮心深刻的科學家做了最好的典範與見證。

愛因斯坦辭世至今又是數十寒暑，這世界的紛亂日甚一日，原子戰爭的陰影，生態毀滅的危機越發迫切，更嚴重的是「個性開放」的過分膨脹造成了人欲的橫流，佛洛伊德「文化創造出自性欲昇華」說的確是千古名言，但如今一切都不昇華，而是赤裸裸的了，在科技的助瀾下，性與暴力都直接而有效，「美好的昔日」不再來並不足惜，但整個人類文化的「失序」（Disorder），不管是自然，還是人文，倒眞是令人憂心，固然僵化的秩序使人無所措手足，但立腳土壤的流失會使人飄泊流失，人至少希望活在一個活活潑潑的秩序世界裡，有所遵循。他總希望他所看到的世界不要那麼荒謬，那麼地令人無所適從……，事實上今天的人類正處在一荒謬失序的世界裡，所以才那麼近視，那麼功利，片刻成就感的吸引，片刻欲望的滿足，成了多少人沈溺前所抓住的浮草……。

愛因斯坦的科學成就，生命歷程所告訴我們的是：無論是個人，是社會，都是歷史文化的產物，某些不連續的現象正是歷史連續下的表現，文化是在時間中成長發展，創造力的總合，處於社會，承接傳統是我們了解自己並了解世界的唯一憑藉；當然今天我們所面臨與隸屬的已不止是一個傳統，因此必須向別的傳統開放，但仍然可以肯定的是：人必須在歷史中始能開展出自身存在的意義，否則在普遍化、類同化的浪濤中，就只有捲入別人的意識型態中而消失了。

就我個人而言，十幾年的出入古典與現代之間，特別是科學思想史的探討中，使我深刻瞭解儒家對秩序的安定，道家對秩序的超脫，這兩種追求的分庭抗禮，相輔相成維繫了數千年的文化中國，更何況在「時變」精神下，兩者所嚮往的都是活活潑潑的秩序世界，雖然在政治等因素的影響下，這一世界在歷史上並未完全呈現，尤其是明清以後……。在西方科學史、科學哲學的探討也自覺或不自覺地反映了想認識自家文化，成了反省科學的重要憑藉，所幸有不少人也看出了科學固然消極的化解了不少的人文組合，但也提供了新的整合的契機。這就有待對傳統科技經驗精神的體驗，並對新的結構與系統的綜合把握了。

原載於民國七十四年十一月《國文天地》第六期

肆、思考與練習

一、你心目中的理想世界是什麼？

答

沒有升學壓力，惡性競爭／紅塵有愛，人人有情，處處有溫暖／沒有國界，沒有戰爭／好花常開，好景長在／與所愛的人長相廝守／沒有任何污染的生存空間／人人有公德心的社會／日常生活皆電腦化的設備

二、仔細想想，在日常生活中，那些人給與你最多，你將如何回報？

答

父母供應我一切經濟、物質所需，給予人間最可貴的親情，維持安定的生活——用功讀書，將來成器以光耀門楣／老師給予知識及指引，我將努力汲取，力求學以致用以回報師恩／朋友總在我需要時伸出援手，我願用自己所能，也在他們有所需時回報。

三、古人云：「鐘鼎山林，各有天性，不可強也。」你認為自己是淡泊名利的人，或重視物質生活的人？

四、你認為人和禽獸最大的不同是什麼？

創造能力、思考、感情、語言、克制力。

答

五、愛因斯坦的政治理想是「民主」，也是目前的政治潮流，但又有人主張當前治安太壞，「亂世用重典」，請表示你贊成與否的理由。

六、你認為心中有偶像好不好？崇拜偶像該注意什麼？你曾崇拜過那些偶像？

答　崇拜偶像要建立在「理性」的基礎上，要受其正確方向的指引，切勿走火入魔。

七、你曾以自己的見解、力量，改變過他人的觀念嗎？請說明狀況。

答　試圖與父母溝通管教子女方式／和同學溝通對方不正確的待人處世方式。

八、你曾經領略過最美的經驗是什麼？

答　阿里山看日出／平原觀夕照／到南部看流星雨／鐵達尼號的愛情故事／到國家音樂廳聆聽演奏會／北海道賞雪。

九、你對那些事物永遠不屑一顧？

答　虛僞狂妄／巧言令色、唯利是圖、偷搶拐騙、耍流氓、欺善怕惡／重色輕友／損人利己／貪污、賄賂。

十、你認爲你的心靈上有那些弱點？

答　嚴以待人，寬以待己／好逸惡勞／好高騖遠／逃避現實／嫉妒憎恨／愛慕虛榮／忠言逆耳。

十一、據你所知，那些國家是實行專制的軍國主義？下場如何？

答　第二次世界大戰的日本軍人政府／德國納粹黨／義大利法西斯黨／戰敗後國窮民困，並受各國譴責、制裁

十二、那些事情與你的心願相違？

答　長得不夠漂亮／缺乏零用錢自主權／頭腦不聰明／人緣不好。

十三、你希望此生能完成那些心願，才沒有遺憾？

答　談一場轟轟烈烈的戀愛／遊盡天下名山勝景／報得父母之恩／做一個大人物／賺很多的錢／讀遍好書

十四、在日常生活中，我們如何表達對人的關懷？

答　電話問候／噓寒問暖／爲他做事／加入義工行列。

十五、你認爲人類存在的目的是什麼？

答　傳宗接代／服務他人／追求自我的實現／爲所愛的人而活。

十六、你認爲藝術和科學的領域有沒有交集之處。

答　皆是追求眞、善、美，只是賦與物質成品和藝術作品的形式不同而已。

十七、你有宗教信仰嗎？你的信教動機是什麼？請提出經驗與同學分享。

（韓姝如）

國家圖書館出版品預行編目資料

新國中國文動動腦／許碧華等合著. --初版.
--臺北市：萬卷樓, 民 87
冊；　公分
ISBN 957-739-221-0(第 5 冊：平裝)

1. 中等教育-教學法 2. 國文-讀本

524.31　　　　87016441

新國中國文動動腦 5

作　　者：韓姝如、許碧華、關秀瓊、林嫻雅、游雅婷、江艾倫、劉崇義、李炳傑、莊美英
發 行 人：許錟輝
責任編輯：李冀燕
出 版 者：萬卷樓圖書有限公司
台北市羅斯福路二段 41 號 6 樓之 3
電話(02)23216565・23952992
FAX(02)23944113
劃撥帳號 15624015
出版登記證：新聞局局版臺業字第 5655 號
網站網址：http://www.wanjuan.com.tw/
E -mail：wanjuan@tpts5.seed.net.tw
經銷代理：紅螞蟻圖書有限公司
台北市內湖區文德路 210 巷 30 弄 25 號
電話(02)27999490
FAX(02)27995284
承印廠商：晟齊實業有限公司
電腦排版：浩瀚電腦排版股份有限公司
定　　價：400 元
出版日期：民國 88 年 6 月初版
民國 89 年 7 月初版二刷

(如有缺頁或破損，請寄回本社更換，謝謝)
⊙版權所有　翻印必究⊙

ISBN 957-739-221-0